U0587262

普通高等教育"十一五"国家级规划教材

高职高专财经类专业系列教材

新编企业管理学（第3版）

Xinbian Qiye Guanlixue

周占文 \ 主　编

田义江 \ 副主编

重庆大学出版社

内容提要

古人云:"文章应时而作。"本书便是应高等职业技术教育教学改革——"压缩理论,加大实践""理论够用,实践顶用"之时而编著的。本教材特别适合作为非企业管理类(包括经济类和非经济类)大专层次的专业基础课教材。其特点是:知识面宽,通俗易懂,注重基本概念讲解和最新知识介绍;每章都分为简明的课堂理论讲授和比重较大的实习实训及案例两部分,加大了实践教学的内容,有很强的训练性,可谓 MBA 的中国大专版。本书除绪论与基础篇外,是沿着供(应)、(生)产、销(售)和人(力)、财(力)、物(力)的思路展开介绍的,纵横交错,脉络清楚,逻辑性强。

本书也是即将进入企业的大学生的自学读物,还可供其他相关人员作参考。

图书在版编目(CIP)数据

新编企业管理学/周占文主编 . 一重庆:重庆大

学出版社,2016.9(2024.8 重印)

高职高专财经专业系列教材

ISBN 978-7-5689-0103-1

Ⅰ.①新… Ⅱ.①周… Ⅲ.①企业管理—高等职业教

育—教材 Ⅳ.①F272

中国版本图书馆 CIP 数据核字(2016)第 200447 号

高职高专财经类专业系列教材

新编企业管理学

(第 3 版)

周占文 主 编

田义江 副主编

责任编辑:沈 静 版式设计:沈 静

责任校对:邹 忌 责任印制:张 策

*

重庆大学出版社出版发行

出版人:陈晓阳

社址:重庆市沙坪坝区大学城西路 21 号

邮编:401331

电话:(023) 88617190 88617185(中小学)

传真:(023) 88617186 88617166

网址:http://www.cqup.com.cn

邮箱:fxk@ cqup.com.cn(营销中心)

全国新华书店经销

POD:重庆正文印务有限公司

*

开本:787mm×1092mm 1/16 印张:16.25 字数:368 千

2016 年 9 月第 3 版 2024 年 8 月第 9 次印刷

ISBN 978-7-5689-0103-1 定价:39.00 元

第3版前言

我，一介草根，40年职业生涯：10年在万人大厂和百人小厂，5年在国家、省、市级工业管理部门，从做工到管理，也参观检查过各类企业的管理，还参加过数次部级企业管理学术研讨会；25年在大学里从事企业管理理论研究和教学，外省的省城主动为我的企业管理观点举办过学术研讨会。因此，编写《新编企业管理学》时，心头始终闪现着企业管理的生动场景，知道学生应该学习什么，也知道教师应该怎么讲授。

企业管理学从内容结构无外乎两种：一种是按管理的职能写，把计划、组织、指挥、控制、协调分别展开；另一种是按企业管理的对象写，把供、产、销和人、财、物的管理分别展开。考虑到前一种写法容易写成纯粹的管理学，使之空泛且无法保证关照到企业管理的方方面面，教师不好讲，学生不好学。因此，当年写此教材时，我便毫不犹豫地采用了第二种写法。

我是个理想主义者，做事喜欢追求完美，写东西更是如此。立言啊！更何况，还是编教材。就谋篇而言，强调逻辑联系，详见本书目录；就行文而言，强调心思缜密，详见本书正文。白纸黑字，历历在目，恕不重复。执笔时，掌握一个度：企业管理的方方面面，点到为止。所谓点到为止，包括两层意思，该点到的必须点到，决不落下，目的是让学生掌握全面知识，但又只是点到，决不做过多解释，让教师有展开的余地，有讲头。

在人文、社会科学和自然科学这三大学科中，企业管理学介于人文和自然科学之间，属于社会科学，却更偏重于人文。自然科学求真——真理——物质世界的本质；社会科学求善——善缘——主要是人与人之间，当然包括人与物之间的相处之道；人文求美——美好——精神世界——人类心灵的家园。

相对而言,由自然科学生发出的改造物质世界手段的技术,日新月异地进步;社会科学分支的企业管理学,发展缓慢;人文则变化甚微,甚至令人喟然而叹"人心不古"。

不是敝帚自珍。这本《新编企业管理学(第3版)》,无论从内容上、体例上、方法上,在21世纪初编写时,已经力争新颖,故而才命名为《新编企业管理学》。如今离第1版出版不到12年,离第2版出版不到9年。按说,是没有太多可修改的。但是,我还是利用这次再版难得的机会,进行了大量文字订正。此刻,不免让我想起李贺"自况"的诗句:"寻章摘句老雕虫,晓月当帘挂玉弓。不见年年辽海上,文章何处哭秋风?"修改最大的是9.3:由"ISO 9000 系列标准简介"改为"ISO 9000 族标准简介",标题只差一个十分相近的词,正文却全然重写,因为国际标准化组织质量管理和质量保证技术委员会后来对标准做了彻底修改并重新命名。特此声明。

周占文

2016 年 3 月 15 日

经营篇

MULU

生产篇

人文篇

财务篇

MULU

MULU

第 1 章
绪　论

【学习目标】

　　了解企业、管理、企业管理和企业管理学等概念,形成对企业管理学总体的最初步最概括的认识,为以后各章更深入、更详细、更具体的学习先作一些必要的背景知识准备,搭建一个比较稳固的平台。

1.1　企　业

1.1.1　企业的概念

企业是指按照市场需求从事生产、流通和服务等经济活动并获取盈利,独立核算,自主经营,自负盈亏,照章纳税的经济组织。

企业是一个历史范畴。它是生产力和生产关系发展到一定水平的产物。

企业是现代社会的基本经济单位,是国民经济的细胞,像家庭,是古代社会的基本单位和国民经济的细胞一样。一般来说,企业总是与一定的场所相联系的,如工业企业有厂房,商业企业有店铺等;企业也总是一种组织,它有自己的机构和人员等;但企业又不是单纯的场所和组织概念,它还是一种制度概念。

经济活动古已有之。但是,只有随着生产力的提高和生产关系的发展——商品经济的发展,到了资本主义社会,社会的基本经济单位发生了根本变化,大量由资本所有者雇用许多工人、使用一定的生产手段、共同协作、从事劳动的生产经营单位涌现时,作为社会基本单位的企业才真正出现。从中华人民共和国建立到改革开放搞活经济前,我国国民经济实行计划经济,所谓的企业事实上是国家这个“大企业”的一个“生产车间”,根本没有经营自主权,也没有独立的经济利益,也就不是真正意义上的企业。只有从十一届三中全会开始,“市场取向”的改革经历了好几个阶段,才从制度上为企业的健康发展奠定了稳固的基础。

1.1.2　企业的特性

1) 商品性

企业是直接从事商品生产和经营的经济组织。

现代社会中存在各种各样的组织。企业作为一种社会组织,与其他社会组织有共性;但作为一种特殊的社会组织——经济组织,又有其个性。它直接从事经济活动,向社会提供商品和劳务,是为销售而进行活动的,工厂为销售而生产,商店为销售而进货,企业作为经济组织的商品性就完全显露出来了。

2) 营利性

企业是为营利而建立的经济组织。

营利并获得盈利是企业建立的基本目的,也是企业生存的前提条件。投资没有盈利,便没有人投资,也便没有企业。没有盈利,企业便不能扩大再生产,也便无法发展。从国家的角度来说,企业也是营利的组织,国有企业通过上缴利润和纳税、其他企业通过纳税给国家形成主要财政收入,国家才可能有财政拨款支持各项事业。

3）独立性

企业是独立的经济组织。

企业的独立性，一方面来自企业出资者的权利，谁投资，谁就要对企业说了算；另一方面，市场瞬息万变，如果企业不具有独立性，处处受制于某种组织或机构，就很难以企业特有的地位参与市场竞争。企业的独立性决定了企业之间的关系是平等的，是独立的商品生产者和经营者之间的关系，交往必须遵循等价交换的原则。

4）系统性

企业本身是一个严密分工协作的生产经营系统，也是社会这个更大系统——母系统的子系统。

系统是由两个或两个以上相互区别和相互作用的元素有机结合起来完成某一功能的综合体。企业是人造系统，只有用企业的整体目标统帅各自的具体目标，只有企业的管理者、管理机构以及企业各部门构成一个整体，企业才能完成一个独立的商品生产者和经营者的任务。同时，企业必须适应社会这个大系统，自己才能生存和发展。

5）法人实体性

企业是民事活动的重要参加者和重要的民事主体，是具有民事权利和民事能力并依法享有民事权利和承担民事义务的组织。

说企业是法人，是相对自然人而言，法律给它以相似于自然人一样的权利和义务。表现在：

①企业是依法登记的经济组织。
②企业拥有全部法人财产。
③企业能以自己的名义参加经济争议的仲裁和诉讼，能独立承担民事责任。

1.1.3　企业的类型

从组织形式看，企业可以分为个体企业、合伙企业和公司企业 3 种。

1）个体企业

个体企业，又称独资企业、单个业主制企业。企业是业主个人财产，由业主直接经营。业主享有该企业的全部经营所得，同时对它的债务负有完全责任。如果经营失败，出现资不抵债，业主要用自己的家财来抵偿。这样，就使业主的所有私人财产都是有风险的。这是企业组织最早出现的、最简单的形式。

2）合伙企业

合伙企业，又称合伙制企业。合伙企业是由两个或两个以上的个人共同出资兴建的企业。合伙人分享企业所得，并对营业亏损共同承担责任。它可以由一个合伙人经营或几个合伙人共同经营，其他合伙人仅仅出资并共负盈亏，也可以由所有合伙人共同经营。某一合伙人的退出或更换,必须征得其他合伙人的同意,方可进行。

3)公司企业

公司是指以盈利为目的,依公司法组织登记成立的企业。

（1）公司的优点

①责任的有限性。股东以其出资额为限对公司承担责任。

②出资者所有权与企业法人财产权的分离性。股东不直接经营企业,持所有权的股东只作为一个整体,间接地、观念地、抽象地支配着公司的财产,而公司则靠"法人治理结构"来管理,由各方面的专家共同承担起公司的经营管理职能,两者之间形成委托代理关系,委托人（出资者）和代理人（经理人员）各自追求自己的目标,并通过复杂的授权与控制,建立了一套有效的激励制衡机制。

③资本的稳定性。出资者一旦购买公司的股票而成为股东,其股份一般不允许兑回,从而使公司具有资本的稳定性。

④所有权的可转移性。在大多数情况下,股票可以自由买卖、抵押等,这样,股东就可以根据自己的意愿转移自己所拥有那部分公司的所有权。

⑤寿命的持续性。只要经营得好,不亏损,不破产解散,公司的寿命就可以不断延续,股东或高级职员的死亡、退出、股权的转手等,对公司的生存不构成威胁。

（2）公司的缺点

①公司的设立和解散程序复杂,都要通过一定的法定程序。

②股东购买股票,只为取得股利和从股票升值中取利,对公司缺乏个体企业和合伙企业下那种所有者同企业之间的血肉相连关系。

公司作为法人实体,它的资产与出资人的个人财产相分离而存在,属于公司所有。公司可以通过两种主要途径获得资金:一种是通过出售公司股票;一种是通过借贷,通常是通过发行债券来获得长期借款。因此,它便于把社会上的游资吸收过来,使公司能筹集到巨额资金,以扩大企业规模。市场经济条件下社会化大生产发展所提出的资本集中的要求与资本属不同的所有者所有的矛盾,为公司的存在与发展提供了客观上的必要性。公司这种企业组织形式自身的一系列优点为公司的发展提供了主观上的可能性。而信用制度的发展,公司立法的逐步完善、健全,为公司的发展提供了客观上的可能性,因此,公司已经成为现代企业的典型形式。

公司可以分为两种基本的形式:有限责任公司和股份有限公司。

①有限责任公司,是指股东以出资额为限对公司承担责任,公司以其全部资产对公司的债务承担法律责任的企业法人。有限责任公司的最基本特点,就是募股集资上的封闭性,即它不得向社会公开募股,不得发行股票;出资的转让法律上有较多限制;股东可以直接参与公司的管理,董事由大股东兼任。

②股份有限公司,是指其全部资本分为等额股份,股东以其所持股份为限对公司承担责任,公司以其全部资产对公司的债务承担责任的企业法人。股份有限公司的最基本特点,就是募股集资的公开性,即它可以向社会公开募股集资,股东人数没有上限规定;其股份可以自由转让,上市买卖;董事往往不是从股东中选拔,而是在社会上聘任。

从以上介绍不难看出:不同组织形式企业的出现顺序依次为,个体企业→合伙企业→公司企业(有限责任公司→股份有限公司);而且企业可以募集到的资金越来越多,企业的规模越来越容易做大,资金的社会化程度越来越高,企业财产所有权和经营权越来越分离,出资者的所有权越来越抽象,经营管理工作越来越复杂,经理人的作用越来越明显。

另外,企业还可以按企业所属的经济部门、生产力要素结构、规模等标志进行分类。

1.2　管理与企业管理

1.2.1　管理的概念

管理,从字面上看,就是管人理事。

管理活动,自有人群出现便有之,远的不说,单就我国春秋战国时期的"田忌赛马"和北宋年间的"丁渭建宫"就是脍炙人口的成功范例。与管理活动产生的同时,管理思想也就逐渐产生了。

但想要概括管理这个概念,却是一件十分困难的事。这是因为,管理的历史久远且涉及面很宽。单就近现代的企业管理而言,一方面,管理实践发展很快和管理复杂程度很高;另一方面,管理学家们看管理所取的角度不同,"见仁见义",各执一端,故此,造成了使人迷茫的"企业管理理论丛林"。据说,关于管理的定义多达100多种。不过,管理的定义大致可分为过程说、职能说、行为说、决策说、领导说、文化说和思想说7类,这种分类和路径基本反映了近现代管理学家对管理由表及里、由物到人、由存在到意识的逐步深化的认识过程。

我们认为,可以将管理定义为:对共同活动有目的地计划、组织、指挥、控制、协调的活动。

1.2.2　企业管理的意义

企业管理,是在工厂制度出现,为适应生产发展的需要逐步发展起来的。它是为了获取盈利,对企业生产经营进行的计划、组织、指挥、控制、协调活动。

马克思指出:"一切规模较大的直接社会劳动或共同劳动,都或多或少地需要指挥……一个单独的提琴手是自己指挥自己,一个乐队就需要一个乐队指挥。"同时又指出:"管理是一种生产劳动,是每一种结合的生产方式中必须进行的劳动。"(《马克思恩格斯全集》第23卷,第367页)这就是说,管理是由协作劳动(更广义上说应该是协作活动)引起的,凡是许多人一起相互配合协作劳动,就必须有管理,就需要有人来统一大家的意志。协作劳动的规模越大,分工越细,管理就越重要。可见,管理的作用是为了通过协调个人的活动来实现总体运动的目标。

管理是一种生产劳动,管理虽然不是生产力的具体要素,不能直接创造物质财富,但它却是生产力要素得以结合而发挥作用的前提。从这个意义上看,管理也属于

生产力。它对社会劳动生产能力可以起到放大和创新的乘数作用,根据这个理解,人们赋予生产力一个新的定义,即:

生产力＝(劳动力+劳动工具+劳动对象+科学技术)×科学管理

在现代企业中,随着生产力的发展,企业管理的地位和重要作用逐渐为人们所认识:美国人认为,他们是"三分靠技术、七分靠管理",一举成为世界经济强国的;日本也是靠技术和管理这两个车轮,促使了经济腾飞的。与经济强国相比,我国的现实是科学技术落后,管理更落后,中国大多数企业当前需要优先解决的问题:第一是管理,第二是管理,第三还是管理。有人估算只要加强管理,靠目前的固定资产,经济效益还可以提高50%乃至1倍。可见,管理上的潜力往往比生产技术上的潜力要大得多。

1.2.3 企业管理的性质

企业管理具有两重性,一方面它具有与社会化大生产、生产力相联系的自然属性;另一方面它又具有与生产关系、社会制度相联系的社会属性。这一论断是马克思在研究资本主义企业管理本质时首先提出来的。马克思指出:"凡是直接生产过程具有社会结合过程的形成,而不是表现为独立生产者孤立劳动的地方,都必然会产生监督劳动和指挥劳动,不过它具有两重性。"(《马克思恩格斯全集》第25卷,第431页)

企业管理所具备的两重性,从根本上说是由于生产过程是生产力和生产关系的统一体,即生产过程的两重性所决定的。

企业管理两重性分别表现为合理组织生产力——指挥劳动的职能,维护和发展生产关系——监督劳动的职能。

1.2.4 企业管理的职能

企业管理的职能,是企业管理者为了实现有效的管理,所必须具备的基本活动及功能。对于管理的职能,同样也是众说纷纭,有三职能说、四职能说、五职能说、六职能说、七职能说乃至十三职能说等。本书以决策、计划、组织、指挥、控制、协调、激励七项管理职能分述,它是在法约尔的五职能说前后分别增加了决策和激励两个职能,这是时代发展的要求,充分体现了与时俱进:市场更加纷繁复杂,需要突出决策职能;知识经济到来,需要增加对人的激励职能。

1)决策

决策就是拿主意。

决策是企业管理中的首要职能,它贯穿于管理过程的始终,处于十分重要的地位。决策是对未来行为确定目标,并对各种备选行动方案做出抉择。决策的实质是取得企业目标、企业外部环境和企业内部条件三者的动态平衡。在市场经济条件下,对企业战略决策,即涉及企业长远发展、全局性的决策,高层管理者应倾注较多精力悉心研究,否则将从总体上影响企业管理的方向和效率。决策及时正确,企业就会走向发达兴旺;决策延宕失误,企业就可能衰败破产。

决策职能,原本包括在计划职能内,但是随着经营环境的变化:市场范围的扩大——局部区域市场→全国市场→全世界市场、市场形势的变化——卖方市场→买方市场,竞争加剧,决策职能必须加强,有必要单独列出。

2)计划

计划是决策的具体化。

在决策目标方案既定前提下,进一步根据具体情况制定出具体实现决策要求的行动方案。企业的经营决策和管理决策都要通过计划的执行来实现。计划职能为组织职能提供目的和要求,计划职能为控制职能提供目标和标准。

我国经济管理的实践证明,就目前各方面的水平而言,国家搞计划经济的条件尚不具备,对企业只能实行宏观指导。但这并不意味着企业管理不需要计划,而是恰恰相反,企业管理的计划职能不仅不能削弱,而是必须加强,企业的计划职能必须达到资源优化配置的目的。企业应当发挥自己的主观能动性,在国家经济政策、法规、规划、制度规定的范围内,面向国内外市场,积极参与市场竞争,有效地利用现有资源,谋求最大的经济效益。还要将企业的目标分解到企业内的各部门、单位以及个人,相互衔接协调,以利于组织实现。

3)组织

组织就是搞分工协作。

所谓组织,就是把企业各项要素、各个环节和各个方面,从劳动分工和协作上,从上下左右的相互关系上,从空间的和时间的相互连接上,都科学、合理地组织起来,形成一个有机整体,从而保证企业向决策目标顺利前进。组织职能是其他职能必不可少的前提。

组织职能的执行,要从企业的生产经营特点出发,服从于企业的经营方针与决策,要建立和健全管理体制、管理规章制度和管理机构,科学地组织生产经营活动,正确地挑选和配备各类人员,适时地进行调整。

4)指挥

指挥就是现场调度。

指挥是管理者把握自己的责任和权限,按照计划目标的要求,通过组织机构和人员下达命令,指出行动方向,所进行的领导和指导。指挥职能具有一定强制性,强调对命令的服从,以提高管理的时效与质量。指挥职能运用组织职权,发挥领导权威,统率企业的各方工作,使企业形成统一、高效、协调的整体。

企业的生产经营活动十分复杂,环环相扣,因而必须有高度集中的指挥。否则,就不能保证企业正常运行和既定目标的顺利实现。企业的集中指挥应建立在发扬民主的基础上,不断提高职工的职业道德和敬业精神,处理好民主与集中、自由与纪律的关系。

5）协调

协调就是使之和谐。

协调职能也称调节职能。要求通过纵向与横向、内部与外部的协调，把企业广泛分散的活动，调节为整体最优、配合得当、密切协作的系统，避免各种活动的矛盾、脱节或重复，从而有效地实现目标。在一定意义上说，管理就是协调。

做好协调工作，关键在于使全体员工对企业生产经营活动的目标、方针、决策、计划和规章制度都能清楚地了解，树立全局观念，互相协作支持，克服本位主义。

6）控制

控制就是使之"不逾矩"。

控制是指在实施计划过程中，把实施绩效与计划目标进行对比、分析，进一步改进实施活动或修改目标的活动。控制的目的和要求，在于把生产经营活动及其实际成果与计划、标准进行比较，发现差异、找出问题、查明原因并及时采取措施，加以消除，防止再发生。随着科学技术的进步和管理理论的发展，特别是控制论、信息论和电子计算机的广泛应用，控制已由原先的单纯监督控制发展为积极控制，采用科学的控制方法和手段，产生了更加显著的控制效果。

控制也称监督。监督与计划的关系非常密切，监督要以计划为依据，而计划要靠监督来保证实现。监督的职能要求建立合理的规章制度，特别是有明确的责任制和奖惩办法，要有完整的定额或标准，以及系统的检查和严格的核算，要建立完善的能满足控制要求的管理信息系统。

7）激励

激励就是调动人的积极性。

激励主要是指管理者采取激励手段启迪人的心灵、激发人的动机、挖掘人的潜力，使之充满内在的动力和活力，以促进管理既定目标实现的过程。激励包括奖励和惩罚。奖励、表扬、提拔等手段会发送给被奖励者和他人"要这样做"的信息，有效地调动人的积极性，发挥其才智、潜能，培养人们积极的情感，提高管理效率。惩罚、批评、扣奖、处分等能从另一个方面发挥积极作用，会发送给被惩罚者和他人"不要这样做"的信息，促使人们对背离或偏差于组织目标的行为进行思考而改弦更张。奖惩能奖惩本人，教育其他，对整个管理系统成员起到制约作用。

要想发挥好激励的功能，就要在确定组织目标时充分考虑职工需要，把企业生产经营活动的目标与员工的个人利益尽可能地结合起来，激发员工的动机，鼓励大家为实现组织目标而努力。为此，必须坚持物质利益原则，实行按劳分配，建立合理的奖惩制度，把员工的个人收入同他们对企业的贡献联系起来。

企业管理的各项职能不是孤立和割裂的，而是相互依存、相互作用的有机整体。

1.3 企业管理学

1.3.1 企业管理学的概念

企业管理学是适应社会发展的要求,从人们的管理实践中逐步形成和发展起来的,由一系列管理原理、管理原则、管理方式、管理方法和管理制度等所组成的,并用以指导人们从事企业管理活动的科学。

广义的管理学,包括了政治、经济、科技、文化、社会等方面的管理学,是为"无处不管理";狭义的管理学,实际上指的是经济管理学,是为"以经济建设为中心"。从内容上看,经济管理学包括国民经济管理学、部门经济管理学和企业管理学。本书讲的企业管理学,主要是指现代工业企业管理学。

1.3.2 企业管理学的研究对象

企业管理学的研究对象是企业管理的客观规律及其应用,即如何按照客观规律的要求来科学地组织生产力,不断地完善生产关系,适时地调整上层建筑,以适应和促进企业生产力的发展。

1)生产力的科学组织

企业管理学主要研究如何将人、财、物、时间、信息等要素进行科学地组织,以实现资源的最优配置。它包括搜集和分析市场信息,预测市场并做出相应决策,进行工厂布置、车间布置和工作地组织,组织生产过程,制定产品技术标准、工艺规程和操作方法,制定产品劳动定额和物资消耗定额,组织安全生产、劳动保护,进行设备管理、质量管理、物资管理等。这一点体现了管理的自然属性,属于企业管理的一般职能。

2)生产关系的不断完善

企业管理学主要研究如何正确处理生产经营过程中人与人的工作关系和分配关系或经济关系,以充分调动各方面的积极性。在企业内部,要研究工人之间、工人与技术人员之间、领导与被领导之间,以及企业集体与职工个人之间的工作关系和分配关系;在企业外部,要研究企业与企业,企业与政府以及企业与出资者、消费者之间的经济关系。为了处理这些关系,企业要建立和完善组织结构和管理制度,如经济责任制、经济核算制、岗位责任制、劳动分工与协作、工作奖励及分配制度、组织制度和领导制度等。这一点体现了管理的社会属性,属于企业管理的特殊职能。

3)上层建筑的适时调整

企业管理学主要研究如何与时俱进,结合企业实际,贯彻执行党和国家不断调整的方针、政策、法律和法规,搞好企业的精神文明建设,建立健全规章制度,严格劳动纪律,培养企业文化,以维护社会主义生产关系和促进生产力的发展。这一点体现了企业管理也属于建立在一定经济基础上的意识形态——上层建筑。

企业管理学横跨人文、社会科学和自然科学。当然,总的来讲,属于社会科学。主要涉及与人有关的知识、与企业基本目标和基本背景有关的知识、与管理观念有关的知识、与产品生产有关的知识、与基本工具有关的知识等。

企业管理学不仅是一门科学,而且还是一种艺术。由于经济现象的复杂性和多因素性,以及许多客观因素的非计量性,使得它不能像物理学等自然科学那样单纯通过数学计算求得最佳答案,甚至也不能为管理者提供解决问题的具体标准模型,而只能要求人们因时、因地、因事按照客观规律,实行创造性的管理。

1.3.3　企业管理学的研究方法

马克思主义的辩证唯物主义和历史唯物主义是企业管理学研究问题的最基本方法,这一方法的精髓就是唯物论和辩证法,也即实事求是和纵向横向联系地看问题。在这一前提下,主要运用以下方法:系统的方法、定性与定量分析相结合的方法、静态与动态分析相结合的方法、比较的方法和人工智能模拟的方法等。

[本章小结]

企业是指按照市场需求从事生产、流通和服务等经济活动并获取盈利,独立核算,自主经营,自负盈亏,照章纳税的经济组织。

企业是生产力和生产关系发展到一定水平的产物,是现代社会人们从事经济活动的基本经济单位,是国民经济的细胞,它还是一种制度概念。

企业具有商品性、营利性、独立性、系统性和法人实体性。从组织形式看,企业可以分为个体企业、合伙企业和公司企业3种。

管理就是对共同活动有目的地计划、组织、指挥、控制、协调的活动。企业管理是为了获取盈利,对企业生产经营进行的计划、组织、组织、指挥、控制、协调的活动。

管理活动,古已有之,而企业管理,却是工厂制度确立以后,为适应生产发展的需要逐步发展起来的。管理也属于生产力,它对社会劳动生产能力可以起到放大和创新的乘数作用。

企业管理具有两重性:自然属性与社会属性。企业管理有决策、计划、组织、指挥、控制、协调、激励七项职能。

企业管理学是由一系列管理原理、管理原则、管理方式、管理方法和管理制度等所组成的,并用以指导人们从事管理活动的科学。其研究对象是企业管理的客观规律及其应用。

企业管理学横跨人文、社会科学和自然科学,不仅是一门科学,而且还是一种艺术。马克思主义的辩证唯物主义和历史唯物主义是企业管理学研究问题的最基本方法。

[思考题]

1. 什么叫企业？它有哪些特性？认识企业的这些特性对搞好企业管理有何意义？
2. 按组织形式，企业主要可以分为哪些类型？不同类型企业各有何特点？
3. 什么叫管理？什么叫企业管理？
4. 企业管理有哪两重属性？认识企业管理两重属性的意义何在？
5. 企业管理有哪7种职能？各种职能分别能发挥什么作用？
6. 什么叫企业管理学？
7. 企业管理学的研究对象是什么？
8. 怎样评价"三分技术，七分管理"？
9. 怎样认识"管理是科学，也是艺术"？

[实训练习]

1. 进行不同所有制企业管理的实地考察，并写出考察报告。
2. 找成功的企业家座谈企业管理，并写出访谈录。

[案 例]　　　　　　　"还是泰勒时代，还需科学管理？"

中兴机器厂，是20世纪50年代初由前苏联援助中国建设的156个重点项目之一。该厂地处中国腹地，"不东不西"，当地民风淳朴，有一定的工业基础。建厂初期，由一大批来自沈阳、天津、上海的老工人和技术人员组成了基本员工队伍。

当年，在工厂基建开工的同时，国家就选派了一大批复转军人、革命干部、知识分子按照中兴厂未来管理的需要成建制地到苏联的一些大型工厂去有目的地进行严格的实习培训。工厂建成后，这批干部学完回国担任了中兴厂中层及中层以上主要领导工作。苏联的工厂，从列宁时期就推行泰勒制，斯大林时期已经形成了自己的企业科学管理制度。他们带回了苏联的全套工厂管理制度——"泰勒制"，并在中兴厂认真实行。

中兴厂一直是国家的重点企业，当年曾为三门峡水库、新安江水电站，后来还为卫星发射站、宝钢、葛洲坝，当今又为三峡大坝制造大型设备，是全国赫赫有名"重型机械大王"。

计划经济年代，中兴厂的各项技术经济指标在全国一直领先，市场经济年代，经济效益一直很好。

半个世纪以来，中兴这个万人大厂一直推行科学管理，以管理严格著称。如今，尽管当年的留苏人员早已离休或退休，甚至已经去世，中兴厂中层以上领导干部已都是他们的徒子徒孙，但严格管理的传统却从来没有丢，而是有过之而无不及。

如，至今还在实行严格的考勤制度和门卫制度：早晨8点上班，一过8点便关工厂大门，迟到者要登记并受到经济惩罚；上班中出厂办事必须有单位发放的"出厂证"才能准许出门,工人们戏称其为"路条";到下班时,准时开工厂大门放行;工作时间内员工在厂内车间之间走动,也会受到流动的纪律稽查人员询问。又如,至今还在实行严格的劳动定额管理制度和计件工资制,对生产工人都有严格的劳动定额考核,奖罚分明,但已经出现部分人工资过高,个别人却拿不到基本工资现象。

一些人对中兴厂的管理制度颇有微词,认为这是"关、卡、压","不符合时代要求","都21世纪了,还不把工人当人看"。

一些年轻工程技术人员和年轻工人也纷纷离开中兴厂另寻高就。

案例问题

1. 你如何评价中兴厂的企业管理水平?

2. 有人说:"连苏联都解体易帜了,还坚持苏联的那一套工厂管理制度真有点儿过时了。"你是否同意这种看法?为什么?

3. 有人说:"我国企业现在还处于泰勒时代,还需要科学管理。"你是否同意这种说法?为什么?

4. 试析中兴厂一些年轻人纷纷离开中兴厂的原因。

基　础　篇

第 2 章
企业管理基础知识

【学习目标】

掌握企业管理的基本原理,了解现代企业制度,知道企业管理组织结构,弄清企业管理现代化的概念及其内容。

2.1　企业管理基本原理

　　管理原理是管理理论的核心,是管理活动实质及其基本规律的高度科学抽象与概括,是管理者必须遵循的准则,又是实现企业有效管理的基础。管理原理体系构成主要如图 2.1 所示。

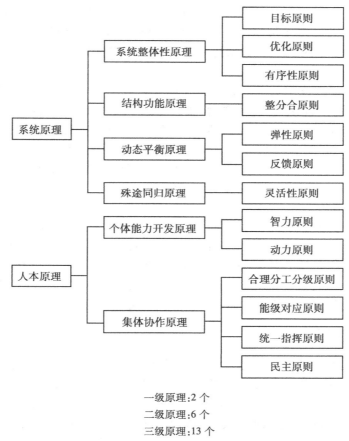

一级原理:2 个
二级原理:6 个
三级原理:13 个

图 2.1　管理原理结构体系示意图

2.1.1　系统原理

　　系统是由两个或两个以上相互区别并相互作用的单元(或元素)有机结合起来完成某一功能的综合体。系统分为天然系统和人造系统。凡是人造系统都应该具有集合性、相关性、目的性、整体性和环境适应性。

　　现代企业是一个高度复杂的开放的可控的人造系统,企业管理本身也是一个人造系统,因此需要运用系统的思想和方法,按照系统的基本特征来管理企业。

1) 系统整体性原理

系统整体性原理是管理基本原理中最重要原理。系统整体性原理认为：一切事物都具有系统的属性，而一切系统又都具有整体性。管理者应该从整体观点出发，全面地看问题，建立系统，分析系统，健全系统，实现系统整体的最优化。

（1）目标原则

人造系统是为了实现一定的目标而建立和存在的，没有目标的人造系统是一个盲目的系统。一个人造系统没有特定的目标，这个系统必然没有存在的必要了，企业人事管理反对因人设事便是这个道理。系统目标又具有多样性和综合性，因此要统筹兼顾，既要注意局部的目标，更要追求全局的目标最优化。

（2）优化原则

系统是由若干要素构成的。各要素在孤立状态下，不会滋生新的功能。"整体大于部分之和"，是说"优化"系统的整体功能大于组成系统的各要素功能的简单叠加，即"1+1>2"。需要注意的是，这里隐含着这样一层意思，如果不是"优化"系统的功能也可能"1+1=2"，还可能"1+1<2"。否则，企业管理也就太简单了。不同数量和质量的要素构成的系统，会有不同的功能。因此，要研究系统要素、结构、功能之间的关系，关键是使部分与整体达到统一，实现系统整体优化。

（3）有序性原则

有序性是指构成系统的各要素间的相互联系，它有一定的排列顺序。凡是系统都有秩序。各要素间在时间上、空间上存在着相对稳定的排列、组合形式。系统的有序性是系统呈有机整体的基本条件，系统的健全、发展也是由低级有序向高级有序演变的客观反映。相同数量和质量的要素，采用不同组合和排列构成的系统，就会有不同的功能。问题是保持什么样的秩序，才能使系统的功能最大。

2) 结构功能原理

结构是系统内部各要素间相互联系的关系总和。系统要素经过有机组合，产生了结构上的质变和功能上的放大。结构决定功能，"喷泉里喷出来的是水，血管里流出来的是血"（鲁迅语）。功能又反作用于结构，要想得到什么样的功能，就必须建立什么样的结构。企业管理系统的效应，取决于组织结构、职责、程序、活动和能力、资源诸要素是否形成合理的结构，如果结构不合理，则系统功能得不到发挥甚至产生负功能，此时必然要做系统分析，着手调整、改变原有结构。如有适应计划经济要求的企业组织结构，也有适应市场经济要求的企业组织结构。

与结构功能原理对应的是整分合原则。整分合原则要求在整体规划下明确分工，在分工的基础上实行有效综合，产生结构功能效应。

3) 动态平衡原理

系统是在一定的环境下生存发展的。系统与外界环境既有物质的交换，又有能量和信息的交换。企业管理系统如果要具有生命力和活力，就必然要具有开放性的特点。开放的条件下，管理系统必定因外界变化而产生系统运动的加速度。一般说来，这种加速度与管理系统的开放程度成正比，与管理系统的规模成反比。这就要求管理者在系统开放和运动的情况下，及时搜集信息，把握运动趋势，实施动态调节，使系统保持动态平衡。如为了适应市场经济体制的要求，原来适应计划经济的企业组织结构就必须做出相应的调整。

（1）弹性原则

为了适应开放的动态环境，管理系统应该保持充分的柔性——弹性，在决策的关键环节保持可调整性，预先准备多种调节方案，以提高对外部环境和内部条件变化后的应变力。

（2）反馈原则

要有效地控制不断变化的事物向预期目标发展，就必须具备健全、灵敏、准确、高效的反馈机制，对事物变化过程中出现的新情况、新问题及时做出信息反馈，采取相应的变革措施，把问题和矛盾解决于萌芽状态之中，这就是反馈原则。开放系统的这种动态平衡是依靠反馈控制实现的。控制的基础是信息，一切信息都为控制存在，而任何控制又需通过反馈来实现。没有反馈就没有调节，反馈控制是系统实现目标的手段。

4）殊途同归原理

世界上不存在永恒不变的事物，也不存在唯一正确的解决问题的途径。企业的管理系统可以通过不同的组合方式、不同的过程和不同的方法实现系统的最终目标。真所谓"条条大道通罗马"。

殊途同归原理要求贯彻灵活性原则。即在管理理论和管理模式的选择时，一定要依据系统的实际，把握它的特性，因地制宜，采取灵活的原则实现管理目标。

2.1.2 人本原理

管理作为一种社会活动，是以人为本体来进行的。人是管理中最活跃的因素，人既是管理的唯一主体，又是管理的主要客体之一。因此现代企业管理强调要以人为中心进行管理。一切管理活动都要以"调动人的积极性、挖掘人的潜能、满足人的需要"为根本。

1）个体能力开发原理

人是有生命、有思维、有情感、有创造性的复合体，具有主观能动性。人的主观能动性的发挥程度，与个体内在智力和驱动力直接相关。这就是个体能力开发原理的智力原则和动力原则。

（1）智力原则

智力原则是指在管理中，要优先重视劳动力个体智力的开发。人的能力主要由体力和智力两部分组成，也就是通常所说的"硬资源"和"软资源"。随着生产力水平的提高和科学技术的发展，仅仅依靠加大劳动强度和延长工作时间来充分利用体力这个"硬资源"，显然存在着外延的局限性。而智力这个"软资源"的开发，却具有内涵的无限性。随着科学技术的发展，在劳动质量和经济效益的提高中，智力因素的影响不断上升，而体力因素的影响却相对下降。因此，管理者必须注意运用智力原则，采取引进、培训措施,强化智力开发。

(2)动力原则

动力是驱使人们发挥潜能、不断前进的内在力量。动力可以分成两类,即物质动力和精神动力。物质动力是基础,精神动力是支柱。这两种动力相互补充,相互促进,缺一不可。在社会主义市场经济条件下,在强调物质动力手段的同时,不应该低估、削弱精神动力的作用,否则很难形成综合持久的驱动力。

2)集体协作原理

分工协作是社会化大生产的客观要求。现代企业管理系统应该充分发挥每个个体的作用,但是如果不注意个体在时间上、空间上的相互联系和相互作用,就不能发挥整体的效能,因此需要按集体协作原理办事。按集体协作原理办事,需要遵循以下4条原则:

(1)合理分工分级原则

正确确定每个个体在集体中的作用和地位是提高管理效能的重要前提。在整体规划下,建立优化的横向和纵向的结构网络,明确个人分工,在分工基础上进行有效的综合,就是分工分级原则。社会分工的发展是生产力发展的标志和象征。分工分级的必然结果是任务专业化和职权分散化。任务专业化和职权分散化并非越细越好、层次越多越好,否则会适得其反。分工分级适度才合理。

(2)能级对应原则

能级对应原则是指应该按照管理层次和岗位的能级要求配备相应能力的人员并授予其相应的权力。把握能级对应原则,首先要求因事设人,知人善任,人尽其才,使个人在组织中的位置与个人能力相匹配,"小马拉大车"会把事情搞砸了,"大马拉小车"会造成不必要的浪费,有时也未必能把事情办好。其次应该授职授权,使"职、责、权"相一致,否则也会影响办事成效。

(3)统一指挥原则

统一指挥原则也称命令统一原则。它要求严格按照命令由上而下逐级下达的原则,形成集体内上下级的"指挥链"。要求遵守:从最上层到最基层的等级链不得中断;不允许多头领导;不允许越级向下指挥;职能机构是参谋部门,未授权不得行使指挥职能。违背上述四条中的任何一条,就意味着统一指挥受到破坏。统一指挥原则不排斥必要的灵活性和横向联系,如采用临时处置,但是必须事后汇报以避免紧急事件的贻误。

(4)民主原则

民主原则既是现代生产力和生产关系发展的客观要求,也是社会主义企业管理的本质特征。实行民主原则,不仅可以增强个体在集体协作中的参与感和责任感,而且由于集中了个体的智慧,群策群力,集思广益,可以更有效地实现整体目标。

2.2 现代企业制度

企业制度是指企业以产权制度为基础和核心的一系列制度的综合,包括企业的产权制度、组织制度和管理制度。

企业按出资方式和债务责任可以分为个体制企业、合伙制企业和公司制企业。在现代市场经济体制下,企业的各种形态是同时并存的,但从企业形态发展过程看,还是有一个从个体制企业到合伙制企业再到公司制企业的演变过程的。这里,着重介绍一下公司制企业制度。

2.2.1 现代企业制度的概念

现代企业制度是以公司制度为主体的市场经济体制的基本成分。它包括两个方面的含义:一是说,现代企业制度是市场经济体制的基本制度;二是说,现代公司制度是现代企业制度的主导形式。这也就是说,现代企业制度是市场经济体制的基础,现代公司制度是现代企业制度的主体。

1)现代企业制度是市场经济体制的基础

企业和消费者是市场经济的基本单位,市场在两者之间充当着中介角色。市场经济建立健全的前提是现代企业制度下的企业真正成为市场主体。

2)现代公司制度是现代企业制度的主体

现代公司制度是商品经济发达和社会化大生产发展的产物,是能保证企业在所有权和经营权分离的条件下真正做到自主经营、自负盈亏的现代企业制度,是现代企业制度的主体。

2.2.2 现代企业制度的特征

现代企业制度既不同于高度集中的计划经济体制下的企业制度,也不同于早期的企业制度,其主要特征是:

1)产权清晰

在现代企业制度下典型形式公司制企业中,产权关系清晰主要表现在,有效地实现了出资者所有权与企业法人财产权的分离。所有者与企业的关系演变成了投资者与企业法人的关系,即股东与公司的关系。这种关系与其他企业制度下的所有者与企业的关系的主要区别在于:

(1)企业资产的所有权属于出资者

投资者将财产投入企业后,便成为企业的股东,对企业拥有相应的股东权利,包括参加股东大会和行使股东大会赋予的权利,按照股本取得相应收益的权利、重大决策权和选择管理者的权利、转让股权的权利等。投资者投入的财产与他们的其他财产严格分开,边界十分清楚。

(2)企业拥有出资者投资形成的全部法人财产权

作为独立的法人,企业依法成立后,企业成为享有民事权利、承担民事责任的法人实体,对股东投入企业的资产及其增殖拥有法人财产权,即对财产拥有占有、使用和处置的权利。

（3）在企业内部存在一定程度的所有权和经营权的分离

所有者将资本交给具有专门管理知识和技能的专家经营，这些专家不一定是企业的股东，或者不是企业的主要股东，他们受股东委托，作为股东的代表经营管理企业。

2）权责明确

在现代企业制度下，企业具有独立的法人地位。

企业的权利是：如前所述，对股东投入企业的资产及其增殖拥有法人财产权，即对财产拥有占有、使用和处置的权利；以其全部法人财产依法自主经营、自负盈亏、独立核算；作为独立的市场竞争主体，企业资不抵债并扭亏无望时，依法破产，解体淘汰。

企业的责任是对国家照章纳税，对出资者承担资产保值、增值。企业的责任是一种有限责任，即企业以其全部法人财产为限，对其债务承担有限责任。

企业破产清算时，出资者又以其投入企业的出资额及其留给企业的收益为限，不涉及出资者的其他资产。有限责任制度是出资者实行自我保护的一种有效手段。

3）政企分开

政企分开，既是现代企业制度的重要特征，又是建立现代企业制度的基本条件。

在现代企业制度下，政府与企业是两种不同性质的组织。政府是政权机关，虽然对国家的经济具有宏观管理的职能，但是这种管理不是对企业生产经营活动直接干预，而是实行间接调控，即主要通过经济手段、法律手段及发挥中介组织的作用对企业的活动和行为进行调节、引导、服务及监督，以保持宏观经济总量的大体平衡和促进经济结构的优化；保证公平竞争，使市场机制发挥正常的作用；健全社会保障体系，保持社会稳定，维护社会公平；保护生活环境，提高生活质量。企业是以赢利为目的的经济组织，是市场活动的主体，它必须按照价值规律办事，按照市场要求组织生产和经营。因此，政府和企业在组织上和职能上都必须是严格分开的。

计划经济是政企合一：政府指挥企业，企业依附于政府。国家具有双重身份：既是行政管理者，又是资产所有者，对企业采取"国有国营"并负盈亏责任。这种政企合一的经济体制带来的必然结果是"企业吃国家的大锅饭，企业失去了应有的生机和活力"。因此，只有实行政企分开；在政府所有权职能中把资产的管理职能与资产的营运职能分开；在资产的营运职能中，把资本金的经营与财产的经营分开。只有实施"三分开"，才可以使国家对企业财产在法律上的所有权与企业对财产的经济上的所有权（法人财产权）真正分离。

①在现代企业制度下，企业是市场的主体，企业的生产经营计划需要根据市场的情况自主决定，企业所需的资金、技术装备和原材料、劳动力等生产要素需要从市场上获得，产品必须通过市场销售，企业具有健全的产销机制。

②根据现代企业制度原则建立起来的企业，投资者、经营者、职工和企业自身的利益都能得到较好的体现，他们的积极性能得到较好的发挥，具有健全的激励和动力机制。

③企业主要依靠自身的力量发展,它的资金积累有稳定的来源,而且可以根据企业的需要来决定投资项目,具有健全的发展机制。

④企业的约束机制健全。在企业内部,领导制度健全,权责合理。领导层次之间,领导者之间,既有明确的分工,又相互联系,相互制约,具有健全的权力约束机制;各个利益主体之间,既有利益的一致性,又存在着差异,并相互制约,具有健全的利益约束机制;企业是独立的利益主体,必须自负盈亏,其预算约束是硬的而不是软的,具有健全的预算约束机制。健全的企业经营机制能使企业克服盲目借贷、盲目投资、偏重消费、忽视投资,产生合理的企业行为。企业在注意自身利益的同时,也注重社会效益,达到两者有机统一。

4)管理科学

管理科学,既体现社会化大生产的客观要求,又体现社会主义市场经济的客观要求。

在现代企业制度下,企业的权力机构与监督机构、决策机构与执行机构之间相互独立,权责明确,并相互制约。企业的所有者、经营者与劳动者之间的关系得以合理调节,形成激励和约束相结合的调控机制。

管理者的素质高,管理组织结构合理,管理制度健全,管理方法科学,管理手段先进,能最大限度地调动企业全体职工的积极性,提高工作效率和生产效率,使企业能取得较好的经济效益。

2.2.3 现代企业制度的内容

现代企业制度的基本内容包括3个方面:现代企业产权制度,即公司法人产权制度;现代企业组织制度,即公司组织制度;现代企业管理制度,即公司管理制度。

1)现代企业产权制度

在现代企业产权制度——公司法人产权制度下,原始所有权退化为股权,公司法人则获得了公司财产的法人所有权。公司法人可以像个体制企业一样支配交换对象,参与市场交易。由此可以看出,企业法人制度下的产权明晰化,使企业具备了一个对交换对象具有独占权的真正市场主体的身份,按照等价交换原则参与各类市场交易活动,这是现代企业制度不可缺少的首要内容。

2)现代企业组织制度

采取什么样的组织形式来组织公司,这是现代企业制度包含的第二个重要内容。公司制企业在市场经济的发展中,已经形成一套完整的组织制度,体现了企业所有权和经营权相分离的原则,以及由此派生出来的公司决策权、执行权和监督权三权分立的原则。由此形成的公司股东会、董事会和监事会并存的组织机构框架如图2.2

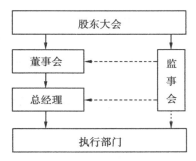

图2.2 公司组织机构图

所示。

公司的组织机构通常包括股东大会、董事会、监事会及经理人员四大部分。按其职能,分别形成决策机构、监督机构和执行机构。其基本特征是:所有者与经营者之间,通过公司的决策机构、执行机构、监督机构,形成各自独立、权责分明、相互制约的关系,并以法律和公司章程加以确立和实现。

①决策机构。股东大会及其选出的董事会是公司的决策机构。股东大会是公司的最高权力机构。董事会是股东大会闭幕期间的最高权力机构。

②监督机构。监事会是由股东大会选举产生的,对董事会及其经理人员活动进行监督的机构。

③执行机构。经理人员是董事会领导下的公司管理与执行的机构。

这种组织制度既赋予经营者充分的自主权,又切实保障所有者的权益,同时又能调动经营者的积极性,因此,是现代企业制度中不可缺少的内容之一。

3)现代企业管理制度

建立现代企业管理制度,就是要求企业适应现代生产力发展的客观规律,按照市场经济发展的需要,积极应用现代科学技术成果,包括现代管理的思想、理论和技术,有效地进行管理,创造最佳经济效益。这就要求企业围绕实现企业的战略目标,按照系统观念和整体优化的要求,在管理人才、管理思想、管理组织、管理方法、管理手段等方面实现现代化,并把这几方面的现代化内容同各项管理功能(决策、计划、组织、指挥、协调、控制、激励等)有机地结合起来,形成完整的现代化企业管理。

我国传统的国有企业管理不符合现代化企业管理的要求,在很大程度上仍是单纯为生产活动服务。应该按照现代企业管理制度的要求,注重生产与流通的结合,注重公司内部能力与外部环境的结合,注重经营战略与具体管理方法的结合,集生产管理、销售管理、人力资源管理、研究与开发管理及财务管理于一体,建立起具有现代公司经营管理特征的管理制度。

2.3　企业管理组织结构

在现代企业组织制度中,公司的组织机构和公司的组织结构是有差别的。前者不仅是一个经济管理的概念,更是一个法律范畴的概念,而后者只是一个经济管理的概念。即前者是权力加行政组织,如上一节所述的公司组织机构;后者是行政组织,如本节将要讲的企业组织结构。行政组织即管理组织,企业行政组织是指对企业生产经营活动进行管理的组织,即企业管理组织结构。

2.3.1　企业管理组织的内容

1)建立组织

按照企业目标要求和任务内容,建立一个合理的管理组织结构,包括建立多个管理层次和各个专业管理部门。

2）规定职责

按照专业业务性质进行分工,规定各部门、各管理人员的职责范围。

3）赋予职权

按照规定的责任,赋予各部门和各管理人员以相应的职权。

4）规定协作

规定上下级之间、同级不同部门和人员间纵横的领导和协作关系,建立信息沟通渠道和运行机制,使管理组织发挥预定的效能。

5）配备人员

为各岗位选用、配备适合要求的工作人员。

6）培训激励

对各类人员进行培训,建立考核、奖惩的办法,激励其工作积极性。

2.3.2　企业管理组织的原则

1）目标明确化原则

企业组织结构设置的出发点和归宿点只能是企业的任务和目标。这就要求从实际出发,按目标设结构,按任务设岗位,按岗位配干部。衡量企业组织结构设置是否合理的最终标准只能是:组织结构是否促进了企业任务目标的实现,而不能取其他标准。

2）专业分工和协作原则

现代企业管理工作,由于专业性强、工作量大,应分别设置不同的专业管理部门,以提高质量和效率。同时,由于各项专业管理之间有密切的联系,有分工还需要协作配合好,因此必须采取正确措施,创造协作环境,加强横向协调,以发挥整体最佳效能。

3）统一指挥和分级管理原则

组织结构设置应该保证指挥的统一,这是现代化大生产的客观要求。为此必须做到:

①实行首脑负责制。每一管理层次都必须确定一个人负总责并全权指挥,以避免多头指挥或无人负责。

②正职领导副职制。正副职间不是共同分工负责关系,而是上下级的领导关系。由正职确定副职的分工范围并授予必要职权。

③逐级管理即"管理链"制。各个管理层次应当实行逐级指挥和逐级负责,一般情况下,不应越级指挥。

此外,应该按照集权和分权相结合的原则,使各级管理层次在规定的职责范围之内,根据实际情况迅速而正确地做出决策。这不仅有利于高层领导摆脱日常事务,集中精力处理重大经营问题,且有利于调动下级人员的主动性和积极性。

4)责权利对应原则

为了建立正常的管理工作秩序,应该明确一定职位、职务应当承担的责任,同时还应规定其在相应的范围内应具有的指挥和执行的权力。这种责任和权力要对应,防止有责无权或权力太小、有权无责或权力过大所形成的两种偏差。前种偏差将影响积极性、主动性,使责任制形同虚设,后种偏差将助长滥用权力和瞎指挥。

责任制的贯彻,还必须同相应的经济利益结合,以调动管理人员尽责用权的积极性;否则责任制缺乏必要的动力,将无法持久贯彻。

5)有效管理幅度和合理管理层次原则

管理幅度又称管理强度、管理跨度,是指一名上司直接管理其下属的人数。一名上司能够有效地领导下级的人数,就称为有效管理幅度。有效管理幅度受管理层次、管理内容、管理人员工作能力、组织结构健全程度和信息传递反馈速度等因素的影响。有效管理幅度,一般说来,上层管理工作主要负责战略性决策,以 3～5 人为宜;中层领导主要负责日常业务决策,以 5～10 人为宜;基层领导主要负责执行性日常管理,以 10～15 人为宜。

管理层次是指管理组织系统分级管理的各个层次。一般说来,管理层次与管理幅度成反比关系。管理层次越多,管理的中间环节越多,信息传递速度越慢,信息失真越大,办事效率越低。管理层次过少,会导致指挥不力,制造管理真空。因此在设计组织结构时,必须妥善处理好有效管理幅度和合理管理层次的关系,以提高管理效率。

6)稳定性与适应性相结合原则

企业的管理组织,首先必须具有一定的稳定性,才能使组织中的每个人工作相对稳定,相互间的关系也相对稳定,这是企业能正常开展生产经营活动的必要条件。同时企业管理组织又必须具有一定的适应性。因为企业的外部环境和企业的内部条件是不断变化的,如果管理组织、管理职责不注意适应这种变化,企业就缺乏生命力、缺乏经营活力。应该强调:贯彻这一原则时,应该在保持管理组织稳定性的基础上进一步加强和提高其适应性。

2.3.3 企业管理组织的类型

工业企业管理组织结构形式,从其发展过程看,经历了两个历史阶段:传统阶段组织形式和现代阶段组织形式,两个阶段也都是由低级到高级的发展过程。

1）传统阶段组织形式

（1）直线制

直线制是早期企业组织结构形式，又称军队组织形式。其特点是：从最高管理层到最低管理层，上下垂直领导，没有职能组织。直线制组织结构如图2.3所示。

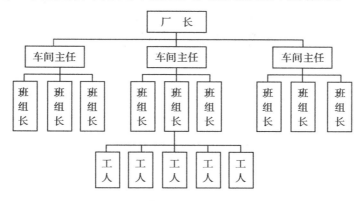

图2.3　直线制组织结构示意图

直线制组织形式的优点是：结构简化、权力集中、命令统一、决策迅速、责任明确。其缺点是：没有职能组织和职能人员当助手，要求企业领导有较强的素质，通晓各种业务，成为"全能式"人物。

这种组织结构适合于产销单一、工艺简单的小型企业。

（2）职能制

职能制是19世纪80年代由泰勒首先提出来的，其特点是企业内部各管理层次都设职能组织，各职能组织在自己的业务范围内有权向下级发布命令和指挥，上一级领导不直接指挥下一级。各级领导人要服从上级各职能部门的指挥。职能制组织结构如图2.4和图2.5所示。

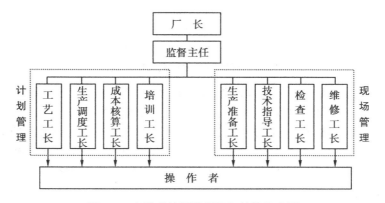

图2.4　泰勒式的职能制组织结构示意图

职能制的优点是：根据管理业务，确定不同管理职能部门，行使管理职责，管理分工细致，提高了专业化水平。但其明显存在着政出多门、多头领导、协调困难、上层领导与基层脱节、信息不易畅通等缺点，故此这种组织结构形式未被推广。

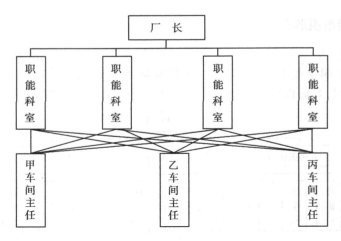

图2.5　一般职能制组织结构示意图

（3）直线职能制

直线职能制是在直线制与职能制基础上发展起来的。其特点是：按照工艺特点、产品对象或区域分布来划分车间、班组，建立直线系统。同时在各管理层次设置生产调度、技术检验、经销等职能部门，作为同级领导者的参谋机构，对下级层次进行业务指导，在获得直线领导者的授权后又可以具有一定程度的决策权、控制权和协调权。直线—职能组织结构如图2.6所示。

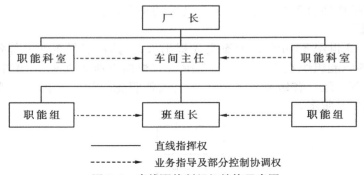

图2.6　直线职能制组织结构示意图

直线职能制的优点是：它一方面保持了直线制实行直线领导、统一指挥的优点；另一方面又保持了职能制的职能专业化的优点，同时既摒弃了直线制粗放管理的缺点，又避免了职能制政出多门的弊病。这种组织结构普遍适用于中型或大中型企业。我国目前大多数企业采用的是直线职能制组织结构形式。当然，这种组织结构形式也存在一定的问题，主要是职能参谋人员的权力、责任不易准确把握。

2）现代阶段组织形式

随着现代化大工业的发展，尤其是第二次世界大战后跨国企业经营的发展，原先的传统企业组织形式已不能适应企业管理的需要。现代阶段组织形式主要有下列几种形式：

（1）事业部制

事业部制是目前国外大型企业普遍采用的一种管理组织形式。它是在一个大公司总部下增设一层半独立经营的机构——事业部；各事业部有独立的产品和市场，实行独立核算；事业部下属有若干个工厂和研究单位，负责生产和研制工作。它是一种分权型的组织形式，其特点是集中决策、分散经营。事业部部长统一领导他主管的部门，除受总公司长期计划预算严格监督，对公司负有完成计划责任外，对事业部内部的经营管理拥有较大自主独立权。事业部制组织结构如图 2.7 所示。

事业部制的优点是：有利于总公司上层领导摆脱日常管理事务，集中精力搞好长远规划和战略决策；有利于各事业部发挥积极性、主动性；有利于管理灵活性和适应性的提高。

采用事业部制应具备条件是：各事业部产品生产在工艺上没有连续性，即事业部之间不存在相互供货的现象。

事业部制的缺点是：专业管理结构重叠，各事业部间的横向协作较困难。

这种管理组织形式，一般适用于规模较大、产品品种较多、技术比较复杂和市场广阔多变的大企业。我国一些新兴的企业集团往往采用这种组织形式。

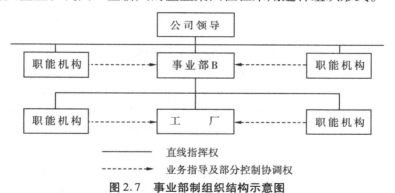

图 2.7 事业部制组织结构示意图

（2）模拟事业部制

模拟事业部制组织结构形式是兼容了直线职能制和事业部制的某些特点而产生和发展起来的一种组织结构形式。此种形式并不像事业部制那样真正在企业中实行分权管理，而是模拟分权管理。

模拟事业部制组织结构形式的特点是：企业按照研究开发、生产制造、市场营销等不同经营管理领域及其特点，将企业高层领导下的第一级组织分成若干个部门，让这些部门承担模拟性的盈亏责任，并给予相应的管理权限；把这些部门看做是相对独立的生产经营单位，各部门之间按内部价格进行成品、半成品和劳务的交换，并计算利润。模拟分权制在明确各部门的经济责任，调动各部门积极性，自主搞好内部管理等方面有积极的作用。但由于各部门都有自身利益，而部门之间在生产经营活动中的联系又较为紧密，因此部门之间的协调难度较大。

模拟事业部制组织结构形式主要适用于生产规模较大，管理业务较为复杂，而生产经营活动的整体性又较强的企业。

（3）矩阵制

矩阵制,又称目标规划制。它是由纵横两套管理系统组成的组织结构。一般纵向为职能系统,横向为完成某一任务而组成的项目系统,纵横两者交叉就组成一个矩阵。矩阵组织使各组织成员位于两根管理关系轴的交点上,改变了一个上级一元命令的原则。当然,这两根轴线的权限是不完全对等的。矩阵制组织结构如图 2.8 所示。

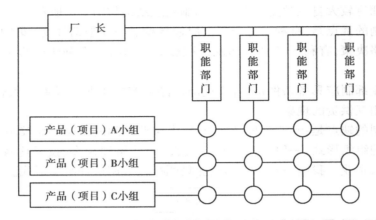

图 2.8　矩阵制组织结构示意图

矩阵制组织结构的优点是:对于复杂技术的开发,有较强的管理适应性。同时由于矩阵制组织结构中增加了平行的交流渠道,使信息的利用效果提高。

矩阵制组织结构的缺点是:被管理对象"一仆二主",容易产生临时思想。

矩阵制组织结构特别适用于经常研制或试制新产品的企业。

（4）多维立体制

多维立体制组织结构是在事业部制和矩阵结构基础上发展起来的。它也是系统理论在管理组织中的一种应用。多维立体制组织结构如图 2.9 所示。

多维立体制组织主要包括 3 类管理机构:

①按产品划分的事业部,是产品事业利润中心。

②按职能划分的专业参谋机构,是专业成本中心。

③按地区划分的管理机构,是地区利润中心。

通过多维立体结构,把产品事业部经理、地区经理和总公司参谋部门这三者的管理较好地统一和协调成管理整体。这种企业组织结构特别适用于巨型跨国公司。

以上各种组织结构形式,各有各的特点和适用条件。因此,在企业的组织结构设置时,应该注意从实际出发,合理选择。不同企业,由于生产技术特点、企业规模、产品、市场等条件的不同,组织结构形式应有不同的选择。同一企业在不同时期,也要根据战略、环境的变化,而相应地做出组织结构的调整。在同一企业中,也可以根据需要,多种组织结构形式综合并用。还应该根据需要创造新的企业管理组织结构。

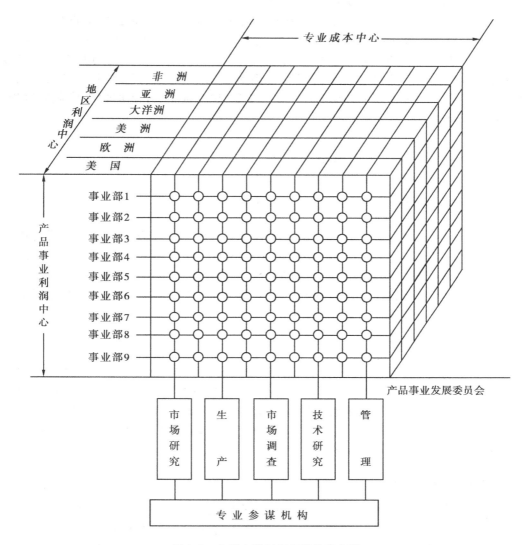

图 2.9 多维立体制组织结构示意图

2.4 企业管理现代化

2.4.1 企业管理现代化的概念

企业管理现代化,是企业为了适应现代化生产力的发展,根据社会主义市场经济的规律,运用科学的思想、组织、方法、手段和人才,向企业生产经营活动提供有效的管理,创造最佳经济效益和管理效益的过程。

企业管理现代化,是一个综合系统的概念。它要求在企业管理中,广泛运用符合实际情况的先进社会经济科学成果和自然科学成果。

科学技术现代化和管理现代化,被公认为是推动生产力高速发展的两个车轮。科学技术现代化是发展我国社会主义经济的关键,但它必须与管理现代化相结合,才能形成促进生产力发展的合力。没有管理现代化,科学技术现代化的实现是不可能的。要想改变我国企业目前技术落后和管理落后的现状,只有把管理现代化放在与科学技术现代化同等重要的地位,使之相互结合、相互促进,才能加快现代化的进程,达到或接近世界先进水平。

2.4.2 企业管理现代化的内容

1)管理思想现代化

思想即灵魂。管理思想现代化就是精神意识现代化,其基本要求是广泛采用一切人类文明的思想成果,对不适应现代化进程的旧传统思想文化观念进行彻底的变革。为此,必须确立一系列现代观念,包括:①企业管理观念;②市场观念;③竞争观念;④人才观念;⑤民主与法制观念;⑥时间观念;⑦信息观念;⑧开拓与创新观念;⑨金融观念;⑩效率与效益观念;等。

2)管理组织现代化

组织如"身体"。管理组织现代化就是机构现代化。它是运用管理方法和手段的前提和保证。按照正确集权分权、职责分工明确、指挥灵活统一的要求,企业应该建立适应社会主义市场经济的强有力生产指挥和经营管理系统,合理设置组织结构、配置人员,形成各组织环节的最佳组合,实现动态的整体优化,从而使企业具有经营活力,使各类经营要素充分发挥作用。

3)管理方法现代化

方法是"行动规程和行为规则"。管理方法现代化是管理软件现代化。它是按照生产技术规律和经营管理规律的客观要求,运用现代自然科学和社会科学的某些成果,对生产经营进行有效管理的技术和程序。可以广泛选用的现代管理方法有:①经济责任制;②全面计划管理(包括目标管理);③全面质量管理;④全面经济核算;⑤统筹法(网络技术);⑥优选法(正交试验法);⑦系统工程;⑧价值工程;⑨市场预测;⑩滚动计划;⑪决策技术;⑫ABC分析法;⑬设备综合管理;⑭线性规划;⑮成组技术;⑯看板管理;⑰量本利分析;⑱计算机辅助企业管理;等。

4)管理手段现代化

手段即工具。管理手段现代化就是武器装备的现代化。它是指在管理中采用以电子计算机为标志的现代设备、工具,实现管理决策和控制的最优化,提高管理效能和水平。管理手段现代化是管理现代化的重要标志。管理手段现代化还包括积极推广应用先进计量检测手段、显示和监控装置、通信设施和办公自动化手段等,实现自动化、电子化、数显化等。

5) 管理人才现代化

人才如"大脑"。管理人才现代化就是管理中枢的现代化,企业管理者的科学知识、专业知识、业务能力、政策水平能较好适应现代化管理的要求。这就要求培养造就一大批精通业务、善于管理的企业家和各类专业管理人才,形成门类齐全的社会主义经济管理人才队伍。

[本章小结]

管理原理是管理理论的核心,是管理活动实质及其基本规律的高度科学抽象与概括,是管理者必须遵循的准则,是实现企业有效管理的基础。它由系统原理和人本原理两个最基本的原理组成。系统原理包括:①系统整体性原理;②结构功能原理;③动态平衡原理;④殊途同归原理。人本原理包括:①个体能力开发原理;②集体协作原理。

企业制度是指以产权制度为基础和核心的一系列制度的综合,包括企业的产权制度、组织制度和管理制度。现代企业制度是以公司制度为主体的市场经济体制的基本成分,其主要特征是:①产权清晰;②权责明确;③政企分开;④管理科学。

在现代企业组织制度中,公司的组织机构和公司的组织结构是有差别的。前者是权力加行政组织,后者是行政组织。行政组织即管理组织,企业行政组织是指对企业生产经营活动进行管理的组织,即企业管理组织结构。它要求按照一定的原则把企业从纵向和横向划分为若干不同的管理层次和不同的管理部门,确定管理岗位和人员分工,规定他们应该承担的职责、权利、义务以及沟通的途径和方法,从而形成对企业生产经营活动进行有效管理的组织系统。

工业企业管理组织结构形式,从其发展过程看,经历了两个历史阶段:传统阶段组织形式和现代阶段组织形式,两个阶段也都是由低级到高级的发展过程。传统阶段组织形式包括:①直线制;②职能制;③直线职能制。现代阶段组织形式主要有:①事业部制;②模拟事业部制;③矩阵制;④多维立体制。以上各种组织结构形式,各有各的特点和适用条件。因此,在企业的组织结构设计中,要注意从实际出发,合理选择,还应该有所创新。

企业管理现代化,是企业为适应现代化生产力发展的客观要求,根据社会主义市场经济规律,运用科学的思想、组织、方法、手段和人才,为企业经营活动提供有效的管理,创造最佳的经济效益和管理效益的过程。

[思考题]

1. 什么叫管理原理?

2. 什么叫系统原理? 它由哪些原理和原则组成?

3. 什么叫人本原理? 它由哪些原理和原则组成?

4. 什么叫企业制度? 它由哪些内容组成?

5. 现代企业制度有哪些特征?

6. 传统企业管理组织结构有哪几种？各适用于什么条件？

7. 现代企业管理组织结构有哪几种？各适用于什么条件？

8. 什么叫企业管理现代化？

9. 企业管理现代化有哪些内容？

[实训练习]

1. 考察 2～3 个企业，就它们的管理现代化程度写出考察报告。

2. 考察一个有限责任公司或股份有限公司，就它的企业制度写出考察报告。

3. 考察一个大型企业，就它的组织结构写出考察报告。

[案 例] 大华纺织品公司管理组织结构的改革

大华纺织品公司薛经理与大新橡胶制品厂崔厂长是老朋友。

大华纺织品公司是一家 20 世纪 50 年代中期由国家投资建设起来的纺织印染大型联合企业，从纺纱、织布到印染成龙配套，有员工 5 000 余人。原来只是棉纺企业。前些年，为了增加花色品种，又投资办了一个纤维厂，生产化学纤维并搞化学纤维针织品；"棉花大战"时期，为了保证原料供应，就向周边十几家种植棉花的农场投资，组成"农工一体化"企业；"知青"返城高峰时期，为了解决员工子弟就业问题，同时为了提高布料的附加值，又投资举办两个"知青成衣车间"。当时，大华纺织品公司着实红火了一阵子，甚至有人主张再开一个纺织品商厦，这样就齐了，搞个"农工商一体化，供产销一条龙"。但是这几年，纺织品市场疲软，企业的整体经济效益江河日下，一泻千里，几乎到了资不抵债的程度，连员工的工资都不能按时发放。

大新橡胶制品厂是一家 20 世纪 50 年代中期由几家私营企业联合起来组成的合作企业，主要生产橡胶板、橡胶管、橡胶垫、橡胶手套、橡胶雨鞋、汽车内胎、汽车外胎等各种橡胶制品，有员工 800 余人，市场需要什么便生产什么。

一次薛经理与崔厂长俩人一相遇，互致问候，寒暄一阵后，崔厂长便眉飞色舞地讲起他们厂的企业管理组织结构改革的成果："老伙计，别当你的'周天子'了——空挂个大名儿。红楼梦上说'大有大的难处'，不如化小核算单位，实行'事业部制'，让他们各讨活命去吧！你看我们厂，我搞了 3 个事业部：工用部、民用部、车胎部，各干各的，都干得欢着呢，比以前吃大锅饭不知好了多少倍，'小河有水大河满'，我也要当橡胶制品公司总经理了，不日，我就要挂牌。"

崔厂长的一席话说得薛经理心里头热乎乎的，恨不得挽起袖子马上大干一场。可是转念一想："不行啊！大华公司与大新厂不一样啊！"

案例问题

1. 你认为薛经理所想的大华公司与大新厂有哪些不一样？是行业不一样？还是企业所有制不一样？还是工艺连续性不一样？还是规模不一样？还有哪些不一样？

2. 如果你是薛经理，你将怎么调整大华公司的企业管理组织结构？这样调整的理由何在？

第 3 章
企业管理基础工作

【学习目标】

  了解企业管理基础工作的概念、意义、特点和内容,认识对企业管理基础工作考核与评价的必要性,掌握对企业管理基础工作的考核与评价。

3.1　企业管理基础工作概述

3.1.1　企业管理基础工作的概念

　　企业管理基础工作是为现代企业管理服务的,即为实现企业生产经营管理的职能提供资料依据、共同准则、基本手段和前提条件的工作。

3.1.2　企业管理基础工作的体系

　　一般而言,企业管理基础工作体系的内容及在企业管理体系中的作用如表3.1所示。

表 3.1　企业管理基础工作体系表

工作项目名称	工作对象种类		在企业管理体系中的作用
标准化工作	技术标准		运行基本依据
	管理标准		
	工作标准		
定额工作	劳动定额		
	物资定额		
	设备定额		
	生产组织定额		
	管理费用定额		
	内部计划定额		
计量工作	按形式本质分	检验计量	
		测试计量	
		物理计量	
		化学计量	
规章制度工作	生产技术规程		
	管理工作制度		
	经济责任制度		
信息工作	按性质来源分	固定信息	运行枢纽,监控手段
		流动信息	
		外部信息	
		内部信息	

续表

工作项目名称	工作对象种类	在企业管理体系中的作用
基础教育工作	政治思想教育	运行推动力
	业务技术教育	
	企业管理教育	
	文化科学技术知识教育	

上述企业管理基础工作是一个相互联系、相互影响的不可分割的有机整体。它们协调运转,共同发挥作用,可以推动和保证企业生产经营活动有条不紊地进行,使企业管理水平不断提高。

3.1.3　企业管理基础工作与各项专业管理工作的关系

企业管理基础工作和各项专业管理工作是相互依存、相互制约的。一方面,管理基础工作寓于各项专业管理工作中,必须和专业管理工作结合起来,才能发挥其作用;另一方面,各项专业管理工作又必须建立在管理基础工作之上,即企业管理职能的发挥,必须以各项管理基础工作为前提条件。因此,要实现企业管理现代化,必须首先加强企业管理基础工作,从企业管理基础工作现代化入手。

3.1.4　企业管理基础工作体系现代化的主要标志和目的

企业管理基础工作现代化的主要标志是:工作系统化、手段电子化、方法规范化、考核制度化。

企业管理基础工作体系现代化的目的有 3 个:

①建立和健全企业自主经营、自负盈亏、适应内外部环境条件变化所需要的基础工作。

②完善现代企业管理体系,实现良性循环所需要的基础工作。

③形成取得良好经济效益,在产品质量及其人力、物力、财力占用和消耗等方面赶上世界先进水平所需要的基础工作。

3.1.5　企业管理基础工作的意义

1)企业管理基础工作是社会化大生产的客观要求

现代企业是社会化大生产的产物。随着生产力的发展,社会分工越来越细,促使企业生产的专业化程度越来越高,也促使企业之间的相互协作越来越密切,这就对企业管理基础工作提出了越来越高的要求。

2)企业管理基础工作是实行经济核算的重要条件

为了对企业人、财、物的消耗和占用进行有效的控制,并对各种消耗和占用进行核算分析,就必须要有严格的计量工作、完善的信息工作、科学的定额管理工作、合理的规章制度等健全的基础工作。

3)企业管理基础工作是企业内部实行经济责任制的重要依据

企业内部推行经济责任制,实行目标管理,要层层制定合理的包保任务和指标,而包保指标的制定、执行、考核和分配,都以数据为依据。这就必须做好原始记录、统计台账、计量工作,各项标准和定额的制定工作,建立健全经济责任制等基础工作。

4)企业管理基础工作是实行企业管理现代化的坚实基础

企业管理现代化,就是在企业管理中,积极采用包括电子计算机在内的先进管理手段。为此要逐步做到管理工作的程序化、管理业务的标准化、报表文件的统一化及数据资料的完整化和代码化,为电子计算机的使用创造条件。

5)企业管理基础工作是民主管理的重要内容

通过职工民主管理,搞好班组的计量工作、原始记录、统计分析工作和定额管理工作,通过各种账、卡、表的及时、准确、全面填报,可以调动职工搞好生产与关心企业的积极性。

3.1.6　企业管理基础工作的特点

1)全员性

企业管理基础工作涉及企业生产经营活动的各个方面,是一项面广、量大的日常性工作,它涉及企业的每一个成员。企业管理基础工作的建立、健全、执行、检查等,必须依靠企业全体职工的努力,才能取得成效。

2)科学性

企业管理基础工作是一项科学性很强的工作。基础工作应体现和反映生产经营管理活动的客观规律,要加强企业的科学管理,就必须相应地建立和健全科学的企业管理基础工作体系。

3)先行性

企业管理基础工作为各项专业管理和综合管理提供所需的资料、条件和手段,是各项管理的前提和基础,因此企业管理基础工作必须建立在各项专业管理和综合管理职能工作运行之前,在推行企业管理现代化的过程中,应该把企业管理基础工作现代化放在首位。

4)经常性

企业管理基础工作是属于日常性事务工作,必须持之以恒,根据各项专业管理和综合管理职能发展的需要,不断地健全和完善,才能适应企业管理水平不断提高的要求。

5）系统性

现代企业管理是由各项专业管理有机组成的综合管理工作体系。客观上要求各项专业管理必须协调配合,形成整体功能。作为现代企业管理基础工作的各项内容,也必须按照经营目标的要求,配套组成一个完整的体系,保证经营目标的实现。

3.2　企业管理基础工作的具体内容

3.2.1　标准化工作

1）标准、标准化与标准化工作的概念

标准是指对重复性事物和概念所做的统一规定。标准化是指在经济、技术、科学及管理社会实践中,对重复性的事物和概念通过制定、发布和实施标准达到统一,以获取最佳秩序和社会效益的一系列活动过程,也即标准化工作。

2）标准化工作的基本思想

①制定标准的基本出发点是"获取最佳秩序和社会效益"。
②标准是以科学、技术和实际的综合成果为基础,在充分协商一致下产生的。
③制定标准的对象指企业中具有多样性、相关性的重复事物。
④标准化是一个活动的过程,是一个不断循环、螺旋式上升的运动过程。
⑤标准是标准化活动的核心。

3）标准化工作的意义

随着科学技术的发展和生产力水平的提高,世界范围内的贸易日益频繁,所以采用国际标准和国外先进标准成为我国企业紧迫的任务,这是企业管理基础工作现代化的一项重要标志,也是技术引进的重要组成部分。它对促进技术进步,提高产品质量,扩大对外贸易,提高标准水平,提高经济效益等都具有重要作用。为了适应管理现代化的要求,加速我国采用国际标准的步伐,今后制定的国家标准,原则上都将采用国际标准或达到的相应水平,为我国标准国际化开拓局面。

4）标准的种类及其内容

现代企业标准化管理渗透在企业生产、技术、经营管理的各个领域,标准的种类也由单纯的技术标准向以技术标准为主体的全面标准化发展,因此,在标准种类上也出现了不同的分类方法。目前一般把标准分为 3 大类,即:技术标准、管理标准和工作标准。技术标准主要是对物,管理标准主要是对事,工作标准主要是对人,即对人的工作质量做出的规定。

（1）技术标准

技术标准是指为科研、设计、工艺检验等技术工作，为产品和工程技术的质量特征、各种技术设备和工装、工具制定的标准。

（2）管理标准

管理标准是对企业生产经营活动中经常重复出现的事物或管理业务，按照科学管理的客观要求，规定出标准的数据、工作程序和工作方法，作为管理企业经营活动的准则。

（3）工作标准

工作标准是指按部门或工作岗位及各类人员制定的有关工作质量的标准。它是在职务分工基础上，进一步以人的岗位活动内容为对象而做出的规定。工作标准的主要内容：明确规定部门或岗位的工作任务和达到的目标；明确规定完成每项任务的数量；明确规定与相关联的岗位在工作上的衔接配合及信息传递方式；具体规定考核条件及实施情况评定的方法等。

3.2.2　定额工作

1）定额与定额工作的概念

定额是企业在一定生产技术组织条件下，对人力、物力、财力的消耗和占用所应该遵守和达到的标准，是用数量或价值形式表示的界限。定额工作是各类技术经济定额的制定、执行、修改和管理等一系列工作的总称。

2）定额工作的意义

定额工作是企业管理基础工作的重要内容，在企业管理现代化过程中有很大作用。定额是企业编制计划和科学组织生产经营活动的重要依据，是企业检查、考核实施计划的保证，是企业控制和减少消耗、提高劳动生产率的重要手段，是企业实行经济核算和计算成本的基本条件，是企业推行经济责任制和贯彻按劳分配的基本依据。

定额工作的核心是确定合理水平的定额。在此基础上，督促定额的贯彻，及时消除执行中的偏差，建立一整套严密的定额修订制度和考核方法，认真做好定额的统计分析工作，才能充分发挥定额的积极作用。

3）定额的种类及其内容

企业定额的种类是根据企业的生产性质、生产类型和生产规模来决定的，不同行业的定额各不相同，但是都可以从供、产、销等生产经营环节，从人、财、物等对象方面，从消耗和占用两个方面进行归类。常用的定额一般有以下几类：

（1）劳动定额

劳动定额是企业最为重要的定额之一，其主要形式有时间定额（通常称工时定额）、产量定额、看管设备定额和服务定额等。

（2）物资定额

物资定额主要有物资消耗定额和物资储备定额两大类。前者包括原材料、辅助材料、工具等的消耗定额，后者包括经常储备、保险储备、季节性储备等性质的定额。

（3）能源消耗定额

能源消耗定额主要有煤、油、天然气等的消耗定额和水、风、气、电等的消耗定额。

（4）组织生产定额

组织生产定额是指组织生产中的期量标准，如生产周期、生产间隔期、生产提前期、批量和在制品占用量等。

（5）流动资金定额

企业的流动资金定额是按照流动资金组成项目分别计算的，即储备资金定额、生产资金定额、产成品资金定额等。

（6）管理费用定额

管理费用定额主要有企业管理费用定额和车间管理费用定额。

3.2.3　计量工作

1）计量与计量工作的概念

计量是指保证计量单位统一、量值准确一致的测量。从狭义上讲，计量是一种特殊形式的测量，目的在于保证测量统一和量值准确。从广义上讲，计量是为达到统一和准确所进行的全部活动，即计量工作，如单位制的统一、基准和标准的建立、量值的传递、计量监督管理、测量方法及其手段的研究等。

2）计量的种类

计量按表面形式可分为检验计量和测试计量，前者又称静态计量，后者又称动态计量。

计量按内在本质可分为物理计量和化学计量，前者又称物理量计量，后者又称化学量计量。

3）计量工作的内容

计量工作是技术和管理的统一，它包括计量技术和计量管理两方面的内容。

（1）计量技术

计量技术，又称测量技术，是指计量方面的技术研究和应用。它主要研究计量基准的建立到量值的传递，以及生产中的实地测量，包括测量方法和测量手段。

（2）计量管理

计量管理是企业对计量实行技术的、经济的、法制的和行政的管理。

计量工作的基本任务是统一国家计量单位制度，保证器具和仪器仪表的量值准确可靠，使社会生产和经济活动得以正常进行。

我国过去规定以米制作为基本计量制度，现已开始向采用国际单位过渡。

4）对企业计量工作的基本要求

①建立健全计量组织机构。
②完善计量测试手段。
③制定并贯彻各项计量制度。
④加强企业计量工作定级和升级工作。

3.2.4 规章制度工作

1）规章制度的概念

规章制度是用文字形式对企业生产技术经营等项活动所制定的各种条例、规则、程序、办法的总称。它是企业全体员工共同遵守的行为规范和准则。

2）规章制度的种类及其内容

（1）基本制度

基本制度是企业的基础性、根本性制度。如国有企业的企业厂长（经理）负责制、职工代表大会制、民主管理制度。又如现代企业制度中的现代企业产权制度，即公司法人产权制度；现代企业组织制度，即公司组织制度，等等。企业能否适应市场经济，充满活力和竞争力，取决于企业的基本制度。

（2）工作制度

工作制度是企业的主体活动制度。它是根据企业生产经营管理的客观规律对企业计划、生产、技术、劳动、物资、销售、人事等方面的范围、内容、程序、方法等所做的规定，是指导企业职工进行各项活动的规范和准则。如国有企业已有的工作制度，又如现代企业制度中的现代企业管理制度，即公司管理制度，等等。企业能否实行有效的管理，取决于企业各项工作制度的健全和完善。

（3）经济责任制度

企业经济责任制度是企业规章制度的具体化。它规定企业内部各级组织、各类人员在其工作范围内应负的责任和应有的权利。企业内部经济责任制，又可分为岗位责任制和技术责任制。岗位责任制包括：

①行政领导岗位责任制。
②职能人员岗位责任制。
③工人岗位责任制。

技术责任制包括对产品技术标准和技术规程的实施责任制。

（4）奖惩制度

奖惩制度是推行和贯彻企业各项规章制度的重要手段。为了巩固和加强经济责任制，严格劳动纪律，充分调动广大劳动者的积极性，必须制定有效的奖惩制度、科学合理的考核方法。企业规章制度是否形同虚设，取决于奖惩制度是否科学合理与奖惩制度是否真正严格执行。

3）规章制度工作的意义

规章制度工作包括规章制度的制定（或修改）和贯彻实施，它既涉及生产力的科学组织，又涉及生产关系的不断完善，还涉及上层建筑的适时调整。因此，要想搞好企业管理，做好企业的规章制度工作是至关重要的。

3.2.5　信息工作

1）信息的概念及其种类

（1）信息的概念

在信息系统中，信息通常被认为是一种已被加工为特定形式的，对当前和将来的决策有用的资料。

（2）信息的种类

企业管理中所运用的技术经济信息是非常广泛的，按来源可分为企业内部信息和企业外部信息。企业内部信息如生产进度、物资库存量、设备技术状态、人力资源情况、费用消耗、销售收入、生产技术资料等。企业外部信息如市场需求、原材料供应情况、国家的经济政策等。

在不同企业中，由于生产类型、产品结构和工艺的不同，信息的数量、复杂性也不同，但是按信息的稳定性可分为固定信息和流动信息两大类。

2）信息工作及其意义

信息工作是指对信息的搜集、加工、传递、存储、检索和输出。

在工业企业中，信息流伴随着物流，并对物流起指导和控制作用。物流的畅通与否，在很大程度上取决于信息流是否畅通。信息又是管理者进行决策的依据。因此，在控制与管理中，信息已被认为是一种重要资源。由于信息的运动具有传递和反馈两方面的特点，而这一过程是通过企业的管理系统来实现的，因此企业管理系统实质上也是信息系统，管理工作过程就是信息产生、加工和处理的过程。

3）信息工作的主要内容

（1）设置原始记录、统计台账、统计报表

原始记录是信息的主要来源，亦称原始凭证，是按照单、票、卡等一定的形式和要求，用数字和文字对生产技术经营活动所做的最初的直接记载。企业原始记录的范围十分广泛，包括产品产量、产品质量、劳动数量和劳动时间、物质消耗、能源、生产设备、技术开发、销售服务、财务会计、安全环保等各个方面的原始记录。对原始记录的要求是：①准确；②及时；③全面；④适用。

统计台账是把原始记录按时间顺序进行汇总和登记。它既不同于原始记录，也不是完整的统计报表，而是介于两者之间的过渡性的、汇总性的账册。企业中台账主要有综合台账和专业台账。

统计报表分厂内报表和厂外报表。厂内报表主要用于班组、车间、厂部汇总原始资料或台账上的数据,是厂内信息交流的主要工具。厂外报表是企业根据国家统计部门及上级主管部门的要求,对外发送各种信息的主要工具。

(2)开展统计分析

统计分析是信息工作的组成部分。它是在对原始资料系统整理的基础上,运用科学的方法对生产经营活动中的数量关系进行综合分析,揭示其中的客观规律,为企业经营决策提供科学依据的活动。企业的统计分析工作应该遵循集中管理、分工负责、分段落实的原则。常用的统计分析方法有平均分析法、对比分析法、动态分析法、因素分析法、相关分析法等。

(3)建立和提供档案资料

档案是企业生产经营活动中形成的一种真实历史记录,属于储存的固定信息。它具有数据凭证作用、决策参考作用和业务导向作用,是企业宝贵的财富和无价的资源。企业档案主要有经济档案、科技档案和人事档案。其中范围最广、种类最多的是科技档案,它是企业在科学研究、生产技术、基本建设活动中形成的应当归档保存的技术文件资料。档案工作的任务就是运用科学的原则和方法,管理各种历史性的有保存价值的固定信息,及时、准确地提供档案资料。

4)对信息处理工作的要求

信息处理的手段有人工处理、机械处理和电子计算机处理 3 种方式,其处理的内容大体上包括原始数据的搜集、加工、传递、存储、检索和输出 6 个环节。随着管理现代化的进展,企业对信息处理的要求越来越高。这种要求表现在以下 3 个方面:

(1)信息处理标准化

信息处理标准化是提高信息处理工作水平和建立电子计算机管理信息系统的前提条件。其基本要求是:信息搜集制度化、信息载体规范化、信息内容系统化、信息分类代码化等。

(2)信息处理高效化

信息处理高效化的主要标准是信息的及时性、准确性、适用性、连续性。

(3)信息处理现代化

信息处理工作现代化是管理现代化的重要标志。基本要求是:信息处理的方法要科学、渠道要多样、手段要先进。

3.2.6 基础教育工作

1)基础教育的概念

基础教育是指为了使企业每个职工具备从事本职业、本岗位工作所必需的道德品质和技术业务等基本素质的教育。基础教育的对象是企业的在职职工,因此基础教育属于成人教育的范畴。基础教育的目的是使广大职工在政治思想方面具有社会主义觉悟,良好的职业道德;在知识结构和能力结构方面具有整体的合理性,有胜任本职工作的知识和才干。

2）基础教育的特点

①基础教育面向企业，面向学员，学用结合，为生产经营服务，为提高企业职工素质服务，是属于劳动力再生产的教育。

②基础教育的内容是紧紧围绕本企业、本岗位的工作需要，以岗位职责和工作标准为主体而进行的思想教育和专业知识教育，针对性强，学以致用。

③基础教育不是一次性教育，它有"教育→工作→再教育→再工作"，循环上升的特点。

3）基础教育的种类及其内容

以提高职工的素质和开发智力为出发点，基础教育有政治思想、技术业务、现代化管理知识和文化科学等方面的内容。

（1）政治思想教育

政治思想教育涉及范围很广，主要突出抓好坚持四项基本原则的教育、理想教育、道德教育、法制教育等。通过各种形式的政治思想教育，逐步将企业职工培养成有理想、有道德、有文化、有纪律的具有社会主义觉悟的劳动者。

（2）业务技术教育

业务技术教育是指对不同职业、不同岗位的职工所进行的专业知识教育。根据本企业各类人员的专业业务水平和企业发展的需要，主要抓好工人应知应会教育；管理人员的专业知识教育和专业技能训练；科技人员的知识更新补缺和继续教育；政工人员的政治基础理论和专业知识教育；所有人员的安全教育等。通过教育，形成一支数量足够、质量保证、专业配套、结构合理的职工队伍。

（3）企业管理教育

企业管理教育是指对企业不同层次的人员进行不同内容、不同要求的企业管理教育。主要围绕现代化管理思想、组织、方法、手段和人才等方面进行，使他们掌握现代化管理的基本理论和基本方法，不断提高现代化管理的水平。

（4）文化科学技术知识教育

文化教育是学习一切科学技术知识的基础，企业应该对职工进行高中文化的"补课性"教育，为他们进一步学习科学技术、业务技术、企业管理提供一个文化素养平台。科学技术知识教育主要围绕介绍国内外科学技术发展的状况，介绍科学技术的新成果等方面的进展，使工人和科技工作者能够不断吸收新知识、新理论、新技术、新工艺，自觉地用现代科技知识武装自己。

4）新形势下基础教育工作的意义

基础教育工作是围绕基础教育开展的一系列活动。新形势下的基础教育工作，是以思想教育为主导，以业务技术教育为主体，以相应的文化知识教育为基础的综合教育活动。由于企业各类人员原有的素质不同，工作要求也有较大差别，因此基础教育只有广开学路，采取多类型、多层次、多形式的复合型教育，不断加强基础教育的管理，才能取得成效。

3.3 企业管理基础工作的考核与评价

3.3.1 我国企业管理基础工作存在的问题及其原因

1) 存在的问题

我国企业管理基础工作总的来说还很薄弱,水平还不高,主要存在以下问题:

①对企业管理基础工作的重要性认识不到位,主要表现是:在实际工作中,重生产、重经营、轻管理,尤其轻管理基础工作。

②对从事基础工作的人员缺乏系统的培训和必要的知识更新,基础工作人员主要靠经验和感觉办事。

③对基础工作缺乏系统的理论研究和实践总结。

④对管理基础工作缺乏严格的科学的考核与评价。

2) 原因分析

(1) 目光短视,急功近利

这是影响我国企业管理基础工作的根本原因。只看到冰山的水上一角,看不到水下部分。急于求成,不考虑长远,总想打"短平快球""跑步进入现代化",因此,搞企业管理基础工作"舍不得花钱,舍不得用人,舍不得使劲"。殊不知:欲速则不达;沙滩上建楼楼不高,地基不好塔易倒;没有好的企业管理基础工作,企业各项专业管理搞不好,企业效益好不了,或者即使企业各项专业管理有短期效应,也不长久,无后劲。

(2) 追求轰轰烈烈,不愿默默无闻

喜欢轰轰烈烈,用搞运动的方式搞企业管理基础工作,不愿意埋头苦干,做深入细致的工作,认为"基础"是埋在"土里的、看不见的,花钱也是瞎子点灯白费蜡",只有"地上工程"才"形象突兀,灿烂辉煌"。一些搞企业管理基础工作的人员也认为自己是"明珠暗投,锦衣夜行",觉得企业管理基础工作枯燥无味,默默无闻,不如搞生产经营各项专业管理的人员引人注目。

(3) 喜欢简简单单,干净利索

认为企业管理基础工作是"形式主义""烦琐哲学",甚至是"保守""对开拓创新的关、卡、压""缺乏人情味,不是以人为本"。这些人不懂得像标准化工作这样的基础工作正是为了使大量重复性的工作简单化;自由是相对的而不是绝对的,没有规矩不成方圆;改革创新也不是海市蜃楼,企业管理基础性工作正是为改革创新搭建平台;过分的简单,其实就是简陋,想怎么干就怎么干,是农耕文明的遗风,不符合现代化大生产的规律。

3.3.2　企业管理基础工作的考核与评价工作

1)加强对企业管理基础工作考核与评价的必要性

的确,企业管理基础工作是一项不容易直接表现为企业经济效益的工作。因此,必须另辟蹊径,加强考核与评价,否则,这项工作便会似有似无,名存实亡,影响企业各项专业管理职能的发挥,影响企业经济效益的提高。

2)对企业管理基础工作考核与评价的标准

为了进一步提高管理基础工作的水平,根据企业管理基础工作的特点、内容和要求,可以通过先进性、准确性、齐全性 3 个方面的考核来评价管理基础工作。表 3.2 概括地列举了几项基础工作的主要考核指标。

表 3.2　企业管理基础工作考核指标表

工作大类	小类实例	先进性	准确性	齐全性
标准化工作	产品技术标准	所有产品技术标准中采用国际标准比重;产品技术标准在国内同行中领先程度	产品技术标准同企业技术水平的适应程度(如试验标准同实测数据的比较等)	所有产品中,具有完整技术标准的产品比重;产品技术标准的完整程度(如是否具备试验、包装、运输、维修等标准)
定额工作	工时定额	工时定额的制定方法(运用各种方法时,指出各种方法的比重);主要工序时间定额在同行中的水平;定额修订间隔期	现行工时定额水平与实际耗用工时的对比分析	所有工件及工序是否都有时间定额;有无准备结束及调整时间定额;有无辅助工序时间定额
计量工作	—	计量技术在同行中先进程度;自动检测点占全部检测点的比重;专用量具与通用量具比重	计量仪器的精度;量具的定期核正制度及其实施状况	测试仪器的齐全程度;产品型式试验项目的齐全程度
信息工作	原始资料	信息反馈速度;信息显示、处理先进程度;信息记录的自动化程度	信息记录及其处理误差率	信息的完整程度(包括工票的回收率)

[本章小结]

企业管理基础工作是为现代企业管理服务的,即为实现企业生产经营管理的职能提供资料依据、共同准则、基本手段和前提条件的工作。一般而言,企业管理基础工作体系的构成内容主要有标准化工作、定额工作、计量工作、规章制度工作、信息工作和基础教育工作 6 大项。上述企业管理基础工作是一个相互联系、相互影响的不可分割的有机整体。

企业管理的基础工作是社会化大生产的客观要求;企业管理基础工作是实行经

济核算的重要条件;企业管理基础工作是企业内部实行经济责任制的重要依据;企业管理基础工作是实行企业管理现代化的坚实基础;企业管理基础工作是民主管理的重要内容。

企业管理基础工作的特点是:全员性,科学性,先行性,经常性,系统性。

标准是指对重复性事物和概念所做的统一规定。它以科学技术和实践经验的综合成果为基础,经有关方面协商一致,由主管机构批准,以特定形式公布,作为共同遵守的准则和依据。标准化是指在经济、技术、科学及管理社会实践中,对重复性的事物和概念通过制定、发布和实施标准达到统一,以获取最佳秩序和社会效益的一系列活动过程,也即标准化工作。

目前一般把标准分为3大类,即:技术标准、管理标准和工作标准。技术标准主要是对物,管理标准主要是对事,工作标准主要是对人,即对人的工作质量做出的规定。

定额是企业在一定生产技术组织条件下,对人力、物力、财力的消耗和占用所应该遵守和达到的标准,是用数量或价值形式表示的界限。定额工作是各类技术经济定额的制定、执行、修改和管理等一系列工作的总称。定额工作是企业管理基础工作的重要内容,在企业管理现代化过程中有很大作用。定额是企业编制计划和科学组织生产经营活动的重要依据,是企业检查、考核实施计划的保证,是企业控制和减少消耗、提高劳动生产率的重要手段,是企业实行经济核算和计算成本的基本条件,是企业推行经济责任制和贯彻按劳分配的基本依据。

常用的定额一般有以下几类:劳动定额;物资定额;能源消耗定额;组织生产定额;流动资金定额;管理费用定额等。

计量是指保证计量单位统一、量值准确一致的测量。从狭义上讲,计量是一种特殊形式的测量,目的在于保证测量统一和量值准确。从广义上讲,计量是为达到统一和准确所进行的全部活动,即计量工作,如单位制的统一、基准和标准的建立、量值的传递、计量监督管理、测量方法及其手段的研究等。

计量按表面形式可分为检验计量和测试计量,按内在本质可分为物理计量和化学计量。

计量工作是技术和管理的统一,它包括计量技术和计量管理两方面的内容。对企业计量工作的基本要求:建立健全计量组织机构;完善计量测试手段;制定并贯彻各项计量制度;加强企业计量工作定级和升级工作。

规章制度是用文字形式对企业生产技术经营等项活动所制定的各种条例、规则、程序、办法的总称。它是企业全体员工共同遵守的行为规范和准则。

规章制度的内容广泛,一般可归纳为以下4种类型:基本制度;工作制度;经济责任制度;奖惩制度。

信息通常被认为是一种已被加工为特定形式的,对当前和将来的决策有用的资料。企业管理中所运用的技术经济信息是非常广泛的,按来源可分为企业内部信息和企业外部信息,按信息的稳定性可分为固定信息和流动信息。

信息工作是指对信息的搜集、加工、传递、存储、检索和输出。信息工作包括:设置原始记录、统计台账、统计报表;开展统计分析;建立和提供档案资料。对信息处理工作的要求:信息处理标准化;信息处理高效化;信息处理现代化。

基础教育是指为了使企业每个职工具备从事本职业、本岗位工作所必需的道德品质条件和技术业务等基本素质的教育。基础教育的内容包括:政治思想教育;业务技术教育;企业管理教育;文化科学技术知识教育。

我国企业管理基础工作总的来说还很薄弱,水平还不高,必须提高认识,重视企业管理基础工作,加强考核与评价,否则,这项工作会似有似无,名存实亡,影响企业各项专业管理职能的发挥,进而影响企业经济效益的提高。

[思考题]

1. 什么叫企业基础管理工作? 它有何特点?
2. 企业管理基础工作体系包括哪些内容?
3. 什么叫标准? 什么叫标准化? 什么叫标准化工作?
4. 企业应该有哪些标准?
5. 什么叫定额? 什么叫定额工作?
6. 企业常用的定额有哪几种?
7. 什么叫计量? 什么叫计量工作? 计量工作有哪些内容?
8. 什么叫规章制度? 企业的规章制度有哪些内容?
9. 什么叫信息? 什么叫信息工作? 对信息工作有哪些要求?
10. 信息工作有哪些内容?
11. 什么叫企业的基础教育? 企业的基础教育有哪些内容?

[实训练习]

1. 考察3~5个不同类型企业的企业基础工作并写出考察报告。
2. 考察一个大型企业的企业管理基础工作并写出考察报告。
3. 考察一个企业的某项企业管理工作并写出考察报告。

[案　例]　　　　　　　　一对冤家

俗话说:"不是冤家不聚头。"老甄与老郑两位便是这样的。

甄、郑两位分别是两个企业的厂长,一见面就争论,一争论就没有完,互不服气,互不相让,但时间长了两个人还总想要凑到一块儿争论一番,好像不争论就缺了什么似的。这不,又争论起来了。

这天,甄、郑两位厂长凑到一起,谈起过去一年各自厂子的一些情况。

老甄很得意地炫耀说:"我们厂去年获得纯利100万元,比前年增加了10%,如果不是原材料的提价还会多。照去年的势头,今年又引进了一条流水线,产量可增一倍,今年的利润定会翻番。哎,你们厂怎么样?"

听到老甄的问话,老郑放下手中的茶杯,并没有顺着老甄的问题回答,却反问道:"老甄啊,你说利润提高和翻番,这意味着什么?"

"当然是意味着我们企业工作做得好了。"老甄理直气壮地回答道。

老郑对老甄工厂取得成绩表示祝贺后说:"利润上去了当然是好的。但利润高不见得工厂工作真做得好。利润是受许多因素影响的,比如价格,目前,有些企业利润状况不是因为经营得好得到的,却是因原材料价格低等而得到的。如果我国加入WTO,价格体系一旦调整,很可能工厂就会变盈利为亏本了。当然你们的工厂,据我所知确实还是做得比较好的,比如很注意技术进步,但据我所知你们厂是不重视企业管理基础工作的。"

老甄听了这话后接着说:"我倒不担心这个,'天塌众人死'。价格调整又不是只对我一家,全国都是这样做的,到时我们利润少了,别厂的利润也会少呀。"

"所以利润并不能作为衡量企业经营状况的唯一标准。"老郑说。

"我同意你的高见,那我要听听什么是搞好企业工作的标准呢?"老甄话不无讥讽之意。

"依我看,企业应该追求的是企业经营管理合理化。只有具备稳固的管理基础,譬如说搞好企业管理基础工作,才能产生良好的绩效,使企业的经营趋于稳健,不致因客观条件的变动而动摇根本。一味追求利润,如此舍本逐末,本者不固,利从何生呢? 因此我们厂不着眼于'该赚多少'或'赚钱多少',而只重管理绩效。"老郑似乎没有什么顾忌,继续侃侃而谈。

老甄说:"老兄,什么叫管理绩效?"

老郑并没有正面回答老甄的话,继续说:"正因为如此,在目前经济环境下,我们反而担心赚钱的副作用,因为我们赚的钱,有些并不是我们真正努力得到的。这样的钱赚了,反而会使我们的员工产生骄傲心理,我认为,不景气倒能使工厂上下一心,不敢有丝毫怠惰。"

老甄显然不同意老郑的观点:"你这是为你们厂亏损打掩护嘛! 按你的说法还是亏本好。一味追求利润固然不好,但是也不能说不要利润啊,不然企业吃什么? 国家要你企业干什么? 企业又怎样去生存、去发展? 再说经营管理合理化也不是一个空泛的词,管理绩效也不是一句时髦用语,它也要通过盈利来反映啊! 我们说今年是质量管理效益年,这里就会有盈利要求,现在企业实行承包制,承包什么,利润难道不是其中一个内容吗? 你厂的企业管理基础搞得好,又是验收,又是升级……"

老郑说:"老兄你又误解我的话了,我是说要强调搞好企业经营管理合理化,要强调搞好企业管理的基础工作……"

老甄不等老郑讲完话说:"什么是经营管理合理化? 什么是搞好企业管理基础工作? 什么是搞好企业工作? 搞好企业要做很多工作,国家要做工作,企业自身也要做很多工作。搞好企业正是要体现在资产增值力上的。"

老郑争论说:"搞好企业工作难道仅仅只表现在资产增值上?"

"企业基础管理工作又花钱又费事的,净瞎耽误工夫!"老甄争辩说。

就这样甄、郑两位厂长热烈地争论着。

案例问题

1. 你同意哪位厂长的观点? 你对他们两位的观点能说些什么呢?

2. 两位厂长是在"利润和企业管理基础工作"这个问题上开始争论的,你是如何认识"利润和企业管理基础工作"这个问题的?

3. 郑厂长的企业抓了企业管理基础工作还是不景气? 你觉得是什么原因?

4. 你认为企业应该如何做企业管理的基础工作?

经 营 篇

第 4 章
企业经营战略管理

【学习目标】

理解企业经营战略的概念与特征,清楚企业经营战略的构成要素、层次结构与类型,了解经营战略管理过程包含的内容,掌握企业经营战略分析、规划、实施与控制的具体方法。

4.1　企业经营战略概述

4.1.1　企业经营战略的概念

企业经营战略是企业最高管理层为了求得企业长期生存和不断发展而实施的长远性、总体性筹划。它包括企业所确定的一定历史时期的经营总目标和实现这一目标的基本途径和手段。其目的是使企业的经营结构、资源配置和经营目标,在可以接受的经营风险限度内,与市场经营环境所提供的各种机会取得动态平衡,实现经营目标的优化。

4.1.2　企业经营战略的特征

1) 全局性

企业经营战略是对企业未来经营方向和目标的纲领性的规划和设计,对企业经营管理的所有方面都具有普遍的、全面的、权威的指导意义。

2) 长远性

企业经营战略考虑的是企业未来相当长一段时期内的总体发展问题。因此,它着眼于未来,谋求企业的长远发展,主要关注的是企业的长远利益。其实质是高瞻远瞩,深谋远虑,立足长远,兼顾当前。

3) 指导性

企业经营战略所规定的战略目标、战略重点、战略对策等都属于方向性、原则性的,是企业发展的纲领,对企业具体的经营活动具有权威性的指导作用,指导和激励着企业全体员工为实现战略目标而努力工作。企业经营战略作为企业全体员工为之奋斗的纲领,必须通过展开、分解和落实等过程,才能变成具体的行动计划。

4) 现实性

企业经营战略是建立在现有的主观因素和客观条件基础上的,一切从现有起点出发。

5) 竞争性

企业经营战略是企业为赢得市场竞争胜利目的服务的,具有指导如何在激烈的市场竞争中与竞争对手抗衡,如何迎接来自各方面的冲击、压力、威胁和困难带来的挑战的特性,企业必须使自己的经营战略具有竞争性的特征,才能保证立于不败之地。

6)风险性

企业经营战略是对未来发展的规划,然而环境总是处于不确定的、变化莫测的趋势中,任何企业战略都伴随有风险。

7)创新性

企业经营战略的创新性源于企业内外部环境的发展变化,因循守旧的企业战略是无法适应时代发展的。因此,企业要不断地提出具有创新性和前瞻性的新企业战略。

8)稳定性

企业经营战略一经制定,在较长时期内必须保持相对稳定,以利于企业各级单位、部门努力贯彻执行。但由于企业经营实践活动是一个动态过程,指导企业经营实践活动的战略也应该是动态的,以适应外部环境的多变性,因此,企业经营战略的稳定性是相对的稳定性。

4.1.3 企业经营战略的构成要素和层次

1)企业经营战略的构成要素

(1)经营范围

经营范围是指企业从事生产经营活动的领域,它反映出企业与其外部环境相互作用的程度,也反映出企业计划与外部环境发生作用的要求。企业应该根据自己所处的行业、自己的产品和市场来确定自己的经营范围。

(2)资源配置

资源配置是指企业各种资源配置的状况。资源配置的效率直接影响企业战略目标的实现。当企业根据外部环境的变化采取战略行动时,一般应对现有的资源配置模式加以或大或小的调整,以支持企业的战略实施。

(3)竞争优势

竞争优势是指企业通过其资源配置模式与经营范围的决策,在市场上所形成的强于其竞争对手的竞争地位。竞争优势既可以来自企业在产品和市场上的定位,也可以来自企业对特殊资源的正确运用。产品和市场上的定位对于企业总体战略非常重要,资源配置对企业经营战略发挥着相当重要的作用。

(4)协同作用

协同作用是指企业从资源配置和经营范围的决策中所能获得的综合效果。一般来讲,企业的协同作用可以分为4类:①投资协同作用;②作业协同作用;③销售协同作用;④管理协同作用。

探讨经营战略的构成要素具有重要意义:一方面可以帮助理解构成要素对企业效能和效率的影响;另一方面,可以使管理人员认识到这4个构成要素存在于不同的战略层次之中,而且在不同的战略层次中,各要素的相对重要性也不同。

2）企业经营战略的层次

（1）企业经营战略层次的成因

企业的经营目标是多层次的，它包括企业的总体经营目标、企业内各个层次的经营目标以及各经营项目的目标，各层次经营目标形成一个完整的经营目标体系。企业的经营战略，不仅要说明企业整体经营目标以及实现这些目标所用的方法，而且要说明企业内每一层次、每一类业务以及每一部分的经营目标及其实现方法。企业的层次不同，对经营战略的描述亦不同。因此，企业的总部制定总体经营战略，事业部制定经营单位经营战略，部门制定职能性经营战略。

（2）企业经营战略的层次

不同类型的企业所需要的经营战略层次会有所不同，有些中小型企业，由于其内部没有相对独立的经营单位，便不一定要将其经营战略分为 3 个层次。这里所述的 3 种层次的经营战略主要是依据大型公司内的经营层次类型而加以分类的。

①总体经营战略。总体经营战略，或称公司经营战略，是企业的经营战略总纲，是企业最高管理层指导和控制企业一切行为的最高行动纲领。总体经营战略的对象是企业整体。在大中型企业里，特别是多种经营的企业里，总体经营战略是企业经营战略中最高层次的战略。它需要根据企业的经营目标，选择企业可以竞争的经营领域，合理配置企业经营所必需的资源，使各项经营业务相互支持、相互协调。可以这样说，从公司的经营发展方向到公司各经营单位之间的协调，从有形资源的充分利用到整个公司价值观念、文化环境的建立，都是总体经营战略的重要内容。

②经营单位经营战略。经营单位经营战略，又称事业部经营战略，是战略经营单位、事业部或子公司的经营战略。它是在企业总体经营战略的指导下，对某一个经营单位制订的战略计划，是企业总体经营战略之下的子经营战略，为企业的整体目标服务。在大型企业中，特别是在企业集团里，为了提高协同作用，加强经营战略实施与控制，企业从组织上把具有共同经营战略因素的若干事业部或其中某些部分组合成一个经营单位。每个经营单位一般有着自己独立的产品和细分市场。在企业内，如果各个事业部的产品和市场具有特殊性，也可以视作独立的经营单位。

③职能部门经营战略。职能部门经营战略，又称职能层经营战略，是为贯彻、实施和支持总体经营战略与经营单位经营战略而在企业特定的职能管理领域制定的经营战略。它是企业内主要职能部门的短期经营战略计划，使职能部门的管理人员可以更加清楚地认识到本职能部门在实施企业总体经营战略中的责任和要求，有效地运用研究开发、营销、生产、财务、人力资源等方面的经营职能，保证实现企业经营目标。

总之，3 个层次经营战略的制定与实施过程实际上是各管理层充分协商、密切配合的过程。可见，企业总体经营战略、经营单位经营战略和职能部门经营战略共同构成了企业的经营战略体系。

4.2　企业经营战略管理

经营战略管理是指在企业经营战略的形成以及在企业实施经营战略的过程中，

制定决策和采取行动的动态过程。它必须遵循一定的逻辑顺序,包含若干必要的环节,由此而形成一个完整的体系。

4.2.1 企业经营战略管理过程的阶段

企业经营战略管理包括4个相互关联的主要阶段,即经营战略分析阶段、经营战略选择阶段、经营战略实施阶段和经营战略控制阶段。

1)经营战略分析阶段

在这个阶段,企业经营战略人员的主要工作有:

①确定企业的经营宗旨,包括对企业的经营目的、经营哲学、经营目标等的描述,对与企业有利益关系的人和组织对企业期望的估计。企业经营宗旨的确定是与企业内部条件分析和外部环境分析分不开的。

②分析评价企业内部条件,特别是要评价企业所具有的优势和劣势。

③分析评价企业的外部环境,特别是要评价企业所面临的机会和威胁。

2)经营战略选择阶段

在这个阶段,企业经营战略人员的主要工作有:

①根据外部环境、企业内部条件和企业经营宗旨,拟定可供选择的几种经营战略方案。

②对上述各种经营战略方案进行分析评价。

③最终选出一种供执行的经营战略。

④为经营战略的实施制定政策和计划。

3)经营战略实施阶段

在这个阶段,企业经营战略人员的主要工作有:

①在企业各部门之间分配资源。

②设计与经营战略相一致的组织结构,这个组织结构应能保证经营战略任务、责任和决策权限在企业中的合理分配。

③创造一个与实现企业经营战略目标匹配的企业文化。

④协调企业内部各方面的关系。

⑤修订工作进度计划,以适应环境变化,保证预期经营目标的实现。

4)经营战略控制阶段

这个阶段,企业经营战略人员的主要工作有:

①制定效益标准。

②衡量实际效益。

③评价实际效益。

④制定并实施纠正措施。

4.2.2 企业经营战略管理的原则

1）适应原则

经营战略管理要求企业时刻注视内外部环境条件的动态变化,分析机会与挑战、优势与劣势的存在方式和影响程度,以正确制定新的恰当的经营战略或及时修订现行的经营战略。

2）整体最优原则

经营战略管理要求将企业作为一个不可分割的整体对待,以提高企业的整体优化程度。

3）全程管理原则

经营战略管理要求将经营战略的制定、实施和控制作为一个完整的过程加以管理,不可忽视其中任一阶段,以确保经营战略的权威性、一贯性和高效性。

4）全员参加原则

经营战略管理依赖于企业高层管理者的英明决策,也要求企业中下层管理者及全体员工的广泛参与和全力支持。经营战略规划主要依靠高层管理者的慎重抉择,而经营战略实施主要依赖中下层管理者及全体员工的全心全意的参与和努力。

4.2.3 企业实施经营战略管理的意义

企业实施经营战略管理是根据企业的特征决定的。企业作为相对独立的经济实体,具有自主经营、自负盈亏、自我发展、自我约束的特性。为了避免在竞争中失败和破产,唯有加强经营战略管理,才能在激烈的市场竞争中求得生存与发展。企业实施经营战略管理,才可能根据经营战略的需要和经营战略目标的要求合理分配与利用资源。企业实施经营战略管理,不仅能对竞争对手、顾客等环境的变化迅速作出反应,更能具备主动影响环境变化的能力。企业实施经营战略管理,是应对经济全球化,提高企业核心竞争能力,减少竞争压力,把握新的发展机遇的需要。

4.3 企业经营战略的规划、实施与控制

4.3.1 企业经营战略规划

进行经营战略规划的前提和基础是环境和条件分析,通过分析企业外部环境和内部条件,寻找企业在激烈竞争的市场中保持可持续发展的途径。

1）企业外部环境与内部条件的分析

（1）企业外部环境的分析

企业外部环境的分析一般分为宏观环境分析和行业分析。

①宏观环境分析。宏观环境是指那些可能影响企业成败但企业不能控制的因素，包括政治、经济、社会和科技等因素。

A. 政治因素。政治因素主要包括一国的政治体制、法律制度和政府行为。政治体制及其改革，无疑会给企业的领导制度、管理方式等带来深远影响和制约。正确、充分地适应和利用政治体制、政治氛围，是企业抓住机遇、加快发展的重要条件。

B. 经济因素。经济因素主要包括社会经济结构、经济发展水平、经济体制和经济政策。社会经济结构一旦出现问题，必然会导致企业生产经营产生较大波动和紊乱。处在不同经济发展水平的国家或地区，工业化水平不同，居民收入水平不同，消费者对产品的需求、营销的方式等有很大差异。经济体制决定了国家与企业、企业与企业、企业与各经济部门的关系，并通过一定的管理手段和方法，调控或影响社会经济活动的范围、内容及方式。经济政策是国家根据一定时期的经济建设任务或经济建设问题提出的针对性的宏观调控规定、意见和条例，包括产业政策、价格政策、分配政策等。

C. 社会因素。社会因素主要包括社会文化、风俗习惯、教育水平和价值观念。这一切对产品的市场需求有重要影响，也对工作安排、工作实施、管理行为和报酬方式产生广泛影响，还对企业整个生产、销售、服务等活动过程产生影响。敏锐观察、恰当理解这一切对企业产品、包装、款式等的影响，关系企业生产经营的成败。

D. 科技因素。科技因素主要指在经济、社会领域应用的并且对企业生产经营活动产生影响的科学知识或其他系统化知识，它包括新思想、新发明、新方法和新材料。新的科学原理、新的技术发明和新的管理思想，既促进了新兴产业的形成和发展，也加剧了传统产业的衰败和淘汰。随着世界科技创新的进一步加快，产品更新、产业演变的速度也将越来越快，科技因素对企业的影响将越来越大。

②行业分析。企业所在的行业或要进入的行业，是对企业影响最直接、作用最大的企业外部环境。要正确制定企业战略，必须对企业所在行业及所要进入的行业进行认真分析，包括行业状况分析和行业结构分析。

A. 行业状况分析。行业状况分析可从行业所处的发展阶段、行业在社会经济中的地位及作用和行业的基本特性来说明。

由于各行业社会使命、发展条件、生产工艺等的不同，各行业具有不同的特点。一般可从行业分工、行业在社会生产过程中的位置、行业所使用的主要资源、行业的市场状况以及行业所需资源的可靠性和及时性等几方面来分析行业基本特性。

B. 行业结构分析。行业结构是指行业的内在经济联系。行业结构分析的目的在于了解本行业的竞争力量及基本情况，明确与这些竞争力量相比较，本企业所具有的优势及存在的劣势，从而确定本企业对各种竞争力量的基本态度和相应对策。

（2）企业内部条件的分析

分析企业内部的资源和能力，目的在于明确企业的优势和劣势，扬长避短，抓住外部环境提供的发展机遇，谋求企业的成长壮大。

企业的基本资源主要有人力、财力、物力、技术和管理等形式。人力资源分析包括企业各类人员的数量、知识结构、管理技巧和创新能力等方面的分析;财力资源分析要着力对企业资金来源、使用结构、偿债能力、获利能力、成本费用水平和利润分配等进行深入分析;物力资源分析主要分析生产设备状况;技术资源分析包括产品质量和研究开发两个方面的分析;管理资源分析可从企业管理和管理制度两方面展开。

企业的资源只是企业的潜力,不能称其为实力或能力。欲将潜力转化为实力,需要对各种资源进行有机整合。这种整合能力的大小主要由企业的管理能力的高低来体现。

2)企业经营战略方案的设计

企业经营战略方案的设计,是对经营战略指导思想、经营战略目标、经营战略阶段、经营战略重点和经营战略措施这5个要素进行的统筹规划。

(1)经营战略指导思想

经营战略指导思想是经营战略制定与实施的基本思路和观念,是整个经营战略管理的灵魂。企业在不同时期具有各不相同的表述方式,经营战略指导思想应体现系统性、前瞻性和创新性等思想观念。企业在设计经营战略方案时,应该以具体、规范的语言形式,明确和树立适合本企业的经营战略思想和经营战略观念。

(2)经营战略目标

经营战略目标是企业使命的具体化,是企业在对外部环境和内部条件充分认识基础上,根据自身实际情况提出的在一定时期内所预期获得的成果或所追求的期望。只有明确地规定出企业使命,才能正确地确立鲜明而现实的企业经营战略目标。

(3)经营战略阶段

由于企业外部环境及企业内部条件在较长时期不同阶段上的变化,使得经营目标的制定和实现也要相应作出阶段划分,即明确经营战略阶段或经营战略阶段经营目标。经营战略阶段的划分,既要依从经营战略目标,也要明确相互关联、相互区别的各个阶段的中心任务,还要明确各阶段在经营战略全过程中的地位、作用,并将企业长期经营战略目标分解为各阶段的经营战略目标。

(4)经营战略重点

经营战略重点是指那些对于实现经营战略目标具有关键作用的方面。为集中有限资源,解决关键问题,有效推动经营战略目标的实现,必须规定经营战略重点。

(5)经营战略措施

经营战略措施是指为实现经营战略目标而制定的方针、政策和拟采取的对策、措施、手段等,也可表述为保证实现企业总体经营战略而设计的职能经营战略。

经营战略方案的5个构成要素相互联系、相互作用。经营战略指导思想是整个经营战略管理的灵魂;经营战略目标是经营战略思想和企业使命的具体体现,是经营战略管理的核心;经营战略阶段是实施经营战略目标的不同阶段;经营战略重点是实施经营战略推进的重点和关键环节;经营战略措施是实现经营战略目标的重要措施和手段。

3)企业经营战略方案的分析

经营战略方案的分析,是为企业选择最适宜经营战略的前提条件。企业经营战略方案主要有增长型战略、稳定型战略、紧缩型战略和混合型战略4种类型。

（1）增长型经营战略

增长型经营战略包括集中化、一体化和多样化3种类型。从企业发展的角度来看，任何成功的企业都实施过或正实施着增长型战略。只有选择和实施增长型经营战略，才能不断扩大企业规模、增强企业实力和提高企业竞争地位。

①集中化。集中化增长经营战略是指以快于以往的增长速度增加企业现有产品或劳务的销售额、利润额或市场份额。适用于市场对企业的产品或劳务的需求日益增大时期。

②一体化。一体化增长经营战略是将独立的若干部分加在一起或者结合在一起成为一个整体。一体化经营战略又包括垂直一体化、水平一体化两种形式。

③多样化。多样化是指企业向市场提供的产品或劳务的异质性增大或企业向异质市场提供产品或劳务。多样化包括纵向多样化、横向多样化、同心多样化和复合多样化4种模式。

（2）稳定型经营战略

稳定型经营战略主要依据前期战略，企业满意过去的绩效并决定继续追求同样的或相似的企业经营目标。稳定型经营战略的经营风险较小，适用于那些曾经成功地处于上升趋势的行业和变化不大的环境中活动的企业。

（3）紧缩型经营战略

紧缩型经营战略是指从目前的经营战略、经营领域和基础水平收缩与撤退，且偏离经营战略起点较大的一种经营战略。根据紧缩方式和程度不同，紧缩型经营战略又可分为下列4种类型。

①抽资。抽资经营战略是指减少企业在某一特定领域内的投资，其目的是减少费用支出，改善现金流量。采用该经营战略时，一般销售额和市场占有率会下降，但损失的收入可由削减的费用来补偿。

②转向。转向经营战略是企业在投资经营战略基础上削减投入、更换管理人员、解雇部分员工、拍卖某些资产等，以便从现有领域转向新领域。

③脱身。脱身经营战略是指将企业的一个或几个主要部门转让、出卖或者停止经营。

④清算。清算经营战略是通过变卖其资产或停止全部经营业务而终止一个企业的存在，一般只有在其经营战略都失败时方可采用。对于某些企业，尽早制定清算经营战略，可以尽可能多地收回企业资产，从而减少各方损失。

（4）混合型经营战略

企业在不同发展时期，交叉、组合使用上述3种经营战略，即为混合型战略。

4）企业经营战略方案的选择

经营战略方案的选择，是决策者在经营战略方案分析的基础上，按照一定标准，对备选方案进行评价，选定其中某一特定方案的决策。

（1）评价标准

一般将经营战略目标及其具体化的指标体系作为评价经营战略方案的标准。

（2）评价方法

一般来说,经营战略方案评价方法包括客观评价方法和主观评价方法两大类。

①客观评价方法。客观评价方法是建立在数学工具基础上的决策方法,它的核心是把变量与变量、变量与目标之间的关系用数学式表示出来,即建立数学模型。再根据评价条件,借助一定的计算工具,通过计算求得答案。这种方法特别适用于方案的比较和评价。

②主观评价方法。主观评价方法是用心理学、社会心理学的成就,采取有效的组织形式,在评价过程中,直接利用专家的知识和经验,根据已掌握的情况和资料作出评价和选择。

主观评价方法的优点是方法简便,通用性强,易于接受,且特别适合于非常规决策,有利于调动专家的积极性,提高他们的工作能力。但是,主观决策法也有局限性,因为它是建立在专家个人直观基础上,缺乏严格论证,易产生主观性,而且还容易受组织者个人倾向的影响,因为参与决策的专家人选是由他决定的,而专家人选的类型对意见的倾向性关系很大。

主观评价方法与客观评价方法各有优缺点。只有灵活地运用各种方法,优势互补,才能提高决策的科学化水平。

4.3.2　企业经营战略实施

为了完整、有效地贯彻、实施企业已选定的经营战略方案,一般需开展组织结构设计、经营战略计划编制、企业资源分配和实施模式选择等工作。

1)组织结构设计

（1）组织结构的概念

经营战略是通过组织来实施的。组织是按照一定目的和程序组成的一种权责结构。

组织结构就是表明组织各部分排列顺序、空间位置、聚散状态、联系方式以及各要素之间相互关系的一种模式。它是执行管理和运行经济的体制。组织结构规定了组织内各个组成单位的任务、职责、权利和相互关系。

（2）组织结构的类型

组织结构是企业的"框架",其合理完善,很大程度上决定了企业目标能否顺利实现。企业的内部条件、外部环境不同,组织的结构类型也不尽相同。组织结构的类型主要包括以职能为基础的、以产品或服务为基础的和以地理区域为基础的等。

2)企业经营战略计划编制

（1）经营战略计划的内容

①目标分解。经营战略目标是企业经营战略的核心内容。将经营战略目标在时间、空间上进行分解和细化,是经营战略计划的核心内容。

②制定措施。经营战略计划中的措施,是对经营战略方案措施的进一步细化,更具体地提出实施企业经营战略方案的方针、程序和规章。

③确定重点。经营战略计划对经营战略重点的规定,是指为实施经营战略方案所确定的经营战略重点,对资源重点配置、重点保证以及对行动重点推进作出具体布置并提出相应措施。

④明确时机。当企业作出经营战略方案抉择后,要审时度势,择机而动。

⑤编制预算。预算作为数字化的计划,是企业分配资源的主要方法之一。企业在制订行动计划后,应依照计划,认真、全面编制预算,合理、有效分配企业各种资源于实施企业经营战略的各个项目上去。

（2）经营战略计划的编制方式

企业不同,其编制经营战略计划的方式方法也会不同。通常可选用的编制经营战略计划的方式主要有自上而下、自下而上、上下结合和特别小组4种形式。

3）企业资源分配

企业资源分配既是指将企业已有资源按经营战略计划或预算调整,分配至各行动计划和项目,也是指寻求、筹集新资源满足经营战略实施的需要。资源分配包括人员分配、物资分配和资金分配等方面内容。

4）企业经营战略实施模式选择

经营战略实施有指令型、合作型等模式,企业高层领导应根据企业自身多种经营的程度、发展变化的速度和企业目前的文化特色等条件,选择好本企业经营战略实施的模式。

4.3.3 企业经营战略控制

为确实保证经营战略目标的实现和经营战略计划的完成,除需要不断增强经营战略措施的应变性外,还必须加强经营战略控制。

1）企业经营战略控制的步骤

经营战略控制是指监督经营战略实施进程、及时纠正偏差、确保经营战略有效实施,使经营战略实施结果基本符合预期计划的必要手段。就是说,企业根据经营战略决策的目标标准对经营战略实施的过程进行控制。

（1）制定效益标准

影响企业实现经营战略目标的因素多种多样,要控制这些因素,必须确定控制标准。

对管理者来说,由于企业有其特殊性,所要执行的计划方案不胜枚举,所要计量的工作成果各不相同,因此也就没有一个对他们共同适用的控制标准。在实际工作中,按照不同的标志,可把标准分成不同的类型。例如分成实物标准和财务标准;或者分成无形标准和有形标准等;或者分为定性标准和定量标准等。至于采用哪类标准,那是需要根据控制对象的特点来决定的。

（2）衡量实际成效

这一步骤是控制过程的一个"反馈"。有了标准以后,首先要明确衡量的手段和方法,落实到进行衡量和检查的人员,然后通过衡量经营战略实施的成效,反映经营战略的执行进程,使管理者了解到哪些人员、企业部门的工作成效显著,又可使管理者及时发现那些已经发生或预期将要发生的偏差。

（3）纠正偏差

纠正实际执行情况中的偏差,是整个管理系统中的工作内容之一。管理者通过对获得的偏差信息进行分析,找出偏差出现的原因和相关人员,然后或者通过重新制订计划或修改目标来纠正偏差,或者通过其他管理工作职能纠正偏差,也可以通过改善指导与领导的方法来纠正偏差。

2）企业经营战略控制的类型

根据纠正偏差的措施不同,可以将经营战略控制分为现场控制、反馈控制和前馈控制。

（1）现场控制

现场控制,又称事中控制。它是在经营战略实施过程中,经营管理人员按照某一标准来检查正在进行的实际工作,确定行与不行。实际成效与标准比较没发生偏差,或虽有偏差但在允许范围之内,则可继续实施。否则,就停止实施,采取纠正偏差行动。

（2）反馈控制

反馈控制,又称事后控制。它是对经营战略实施的实际结果与预定标准进行比较分析,若发现偏差,则采取措施,以控制下一过程的活动。反馈控制的中心问题是,将实际成效与预定标准之间的偏差信息反馈给前面活动的有关环节,以利于将来的行动。有效反馈控制的关键在于灵敏、准确、迅速地反馈信息,因此,现代企业应建立和健全企业的信息反馈系统。

（3）前馈控制

前馈控制,又称事前控制、预先控制。它是经营者在经营战略活动实施前,为防止实施过程中产生偏差,提高实际成效能达到预期目标的可能性,利用前馈信息行使管理控制职能的管理行为。事前控制的中心问题是防止企业所投入的各种资源在质和量方面产生偏差。因此,要求合理配置资源,使资源在输入前达到标准状态,保证资源在转换中既无多余,也无不足,并保证输出结果符合目标要求。

3）企业经营战略控制的方法

为了实行有效的控制,必须采取一定的控制方法。

（1）预算

预算是一种广泛使用的方法和工具。预算是一种以财务指标或其他数量指标表示的有关预期绩效或要求的文件。它是企业经营战略控制的一种方法。预算做出之后,企业内部的会计部门就要保有各项开支记录,定期做出报表,表明预算、实际支出以及两者之间的差额。做好报表之后,通常要送到该项预算所涉及的不同层次的负责人手中,由他们分析偏差产生的原因,并采取必要的纠正措施。

（2）审计

审计是客观地获取有关经济活动和事项论断的论据,通过评价弄清实际业绩与标准之间的符合程度,并将结果报知有关部门的过程。审计过程基本上着重于注意一个企业作出的财务论断,以及这些论据是否符合实际。

(3)现场观察

管理人员通过深入经营现场,进行直接观察,从中发现问题,并采取相应的解决措施。

[本章小结]

企业经营战略是企业最高管理层为了求得企业长期生存和不断发展而进行的长远性、总体性筹划,它包括企业所确定的一定历史时期的经营总目标和实现这一目标的基本途径和手段。企业经营战略具有全局性、长远性、指导性、现实性、竞争性、风险性、创新性、稳定性的特征。

企业经营战略的要素包括经营范围、资源配置、竞争优势和协同作用。

企业经营战略的层次包括总体经营战略、经营单位经营战略和职能性经营战略。

经营战略管理是指在企业经营战略的形成以及在企业实施经营战略的过程中,制定决策和采取行动的动态过程。它必须遵循一定的逻辑顺序,包含若干必要的环节,由此而形成一个完整的体系。其包括四个相互关联的主要阶段,即经营战略分析阶段、经营战略选择阶段、经营战略实施阶段和经营战略控制阶段。

企业经营战略分析,是通过分析企业所处的外部环境和内部条件,寻找企业在激烈竞争的市场环境中保持可持续发展的途径。此阶段的主要工作有:确定企业的经营宗旨;企业优势和劣势的分析;企业所面临机会和威胁的分析。

经营战略方案的设计,是对经营战略指导思想、经营战略目标、经营战略阶段、经营战略重点和经营战略措施五要素进行的统筹规划。企业经营战略方案主要有增长型经营战略、稳定型经营战略、紧缩型经营战略和混合型经营战略4种类型。

经营战略方案选择是决策者在经营战略方案分析的基础上,按照一定标准,对备选方案进行评价,选定其中某一特定方案的决策。

经营战略实施是完整、有效地贯彻、实施企业已选定的经营战略方案,一般需开展组织结构设计、经营战略计划编制、企业资源分配和实施模式选择等工作。

经营战略控制是指监督经营战略实施进程、及时纠正偏差、确保经营战略有效实施,使经营战略实施结果基本符合预期计划的必要手段。就是说,企业根据经营战略决策的目标标准对经营战略实施的过程进行控制。

[思考题]

1. 什么叫企业经营战略? 它有何特征?

2. 企业经营战略由哪些要素构成? 企业经营战略包括哪些层次? 各层次的侧重点是什么? 各层次间的区别是什么?

3. 有人说,经营战略管理已经成为企业管理的重点和核心。你如何理解?

4. 什么叫企业经营战略管理? 企业经营战略管理包括哪些工作环节? 各包括哪些内容?

5. 进行企业经营战略规划前应作哪些外部环境和内部条件分析？

6. 企业经营战略方案设计包括哪些内容？

7. 企业经营战略实施需要开展哪些工作？

8. 企业经营战略控制有哪些步骤？

[实训练习]

收集一两个兴衰明显的民营企业案例，从企业战略管理的角度分析其兴衰的原因。

[案　例]　　　　　　　　R 公司命运

成立于 1985 年的 R 公司，以电力、天然气产品起家，后来又扩展能源零售交易业务，并涉足高科技宽带网产业。R 公司旗下事业包括电力、天然气销售、能源和其他商品配销运送，以及提供全球财务和风险管理服务。恰恰是这家自称为"规避风险的专家"的 R 公司，没有规避自己倒闭的风险。

无视决策风险是当年如日中天的 R 公司决策者们犯下的根本错误。当年的 R 公司，应该是世界上所有公司学习和美慕的对象，正所谓达到了企业发展的"自由极限"，人才、资金、科技、社会环境……R 公司几乎可以呼风唤雨，正是"试看天下谁能敌？"的心态，让管理者们沉浸在过度自信之中，从而胆敢无视决策的风险。在决策者看来，根本不用担心决策的失误，所有决策都必将成功，决策于是成了"只需要在各种到达罗马的路途中选择最近的一条"，如此简单。

近年来"知识经济"的号角让许许多多的科技公司飞速地发展，所有关于企业发展的规律和教条都被冠以"传统"和"保守"的高帽。R 公司的决策者也不甘心传统的石油天然气行业，于是急功近利地挺进到知识经济网络科技的最前沿。"高速电信网络业务是运用复杂而先进的国际网络线上的交易平台，实现实时获取市场信息，加上具有避险功能的财务机制的支撑。"这一模式虽然至今还得到了业界的充分肯定，但对 R 公司来说，已经没有任何意义。大多数的专家同意：R 公司破产最重要的一个原因在于公司盲目放弃了自己的主营业务，而转向了电子交易等新领域，导致公司失控。犹如荞麦农场种苹果，苹果虽然熟了，荞麦农场已经垮了。R 公司的错误是无药可治的，只有倒闭破产一条路。

因为 R 公司是在巨无霸企业的经营战略方向上出了问题。

案例问题

1. 请你从企业总体经营战略的角度分析 R 公司失败的教训。

2. R 公司违背了企业经营战略管理的什么原则？

3. 你从 R 公司的事件中得到什么启示？请你谈一谈对企业经营战略管理意义的理解。

第 5 章
企业经营计划管理

【学习目标】

  理解经营计划的特点和分类,熟悉企业年度综合经营计划的结构及企业年度综合经营计划包括的主要内容,掌握经营计划的编制、执行和调整方法,学会运用网络计划技术优化网络计划。

5.1　企业经营计划概述

5.1.1　企业经营计划的特点

企业经营计划是指导企业全部生产经营活动的综合性计划,是企业经营思想、经营目标、经营决策、经营方针和经营战略的进一步具体化,是对企业生产经营活动及其所需各种资源从时间和空间上作出的具体统筹安排,是企业全体员工的行动纲领。它具有以下几个特点:

1)企业经营计划是决策性计划

企业经营计划以企业法界定的企业经营决策权限为前提,体现了企业的自主性和主动权。企业可运用其权利、资源、能力,主动地进行社会调查及市场预测,根据环境条件的不同,对企业的生产经营活动作出决策和计划安排。

2)企业经营计划是动态平衡计划

企业经营计划是符合社会需要、企业资源条件与经营目标动态平衡要求的计划。企业一切经济活动必须与社会、市场、用户需要相联系,经营计划的制订,首先应根据销售预测确定产销量和目标利润,然后确定生产计划,并留有一定的余地,以提高企业适应环境变化的能力。

3)企业经营计划是效益性计划

企业经营计划的确定与实施,是以盈利为目的,直接关系到企业的生存与发展、企业的活力、企业和职工的切身利益。

4)企业经营计划是灵活多样性计划

企业经营计划在时间上、内容上和形式上有较大的灵活性。时间有长有短,内容、形式也多种多样,不拘一格。

5.1.2　企业经营计划的分类

1)按经营计划的期限分类

(1)短期计划

短期计划是以 1 年以内及其 1 年为一期的计划,亦称年度计划。短期计划是一种营运计划。

(2)中期计划

中期计划是以 1 年以上至不足 5 年为一期的计划。中期计划是一种发展计划。

（3）长期计划

长期计划是以5年至20年为一期的计划。长期计划是一种目标计划。

一般企业在任何时间，都应有3套计划，即年度计划、中期计划和长期计划。不过，15年或20年较长时间的计划就是远景及可能目标了。

2）按经营计划的作用分类

（1）经营战略计划

经营战略计划包括：

①经营目的，企业为什么要存在、要发展。

②经营方针，企业用什么办法存在、发展。

③经营目标，企业要获得多大的发展、盈利。

经营战略计划属于领导层编制的计划。

（2）经营战术计划

经营战术计划就是管理计划，有企业的、部门的、专门项目的3种，由相应的职能人员编制。

企业一般应该既有经营战略计划，又有经营战术计划，用经营战略计划把握宏观，用经营战术计划指导微观。

3）按经营计划的范围分类

（1）综合计划

综合计划是部门计划的汇总，但绝不是部门计划的简单相加，而是综合平衡计划。

（2）部门计划

部门计划又分为：

①单项计划，如开发新产品计划，引进技术计划等。

②职能计划，按职能部门编制的计划，如生产、财务、人力、销售部门分别编制的计划。

企业一般应该既有综合计划，又有部门计划，用综合计划指导全面，用部门计划安排个别。

4）按经营计划的计量分类

（1）物量计划

物量计划就是用使用价值量计量并表现的计划，包括实物量和劳务量计划。这种计划比较直观，且不受物价的影响，但不同量纲的量不能汇总。

（2）价值量计划

价值量计划就是用货币量计量并表现的计划。这种计划不存在量纲差异的问题，容易汇总，但容易受物价的影响。

企业应该既有物量计划，又有价值量计划，用物量计划把握实际工作量的多少，用价值量计划计算收益的多少。

5）按经营计划的内容分类

（1）经济计划

经济计划是反映经营成果和经营效益的计划。

（2）生产技术计划

生产技术计划是为实现经济计划的生产技术配套计划。

（3）作业计划

作业计划是生产技术计划的分解落实和细化。

企业应该既有经济计划，又有生产技术计划，还有作业计划，因为这三种计划的每一个下位计划都是上位计划实现的保证，没有下位计划，上位计划就是无源之水，无本之木。

这些分类只是分别从一个角度看，事实上任何计划都有多角度性，如长期经营战略计划、短期经营战术计划、长期物量计划和短期价值量计划等。当然，企业编制何种计划，应该根据生产经营特点和企业状况决定。

5.2　企业年度综合经营计划

5.2.1　企业年度综合经营计划的结构

企业年度经营计划是企业各种计划的核心计划，其结构如图 5.1 所示。

企业年度综合经营计划以利润目标为中心，通过资金计划及生产费用预算及成本计划计算出资金利润率指标和利润指标，再反馈到原设想的利润计划，如未达到预期目标，需重新调整其他计划以保证利润目标，或者调整利润目标。以利润计划作为中心，首先作用于销售计划和品种计划。利润计划是由一定的销售额及一定的品种结构来保证；而且不同的品种结构，会影响不同的销售结构。所以不但品种计划、销售计划及利润计划三者关系非常密切，而且它们还与外部环境和企业内部条件关系非常密切，必须经过反复斟酌、平衡。品种计划确定后，科研工作也就有了明确目标，可以着手编制科研计划，同时可以安排生产计划。

生产计划、品种计划、科研计划又为企业改造提出了目标要求，为编制企业改造计划提供了依据。

生产计划又决定了物料需求计划（原材料采购计划）、人力资源计划（劳动工资计划）以及流动资金计划；生产计划、物料需求计划、人力资源计划等又决定了生产费用预算和成本计划。流动资金和固定资金计划决定包括资金筹措在内的资金计划（财务计划）。资金及成本（借以计算利润）综合为资金利润率和利润额，再反馈到原定的利润计划，其结果是：或者肯定，或者重新编制。

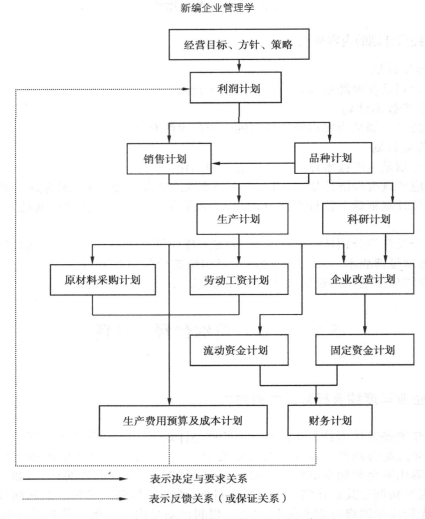

图 5.1　企业年度综合经营计划结构示意图

5.2.2　企业年度综合经营计划的主要内容

1)利润计划

利润计划规定计划年度企业利润总额、税后利润、可供分配利润的使用,以及利润留成的分配、各种基金的使用等。利润是反映生产经营活动的综合性指标,它是企业行动的目标,一个企业没有利润,就不可能发展。因此,利润计划是一切计划的开始。利润计划由财务管理部门负责编制。

2)销售计划

销售计划规定计划年度产品(服务)的品种、数量、销售额、销售渠道及销售方针和销售策略等。销售计划既应考虑企业在产品(服务)上满足社会需要的情况,是根据市场预测和订货合同来编制的,同时又应考虑利润计划的情况,保证利润计划的实现。它是编制企业生产计划的重要依据。

3）生产计划

生产计划规定计划年度企业生产的产品（服务）的品种、数量、质量、产值、生产进度、生产能力、企业对外协作关系等指标，反映企业生产规模、发展速度和生产能力利用情况等，以保证实现销售计划规定的各项生产任务。生产计划既是编制其他如物资供应计划、劳动工资计划、设备维修计划的主要依据，也是搞好产、供、销平衡，保证社会需要的主要依据。在制造业企业中，它是由计划部门以销售为依据编制的。在其他行业企业中，也可以由经营部门编制。

4）人力资源计划

人力资源计划（劳动工资计划）规定计划年度劳动生产率的水平和提高程度，各类人员的数量，职工的工资总额和平均工资水平，人员招收和劳动力的流动等。它是编制成本计划、财务计划的依据。它由人力资源管理部门根据长期发展规划和生产计划编制。

5）物料需求计划

物料需求计划（原材料采购计划）规定计划年度企业生产、科研、维修等所需要的各种物资，包括原材料、辅助材料、燃料、动力、外协件、外购件、外购工具、设备等的需要量、储备量、来源以及供应的期限。原材料采购计划是计算企业产品成本、流动资金需要量和物资运输量的重要依据之一。

6）企业改造计划

企业改造计划包括技术改造计划、组织调整计划和职工培训计划3个内容。它规定计划年度企业技术改造的方向和步骤、设备的更新、组织措施改善的任务和进度、职工培训的目标等。它是企业长期经营计划的实施计划。

7）生产费用预算及成本计划

生产费用预算及成本计划规定计划年度企业为完成生产经营任务所需要的各项生产费用和开支，各种产品单位成本，全部产品成本，可比产品成本降低等。它是企业生产经营状况好坏的综合反映，也是利润计划的重要基础。

8）资金计划

企业的资金计划包括固定资金计划和流动资金计划两部分。固定资金计划规定计划年度企业新增固定资产的价值量和原有固定资产的折旧额。流动资金计划规定计划年度企业流动资金的需要量，实质上是先核定定额流动资金的需要量，然后再确定流动资金的需要量。

企业年度综合经营计划的内容除了上述几个主要的计划以外，可以根据需要增加一些计划内容。

5.3 企业经营计划的编制与执行

5.3.1 企业经营计划的编制

1) 调查研究,进行企业经营状况分析

进行企业经营状况分析,主要包括市场状况、产品状况、竞争状况、分销渠道状况、宏观环境状况以及企业内部条件与之适应的程度分析等。通过调研,对企业经营状况进行分析,是制订经营计划的逻辑起点。目的是为了深入地摸清市场为企业提供的机会与威胁,以及企业自己的优势与劣势,特别是摸清编制计划的限制性条件,能肯定的尽力予以肯定,对于不肯定的条件则尽量寻找随机概率,使之成为某种程度的肯定。具体地落实前提条件,对搞好计划工作有着重要意义。

2) 统筹安排,确定计划目标

确定计划目标的依据,首先是企业自身的要求,其次是企业的外部环境和内部条件。统筹安排就是对这 3 个方面进行协调。

通过统筹安排,确定经营计划的各项具体目标是编制计划的关键步骤。统筹安排要解决目标之间的协调。目标不论多少,不论主次位置,它们之间客观上存在着联系和制约关系,协调就是保持这种关系,使多种目标成为一个有机的整体。

统筹安排还要协调好企业当前与长远的关系。经营计划目标的具体内容,没有统一规定的标准模式,企业应依据编制经营计划的目的以及计划的综合程度而定。

3) 拟订可行方案,比较选优

目标确定后,下一步的工作是拟订达到目标的计划方案。实现任何一个目标,往往可以采取几种不同的办法,形成几个不同的方案。因此,计划编制工作在这一步的重点不是急于确定方案,而是提出多种方案以供选择比较。一般来说,对各种计划方案的反复比较是对方案的筛选过程。通过筛选,选出少数几个方案,按照可行性原则,确定最优的或最满意的方案为执行计划,这就叫决策。

按照决策的性质和决策问题的概率划分,决策可以分为确定性决策、不确定性决策和风险性决策。

(1) 确定性决策

确定性决策是指可供选择的每种方案条件是已知的,只有一种确定结果的决策,主要方法有线性规划和盈亏平衡分析。

线性规划是指在一组约束条件下求得目标函数最大或最小值的方法。

盈亏平衡分析也称量本利分析法。它是一种研究业务量(产量、销售量、销售额)、成本和利润之间函数关系,用来预测利润、控制成本、规划生产的一种分析方法,如图 5.2 所示。

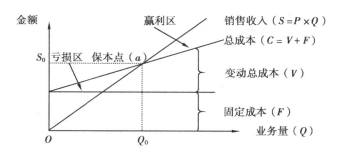

图 5.2　盈亏平衡分析示意图

盈亏平衡分析的关键是确定盈亏平衡点(保本点),方法有产量法(求销售收入等于总成本时的产销量 Q_0)、销售额法(求销售收入等于总成本时的销售额 S_0)和临界收益法(求临界收益等于固定费用时的销售额 S_0)。当销售量或销售额超过保本点时,企业就将赢利;低于保本点时,企业将发生亏损。

(2)不确定性决策

不确定性决策是指决策中存在着许多不可控制的因素,而且各种方案结果出现的概率又是未知的,只有靠决策者的经验确定一个主观概率而作出的决策。

不确定性决策主要采用悲观法、乐观法、后悔值法和折中法。

①悲观法。又称小中取大法,即将各方案最不利的自然状态概率视为 1,其他状态视为零,并以此为条件进行决策。其决策过程是找出每个方案在各种自然状态下最小损益值,取其中大者,其所对应的方案即为合理方案。采用悲观法体现了决策者的保守心理。

②乐观法。又称大中取大法,即将各方案最有利的自然状态出现的概率视为 1,其他状态视为零,以此为条件进行决策。其决策过程是找出每个方案在各种自然状态下最大损益值,取其中大者,其所对应的方案即为合理方案。采用乐观法体现了决策者的冒险精神。

③后悔值法。又称大中取小法,即以最小的最大后悔值作为判断方案优劣的准则。后悔值又称为机会损失值,指的是在一定的自然状态下由于未采取最好的行动方案,失去了取得最大收益的机会而造成的损失。其决策过程是先计算各方案在各种自然状态下的后悔值,列出后悔值表,然后找出每一方案在各种自然状态下后悔值的最大值,取其中最小者,其所对应的方案为合理方案。采用后悔值法体现了决策者的稳健思想。

④折中法。又称乐观系数法,它是把最有利和最不利状态的概率估计在 $0 \sim 1$,使这两种状态成为具有互补关系的数值,那么就可以减少过于乐观或过于悲观造成的损失。其决策过程是先估计一个乐观系数 α,并用 α 对各方案中的最大损益值进行加权,再用 $(1-\alpha)$ 对该方案中的最小损益值进行加权,求出每个方案的期望值,然后选取最大期望值的方案为决策方案,数学表达式为:

$$E_i = \left[\alpha H_i + (1-\alpha) L_i \right] \max \qquad (5.1)$$

式中　E_i——第 i 方案的期望收益值;

　　　H_i——第 i 方案的最大损益值;

　　　L_i——第 i 方案的最小损益值;

α——乐观系数，$0 < \alpha < 1$。

采用折中法体现了决策者的兼顾理念。

3)风险性决策

风险性决策是指决策者对未来的情况无法作出肯定的判断,各方案执行都有不同结果,各种结果的出现都有一定的概率,无论选择哪个方案都有一定风险的决策。

风险性决策的数学模型如下:

$$E(i) = \sum_{j=1}^{n} p(j) \cdot s(ij) \qquad (5.2)$$

式中　$E(i)$——第 i 方案期望值,是指各种概率条件下多个决策结果可得的平均数值;

$s(ij)$——当 j 状态发生时,与行动方案 i 有关的价值、赢利或报酬;

$p(j)$——状态 j 出现的概率, $0 \leqslant p(j) \leqslant 1$, $\sum_{j=1}^{n} p(j) = 1$。

风险性决策问题,可以借助于决策树这一工具来进行决策。因为它可以把未来情况及概率、收益值等可供决策的内容,简单直观地反映在图形上,通过计算,比较各决策方案在各种状态下的平均期望值,来选择期望值最大的方案。决策树模型及组成符号如图 5.3 所示。整个图形叫决策树,最后在决策结点上留下的一条树枝,即为最优方案。

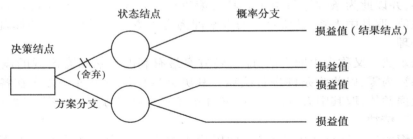

图 5.3　决策树模型

4)综合平衡,确定计划草案

综合平衡,是使企业的供产销、人财物方面,企业的外部环境与内部条件之间,企业的生产技术与经营管理之间,在时间上前后衔接,在空间上相互协调。这是计划编制工作的最后一步,只要前几步工作做好了,匡算平衡已经基本做过,这一步工作就比较容易。但是,容易不等于不重要,也不等于只是简单的事务性计算工作。因为前几步工作总的讲是侧重于与企业外部环境的平衡,而且考虑较粗,所以难免有不周之处。企业内部各部门在落实计划过程中,必然会进一步暴露出衔接平衡中的许多矛盾。因此,综合平衡过程是进一步暴露矛盾、解决矛盾和落实计划的过程,甚至还会出现修改计划、调整目标的可能。

综合平衡的内容取决于计划的期限和综合程度。综合性的经营计划,平衡内容多些,单项性的经营计划,平衡内容少些;长期计划平衡可以粗一些,短期计划肯定性因素较多,平衡可以细一些。

以企业长期综合经营计划为例,平衡的内容可以包括各个计划目标之间的平衡,即利润、销售额、品种、质量、科研、生产能力增长、企业改造、资金等指标的平衡。短期计划应主要考虑产、供、销的平衡,各生产环节的能力及生产进度、数量的平衡。

5.3.2　企业经营计划的执行

企业的经营计划中不仅有指标形式的经营目标,而且还有目标形式的经营目标(即用文字形式表示的)。这类计划如果不能全面贯彻执行,整个计划就很可能落空。从现有的国内外经验看,贯彻执行这类计划的有效方式是目标管理。日本称目标管理为方针展开(即方针落实)。

所谓目标管理,是指企业的最高领导层根据企业面临的形势和社会需要,制定出一定时期内企业经营活动所要达到的总目标,然后层层落实,要求下属各部门主管人员以至于每个员工根据上级制定的目标,分别制定目标和保证措施,形成一个"层层包保"的体系,并把目标的完成情况作为各部门或个人考核的依据。通过目标管理就可以对全体员工进行有效的管理,这主要是因为:目标管理为企业各级人员规定了目标;目标管理使对各级管理人员的考核有了客观标准;目标管理是分权制的结果;目标管理强调"自我控制"。没有方向一致的目标来指导每个人的工作,企业规模越大、人员越多时,发生冲突和浪费的可能性就越大。每个职工的目标,就是企业总目标对他的要求,同时也是这个职工对企业总目标的贡献。企业各级领导人对下级的考核,也是依据这些分目标。如果每个职工和主管人员都完成了自己的分目标,则整个企业的总目标就有可能达到,企业战略就会成功实现。

5.3.3　企业经营计划的调整

企业经营计划在执行过程中还会发生变化,尤其是长期综合性的经营计划变动会更多。变动是一种正常现象,因为在编制计划时,不肯定因素较多,往往存在着考虑不周的地方,加上企业外部环境变化多端,所以及时、主动地调整计划是十分必要的。计划调整内容有小有大,从调整个别措施、策略、进度、项目、方针、目标,以至整个计划,甚至重新决策和计划。

计划调整有主动和被动之分。被动调整损失大,有时甚至形成事后追认,使计划失去指导作用。主动调整不仅损失小,而且往往会获得更好的收益。所以应当主动调整,而且是有计划的主动调整。

主动调整计划有两种方法:一种是滚动计划法,另一种是备用计划法。

滚动计划法,就是在编制计划时,逐年、逐季或逐月往后推移,连续滚动编制。即根据一定时期计划执行情况,考虑到企业内外环境条件出现的变化,定期地调整修改原计划,并相应地再将计划顺延一个时期并确定顺延期的计划内容。其形式如图5.4所示。

滚动式计划法虽然在计划编制方面工作量加大,但其优点十分明显。滚动式计划法的优点是:

①缩短了计划期,提高了准确性,能更好地保证计划的指导作用,提高了计划质量。

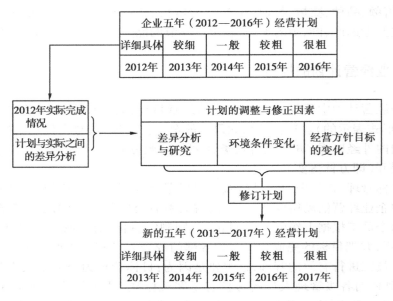

图 5.4　滚动计划法示意图

②能使长期计划、中期计划和短期计划相互衔接协调,使各种计划保持一致。

③大大增加了计划的弹性,这对环境激烈变化的今天尤其重要,它可以及时地预测环境的变化,并采取应对措施,从而提高企业的应变能力。

但是,有些单项性经营计划,如品种发展计划、企业改造计划,以及综合性经营计划,其变动因素及对计划的冲击影响不是表现在产量、销售额或进度的变动,而是涉及项目、方针甚至目标的变动,在这种情况下,滚动计划法就不适用了,应采用备用计划法。

备用计划法,就是在编制计划时,除正式计划之外,企业针对外部环境的变化趋势,对估计发生概率较高并对企业生产经营影响大的"意外事件",拟订若干个备用计划或"应急计划",当客观条件变化,原执行计划不适应时,应停止原计划,启用与客观条件相适应的备用计划。

5.3.4　网络计划技术

1)网络计划技术及其基本原理

网络计划技术是一种组织生产和进行计划管理的科学方法。它是对许多相互联系与相互制约的活动(作业或工序)所需资源与时间及其顺序进行安排的一种网络状计划方法。它的基本原理是:利用网络图表示一项计划任务的进度安排和各项活动之间的相互关系;在此基础上进行网络分析,计算网络时间,确定关键路线;利用时差,不断改进网络计划,求得工期、资源和成本的优化方案。

2)网络图的构成要素

（1）活动

活动又称作业、工序,是指完成任务需要耗费一定资源和时间的各项具体活动过程。活动通常用一条箭线"→"表示,箭杆上方标明活动名称,下方标明该项活动所需时间,箭尾表示该项活动的开始,箭头表示该项活动的结束,从箭尾到箭头则表示该项活动的作业时间。

（2）事项

事项又称节点、网点、时点,是指一项活动开始或结束的瞬时时间点,它不消耗资源和时间,一般用圆圈"○"表示。

（3）路线

路线,是指从网络始点事项开始,顺着箭线的方向连续不断地到达终点事项为止的一条条通道。在一个网络图中均有多条路线,其中作业时间之和最长的那一条路线称为关键路线,可用粗实线或双箭线表示。

3）绘制网络图的规则

①有向性,所有箭线的方向均由左向右,不能反向。

②无回路,箭线不能从一个事项出发,又回到原来的事项上。

③两点一线,两个节点之间只允许一条箭线直接相连,若出现平行或交叉作业时,应引入虚箭线"┈►"表示。

④箭线首尾必须有节点。

⑤事项编号,从小到大,从左到右,不能重复。

⑥每个网络图中,只能有一个始点事项和一个终点事项。

4）网络时间的计算

（1）作业时间的计算

作业时间是指完成某一项工作或一道工序所需要的时间。作业时间有确定和不确定之分,不确定时间可用三点估计法计算。公式如下:

$$T_{(i,j)} = \frac{a+4m+b}{6} \tag{5.3}$$

式中　$T_{(i,j)}$——工序 i-j 的作业时间;

a——最乐观完工时间,即在最顺利的情况下完成该工序所需要的时间;

b——最悲观完工时间,即在最困难的情况下完成该工序所需要的时间;

m——最可能完工时间,即在正常的情况下完成该工序所需要的时间。

（2）节点时间的计算

节点本身不占用时间,它只表示某项活动在某一时刻开始或结束。因此,节点时间有最早开始时间和最迟结束时间。

①节点最早可能开始时间。这是指从始点事项到该节点的最长路程的时间,用 $ET(i)$ 表示,其数值记入"□"内,并标在网络图上。网络始点事项的最早开始时间为零,终点事项因无后续作业,它的最早可能开始时间也是它的结束时间。网络中间事项的最早可能开始时间的计算公式为:

$$ET(j) = \max\{ET(i)+T(i,j)\} \tag{5.4}$$

②节点最迟必须结束时间。这是指以本节点为结束的各项活动最迟必须完成的时间,用 $LT(j)$ 表示,其数值记入"△"内,并标在网络图上。网络终点事项的最迟必须

结束时间等于它的最早可能开始时间。其他事项的最迟必须结束时间的计算公式为：

$$LT(i) = \min\{LT(j) - T(i,j)\} \qquad (5.5)$$

（3）工序时间的计算

工序时间包括：工序最早可能开始时间、工序最早可能结束时间、工序最迟必须结束时间、工序最迟必须开始时间。有了节点的时间参数，工序时间参数的计算就很简单了。工序时间的计算公式如下：

①工序最早可能开始时间等于代表该工序的箭尾所触节点的最早可能开始时间。即：

$$ES(i,j) = ET(i) \qquad (5.6)$$

②工序最早可能结束时间等于该工序最早可能开始时间加上该工序的作业时间之和。即：

$$EF(i,j) = ES(i,j) + T(i,j) \qquad (5.7)$$

③工序最迟必须结束时间等于该工序箭头结点最迟必须结束时间。即：

$$LF(i,j) = LT(j) \qquad (5.8)$$

④工序最迟必须开始时间等于该工序最迟必须结束时间减该工序的作业时间之差。即：

$$LS(i,j) = LF(i,j) - T(i,j) \qquad (5.9)$$

计算工序最早可能开始与最早可能结束时间，应从网络始点事项开始，自左向右，前进加法取大值。计算工序最迟必须开始与最迟必须结束时间，应从网络终点事项开始，自右向左，后退减法取小值。

（4）时差

时差是指某道工序的最迟必须开始时间与最早可能开始时间的差数。时差表明某道工序可利用的机动时间的多少。时差的计算公式如下：

$$TF(i,j) = LS(i,j) - ES(i,j) = LT(j) - ET(i) - T(i,j) \qquad (5.10)$$

在网络图中，时差为零的作业称为关键作业，关键作业的连线即为计划项目的关键线路。关键线路的延续时间为计划项目的总工期。

例：某工程活动明细表如表 5.1 所示，请利用时差法求关键线路与总工期。

表 5.1　某工程活动明细表

作业名称	A	B	C	D	E	F	G	H
紧前作业	—	—	A	A	B,D	B,D	C,E	C,E,F
作业时间/天	1	5	2	3	6	6	5	3

网络图如图 5.5 所示。解题步骤如下：

①根据网络图绘制规则，依据工程关系明细表来绘制网络图。

②计算节点的最早可能开始时间 $ET(i)$ 和最迟必须结束时间 $LT(j)$，并标在节点上方的"□""△"内。

③依据节点的时间数值求工序的时间数值，进而求出工序总时差；据此确定关键线路并求出总工期。

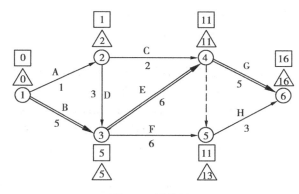

图5.5 网络图

关键线路：① $\xrightarrow{B}$ ③ $\xrightarrow{E}$ ④ $\xrightarrow{G}$ ⑥

总工期 = (5+6+5)天 = 16 天

5) 网络计划的优化

绘制网络图，计算网络时间，找出关键线路的目的，是为了调整与优化网络计划。所谓网络计划的调整与优化，是在原定的网络计划基础上，进一步统筹安排，以求得工期短、速度快、费用低、资源省的最佳计划方案。它包括时间的调整与优化、成本的调整与优化、资源的调整与优化等。

[本章小结]

企业经营计划是指导企业全部生产经营活动的综合性计划，是企业经营思想、经营目标、经营决策、经营方针和策略的进一步具体化，是对企业生产经营活动及其所需各种资源从时间和空间上作出的具体统筹安排。

企业经营计划分为3种类型：短期计划，亦称年度计划、中期计划、长期计划。长期计划是一种目标计划，中期计划是一种发展计划，短期计划是一种营运计划。

企业年度综合经营计划的主要内容包括：利润计划、销售计划、生产计划、人力资源计划、物料需求计划、企业改造计划、生产费用预算及成本计划、资金计划。

利润计划，规定计划年度企业利润总额、税后利润、可供分配利润的使用，以及利润留成的分配、各种基金的使用等指标。它是企业行动的目标。

销售计划，规定计划年度产品(服务)的品种、数量、销售额、销售渠道及销售方针和销售策略等。

生产计划，规定计划年度企业生产的产品(服务)的品种、数量、质量、产值、生产进度、生产能力、企业对外协作关系等指标。

人力资源计划，规定计划年度劳动生产率的水平和提高程度，各类人员的数量，职工的工资总额和平均工资水平，以及人员招收和劳动力的流动等。

物料需求计划，规定计划年度企业生产、科研、维修等所需要的各种物资，包括原材料、辅助材料、燃料、动力、外协件、外购件、外购工具、设备等的需要量、储备量、来源以及供应的期限。

企业改造计划,包括技术改造计划、组织调整计划和职工培训计划 3 个内容。它规定计划年度企业技术改造的方向和步骤、设备的更新、组织措施改善的任务和进度、职工培训的目标等。

生产费用预算及成本计划规定计划年度企业为完成生产经营任务所需要的各项生产费用和开支,以及各种产品单位成本、全部产品成本,可比产品成本降低等。它是企业生产经营状况好坏的综合反映,也是利润计划的重要基础。

企业的资金计划,包括固定资金计划和流动资金计划两部分。固定资金计划规定计划年度企业新增固定资产的价值量和原有固定资产的折旧额。流动资金计划规定计划年度企业流动资金的需要量。

企业经营计划的编制,一般经过 4 个步骤:调查研究,进行企业经营状况分析;统筹安排,确定计划目标;拟订可行方案,比较选优;综合平衡,确定计划草案。

决策是指组织在特定环境下,为了实现组织目标,借助一定科学方法和手段,从若干个可行方案中选出一个合理方案并组织实施的全过程。按照决策的性质和决策问题的概率划分,决策可以分为确定性决策、不确定性决策和风险性决策等。

目标管理,是指企业的最高领导层根据企业面临的形势和社会需要,制定出一定时期内企业经营活动所要达到的总目标,然后层层落实,要求下属各部门主管人员以至于每个员工根据上级制定的目标,分别制定目标和保证措施,形成一个目标体系,并把目标的完成情况作为各部门或个人考核的依据。

滚动计划法,就是在编制计划时,逐年、逐季或逐月往后推移,连续滚动编制。即根据一定时期计划执行情况,考虑到企业内外环境条件出现的变化,定期地调整修改原计划,并相应地再将计划顺延一个时期并确定顺延期的计划内容。

网络计划技术是对许多相互联系与相互制约的活动(作业或工序)所需资源与时间及其顺序进行安排的一种网络状计划方法。它的基本原理是:利用网络图表示一项计划任务的进度安排和各项活动之间的相互关系;在此基础上进行网络分析,计算网络时间,确定关键路线;利用时差,不断改进网络计划,求得工期、资源和成本的优化方案。

[思考题]

1. 试述经营计划的特点和类型。

2. 从企业年度综合经营计划结构的角度谈谈其计划内容及各种计划之间的相互关系。

3. 编制经营计划需要经过哪些步骤? 每一步骤解决什么问题?

4. 试述经营方案决策的概念、类型、方法及其内容。

5. 什么叫目标管理? 它在经营计划执行中的意义何在?

6. 什么叫滚动式计划法? 它有什么特点?

7. 试述网络计划技术的原理以及网络计划调整的内容。

[实训练习]

请你按照经营计划的理论方法试着编制一份个人的职业生涯计划。

[**案 例**]　　　　　　　　**编计划是谁的事**

　　M 总经理长期以来相信,有效地编制公司计划,对成功来说是绝对必要的。她花了十几年的时间,一直想方设法让公司的计划方案编制起来,但是没有取得很好成效。在这段时间里,她先后连续指派了 3 位副总经理掌管编制计划,虽然每位副总经理似乎都努力工作,但是她注意到,个别部门主管继续自行其是。然而公司似乎漂泊不定,而部门主管的各自决策相互之间总是不一致。主管调整事务的高级管理人员老是催促政府准许把电费提高,但无很大进展,因为政府觉得,费用虽然上涨,但是提高电费不合理。负责公共关系的领导不断地向公众呼吁,要理解电力的原材料涨价问题,但各社区住户觉得,电力公司赚的钱够多了,因此,公司应该解决其自身的问题,而不应提高电费。负责电力供应的副总经理受到很多社区的压力,要他扩大电路,把所有输电线路埋入地下,避免出现不雅观的电线杆和线路,同时向顾客提供更好的服务。他觉得顾客是第一位的,而费用则是第二位的。

　　M 女士请了一位咨询顾问来公司检查情况,顾问发现,公司并没有真正地把计划做好,副总经理编制计划,而他的职员正在努力地进行研究和作预测,并把研究和预测情况提交给总经理。由于所有部门的主管把这些工作都看作是对他们日常业务没有多大意义的文牍工作,因此,他们对此兴趣不大。

　　案例问题

　　1. 如果你是顾问,将建议采取什么步骤,使得公司有效地制订计划?

　　2. 关于将来的计划期限多长,你将给公司提出什么样的忠告?

　　3. 你将怎样向总经理提出建议使你推荐的事情付诸实施?

第 6 章
企业市场营销管理

【学习目标】

明确市场营销的概念和市场营销系统的构成,理解市场需求机会的概念,掌握目标市场选择的原理和方法,学会运用市场营销策略。

6.1　企业市场营销概述

6.1.1　市场营销的概念

市场营销是指在以消费者需求为中心的思想指导下,在适当的时间与地点,以适当的价格,通过适当的促销手段,把适当的产品和服务提供给消费者的一系列经营活动。

6.1.2　市场营销系统的构成

1)内部报告系统

内部报告系统是以企业内部会计系统为主,辅之以销售信息系统组成的。它是营销信息系统中最基本的子系统。其主要功能是向营销管理人员及时提供有关订货数量、销售额、产品成本、存货水平、现金余额、应收账款、应付账款等各种反映企业经营状况的信息。

2)营销情报系统

营销情报系统是指市场营销管理人员用以获得日常有关企业外部环境发展趋势恰当信息的一整套程序和来源。它的任务是利用各种方法收集、侦察和提供企业营销环境最新发展的信息。

3)营销调研系统

市场营销调研系统是针对营销活动进行的调研。它的任务是系统客观地识别、收集、分析和传递有关市场营销活动各方面的信息,提出与企业所面临特定营销问题有关的研究报告,以帮助营销管理者制定有效的营销决策。

4)营销分析系统

营销分析系统也称营销管理科学系统,它通过对复杂现象的统一分析,建立数学模型,帮助营销管理人员分析复杂的市场营销问题,作出最佳的市场营销决策。

6.2　市场营销机会分析

6.2.1　市场营销机会的概念

市场营销机会,又称市场机会,是指营销环境中对企业市场营销有利的各种因素的总和。市场上未满足的需要是客观存在的环境机会,要看它是否适合于企业的目标和资源,能否发挥企业优势,比竞争者和可能的竞争者获得更大的差别利益。所以,不是任何环境机会都能成为某一企业的市场机会。

6.2.2　市场营销的调研

1)市场营销调研的概念

市场营销调研是指运用科学的方法系统、客观地辨别、收集、分析和传递有关市场营销活动各方面的信息,为企业营销管理者制定有效的市场营销决策提供重要依据的过程。

2)市场营销调研的内容

(1)市场需求和变化趋势调研

市场需求和变化趋势调研的主要任务是掌握市场上的现实顾客和潜在顾客的数量、消费水平、消费结构以及需求满足方式与发展趋势等。

(2)购买动机和购买行为调研

消费者购买动机是指消费者为了满足自己的一定需要而引起购买行为的愿望或意念。消费者购买行为是指消费者用货币换取商品或劳务的实际活动。这是对消费者购买思想和购买行为的调研,具有十分重大的意义。

(3)市场竞争调研

市场竞争调研,一般是指对竞争对手情况的调查分析,包括竞争对手的总体能力、优势和劣势、营销战略以及营销活动的变化对企业营销的影响。

(4)宏观环境调研

宏观环境包括人口、经济、自然、政治法律、社会文化等对企业营销的影响。进行宏观环境调研就是为了使企业可以控制的微观条件与不可以控制的宏观环境相适应。

(5)营销策略实施效果调研

营销策略实施效果调研主要是对企业产品、价格、销售渠道和促销策略的调查和研究,了解这些策略的执行情况,分析其效果及造成不同效果的原因,以便决定如何改进。

3)市场调研的程序

(1)准备阶段

此阶段的主要任务是界定研究主题、选择研究目标、形成研究假设并确定需要获取的信息。

(2)设计阶段

此阶段即为制订收集信息资料的详细计划。主要内容包括确定资料来源和收集方法、调研经费预算和时间进度安排等。实地调研方法主要有3种:观察法、询问法和实验法。

（3）执行阶段

此阶段是调研计划付诸实施阶段。主要内容包括：实地调研（即搜集资料）、对资料进行处理、分析和解释。

（4）处理阶段

营销调研的最后一个阶段是对调研结果作出解释，得出结论，向有关部门提交调研报告。调研报告应是简明扼要的结论及说明。这些结论和说明应该能对营销决策起直接作用。

6.2.3　市场需求的预测

1）市场需求的概念

市场需求是某种产品在一定的地理区域和一定的时期内，一定的营销环境和一定的营销方案下，由特定的顾客群体愿意购买的总数量。

2）市场需求的预测方法

（1）定性预测法

定性预测法是主要依靠预测人员所掌握的信息、经验和综合判断能力，预测市场未来的状况和发展趋势。这种方法简单易行，特别适用于那些难以获取全面资料进行统计分析的问题，因此应用广泛。定性预测法一般包括：

①购买者意向调查法。购买者意向调查法是在一组规定的条件下，通过向购买者了解，预测购买者可能买什么的方法。如果购买者意向非常明显，愿意付诸实施，并能告诉调查者，那么此法则特别有效。购买者意向调查一般适用于对工业用品、耐用消费品以及新产品的需求调查。

②销售人员综合意见法。销售人员综合意见法是企业要求其销售代表对产品未来需求作出估计的预测方法。

如果企业熟知每个推销人员在预测时常有的片面性，那么修正的结果将是相当可信的。原因在于推销人员毕竟较其他任何人都更熟悉、更接近顾客，从而也更能把握未来销售的发展趋势。

③市场试销法。市场试销法是在购买者并无具体购买计划或其购买意向变化无常，并且专家也难以估计的情况下，直接进行市场试销的一种市场预测方法。市场试销法特别适用于对新产品的销售预测和建立新的分销渠道的预测。

④专家意见法。专家意见法是指企业利用诸如经销商、分销商、供应商、营销顾问和贸易协会及其他一些专家的意见帮助预测未来需求的一种市场预测方法。过去专家意见法主要有两种：小组讨论法与单独预测集中法。

现在应用较普遍的专家意见法是德尔菲法。其基本过程是：先由各位专家对所预测的未来发展趋势提出自己的估计和假设，经企业分析人员（调查主持者）审查、修改、提出意见，再发回到各位专家手中，这时专家们根据综合的预测结果，参考他人意见修改自己的预测，即开始下一轮估计。如此循环反复，直到各专家对未来的预测基本一致为止。德尔菲法的主要特点是匿名性、反馈性和统计性。

（2）定量预测法

定量预测法是利用比较完备的历史资料，运用数学模型和计量方法，预测未来的市场需求。定量预测法主要有两种，一种是时间序列分析法，另一种是因果关系（回归分析）法。

①时间序列分析法。时间序列分析法是把观察或记录的一组统计资料，按照其发生的时间顺序排列成一组时间序列，然后对该序列进行统计分析或数学分析的一种统计方法。具体分析时又可分为算术平均法、加权平均法、简单移动平均法、加权移动平均法和指数平滑法等。

②回归分析法。回归分析法是以事物发展的因果关系为依据，抓住事物发展的主要因素以及它们之间的相互关系，通过建立数学模型来进行预测，这也是经济预测和技术预测中常用的方法。

6.3　企业目标市场策略

6.3.1　市场细分

1）市场细分的概念

市场细分就是按照消费者欲望与需求的差异性把一个总体市场划分为若干个具有共同特征的子市场的过程。这里必须强调的是，市场细分不是根据产品品种、产品系列进行细分，而是从消费者或用户的角度，即消费者或用户的需求、动机、购买行为的多元性和差异性来划分的。

2）市场细分的依据

一个产品的整体市场之所以可以细分，是由于消费者或用户的需求存在差异性。引起消费者需求差异的因素很多，在实际中，企业一般是组合运用有关因素来进行市场细分，而不是简单采用某一因素。概括起来，消费品市场细分的因素主要有4类，即地理因素、人口因素、心理因素和行为因素。

3）市场细分的原则

（1）可衡量性

指细分的市场是可以识别和衡量的，或所细分的市场不仅范围明确，而且对其容量大小也能大致作出判断。

（2）可区分性

指不同的细分市场的特征可清楚地加以区分。比如女性化妆品市场可依据年龄特征和肌肤类型等因素加以区分。

（3）可进入性

指所细分的市场应是企业营销活动能够抵达的，是企业通过努力能够使产品进入并对顾客施加影响的市场。

（4）可赢利性

指细分市场的容量或规模要大到足以使企业获利。如果细分市场的规模、容量太小且细分工作繁琐，成本耗费大，获利小，则不足以成为细分市场。

6.3.2　目标市场选择

1）可供选择的目标市场模式

目标市场就是企业决定要进入的细分市场，或打算满足的具有某一需求的顾客群体。企业在选择目标市场时可以采用5种模式。

（1）密集单一市场

企业选择一个细分市场，集中力量为之提供产品和服务。企业通过密集营销，更加了解本细分市场的需要，容易在某一特定市场树立企业威望，建立和巩固其市场地位。密集单一市场营销比其他模式风险更大，因为个别细分市场可能出现不景气情况，或者某个有实力的竞争者决定进入同一个细分市场。

（2）多细分市场

企业选择若干个细分市场，其中每个细分市场在客观上都有吸引力，并且符合企业的目标和资源。但在各细分市场之间很少或者根本没有任何联系，然而每个细分市场都有可能赢利。这种多细分市场目标优于单细分市场目标，因为这样可以分散企业的风险，即使某个细分市场失去吸引力，企业仍可继续在其他细分市场获取利润。

（3）产品专门化市场

企业集中生产某一种类的产品，向各类顾客销售这种产品。企业通过这种策略，在某个产品方面树立起很高的声誉。如果产品被一种全新的技术代替，就会产生危机。

（4）市场专门化市场

企业以所有产品专门为满足某个顾客群体的各种需要而服务，并获得良好的声誉，成为这个顾客群体所需各种新产品的销售代理商。但如果这个顾客群体突然削减经费，它们就会减少从这个市场专门化企业购买产品的数量，从而使企业产生危机。

（5）完全覆盖市场

企业决定全面进入每个细分市场，用各种产品满足各种顾客群体的需求。只有实力强大的企业才能采用完全覆盖市场策略。

2）可供选择的目标市场营销策略

目标市场策略是指对客观存在的不同消费者群体，根据不同商品和劳务的特点，采取不同的营销组合的总称。一般来说，可供选择的目标市场营销策略有3种。

（1）无差异市场营销策略

无差异营销策略是指企业将产品的整体市场视为一个目标市场，用单一的营销策略开拓市场,即用一种产品和一套营销方案吸引尽可能多的购买者。无差异营销策略只考虑消费者或用户在需求上的共同点,而不关心他们在需求上的差异性。

无差异营销的最大优点是成本的经济性。生产单一产品,可以减少生产与储运成本;无差异的广告宣传和其他促销活动可以节省促销费用;不搞市场细分,可以减少企业在市场调研、产品开发、制定各种营销组合方案等方面的营销投入。这种策略对于需求广泛、市场同质性高且能大量生产、大量销售的产品比较合适。

对于大多数产品,无差异市场营销策略并不一定合适。消费者需求客观上千差万别并不断变化,一种产品长期为所有消费者和用户所接受非常罕见。当众多企业如法炮制,都采用这一战略时,会造成市场竞争异常激烈,同时在一些小的细分市场上消费者需求得不到满足,这对企业和消费者都是不利的。采用无差异市场营销策略易受到竞争企业的攻击。当其他企业针对不同细分市场提供更有特色的产品和服务时,采用无差异策略的企业可能会发现自己的市场正在遭到蚕食但又无法有效地予以反击。

（2）差异性市场营销策略

差异性市场营销策略是指企业将整体市场划分为若干不同的细分市场,依据每一细分市场在需求上的差异性,有针对性地制定一套独立的营销方案。

差异性营销策略的优点是批量小、品种多,生产机动灵活,针对性强,使消费者需求更好地得到满足,由此促进产品销售。另外,由于企业是在多个细分市场上经营,一定程度上可以减少经营风险,一旦企业在几个细分市场上获得成功,有助于提高企业形象及提高市场占有率。

差异性营销策略的局限在于:由于产品品种多,管理和存货成本将增加;由于企业必须针对不同的细分市场制订独立的营销计划,会增加企业在市场调研、促销和渠道管理等方面的营销成本,可能使企业的资源配置不能有效集中,顾此失彼,甚至在企业内部出现彼此争夺资源的现象,使拳头产品难以形成优势等。因此,差异性市场营销策略适用于选择性较强、需求弹性大、规格等级复杂的商品营销。

（3）集中性市场营销策略

实行差异性营销策略和无差异营销策略,企业均是以整体市场作为营销目标,试图满足所有消费者在某一方面的需要。集中性营销策略则是集中力量进入一个或少数几个细分市场,实行专业化生产和销售。实行这一策略,企业不是追求在一个大市场角逐,而是力求在一个或几个子市场占有较大份额。

集中性营销策略的指导思想是:与其在较多的细分市场上获得较低的市场份额,不如在较少的细分市场上获得较高的市场占有率,因而只选择一个或几个细分市场,作为自己的细分市场。这一策略特别适合于资源力量有限的中小企业。中小企业由于受财力、技术等方面因素制约,在整体市场可能无力与大企业抗衡,但如果集中资源优势在大企业尚未顾及或尚未建立绝对优势的某个或某几个细分市场进行竞争,成功的可能性更大。

集中性营销策略的局限有:市场区域相对较小,企业发展受到限制;潜伏着较大的经营风险,一旦目标市场突然发生变化,如消费者趣味发生转移、强大竞争对手的进入、新的更有吸引力的替代品出现等,都可能使企业因没有回旋余地而陷入困境。

3）影响目标市场营销策略选择的因素

前述 3 种目标市场策略各有利弊,企业到底应采取哪一种策略,应综合考虑企业自身条件、产品和市场状况等多方面因素予以决定。

（1）企业的资源和实力

当企业在生产、技术、营销、财务等方面势力很强时,可以考虑采用差异性市场营销策略;而资源有限、实力不强时,采用集中性营销策略效果可能更好。

（2）产品的特点

有些产品在消费者眼里品质的差异性小,不同企业生产的产品相似。相似程度高,则同质性高;反之,则同质性低。同质性高的产品,尽管因产地和生产企业的不同会有些品质差别,但消费者可能并不加以严格区别和过多挑剔,此时,竞争将主要集中在价格上。这样的产品适合采用无差异营销策略。对于在型号、式样、规格等方面存在较大差别,产品选择性强,同质性较低的产品,更适合于采用差异性或集中性营销策略。

（3）产品的市场生命周期

产品处于投入期,同类竞争者不多,竞争不激烈,企业主要是探测市场需求和潜在顾客,此时宜采用无差异营销策略。当产品进入成长期或成熟期,同类产品增多,竞争日益激烈,为确立竞争优势,企业可考虑采用差异性营销策略。当产品步入衰退期,为保持市场地位,延长产品生命周期,全力对付竞争者,应当采用集中性营销策略。

（4）市场的特点

市场特点是指各细分市场间的区别程度。当顾客需求比较接近,偏好及其特点大致相似,对市场营销策略的刺激反应大致相同,对营销方式的要求无多大差异时,企业可考虑采取无差异营销策略。反之,则适宜采用差异性或集中性营销策略。

（5）竞争者的市场营销策略

企业选择目标市场策略时,一定要充分考虑竞争者尤其是主要竞争对手的营销策略。如果竞争对手采用差异性营销策略,企业应采用差异性或集中性营销策略与之抗衡;若竞争者采用无差异策略,则企业可采用无差异或差异性策略与之对抗。

6.3.3　市场定位策略

1）市场定位的概念

市场定位是指企业根据目标市场上同类产品竞争状况,针对顾客对该类产品某些特征或属性的重视程度,为本企业产品塑造强有力、与众不同的鲜明个性,并将其形象生动地传递给顾客,求得顾客认同。市场定位的实质是使本企业与其他企业严格区分开来,使顾客明显感觉和认识到这种差别,从而在顾客心目中占有特殊的位置。

需要指出的是,市场定位中所指的产品差异,不是从生产者角度出发单纯追求产品变异,而是在对市场分析和细分的基础上,寻求建立某种产品特色,赢得顾客的认同。

2）市场定位的方式

市场定位是确定企业在市场上的竞争位置，是为企业有效参与市场竞争服务的。定位方式不同，竞争态势也不同，下面分析 3 种主要的定位方式。

（1）回避定位

这是一种避开强有力的竞争对手进行市场定位的方式。企业不与对手直接对抗，将自己置于某个市场的"空白点"，做市场的"补缺者"，开发目前市场上没有的特色产品，开拓新的市场领域。这种定位的优点是：能够迅速地在市场上立足，并在消费者心中尽快树立起一定形象。由于这种定位方式市场风险较小，成功率较高，常常为多数企业所采用。

（2）迎头定位

这是一种选择靠近现有市场上居支配地位的竞争对手的定位方式，即企业选择与竞争对手重合的市场位置，争取同样的目标顾客，彼此在产品、价格、分销、供给等方面少有差别。企业采取这种定位策略，必须具备以下条件：要有足够的市场潜量；本企业具有比竞争者更多的资源和能力；本企业能向目标市场提供更好的产品和服务。

（3）重新定位

重新定位是指企业在市场情况或自身能力发生变化时决定改变原有的市场定位，确定新的市场定位的营销行为。初次定位后，随着时间的推移，新的竞争者进入市场，选择与本企业相近的市场位置，侵占了本企业产品的部分市场，使本企业产品的市场占有率有所下降；或者，由于顾客需求偏好发生转移，原来喜欢本企业某产品的人转而喜欢竞争对手的某产品，因而市场对本企业产品的需求减少。在这些情况下，企业就需要对其产品进行重新定位。重新定位应至少考虑两个因素：一是企业将自己的产品定位从一个市场转向另一个市场的全部费用；二是企业将自己的产品定位从一个市场转向另一个市场的收入是多少，而收入的多少又取决于该市场上购买者和竞争者的情况，取决于市场上销售价格的高低等。

3）市场定位的步骤

（1）确定定位对象

明确这个客体是行业、公司、产品组合，还是特定的产品或服务。

（2）识别重要属性

认识所要定位的客体应该或者必须具备的属性。

（3）绘制定位图

绘制定位图，并在定位图上标注本企业和竞争者所处的位置。一般都使用二维图。定位图选择的二维变量都应该是能代表顾客选择偏好的重要属性。

（4）评估定位选择

一般有 3 种定位选择：一是强化现有位置，避免正面打击冲突的策略；二是寻找市场空隙，做市场的补缺者获取先占优势，即发现市场中有未被竞争者占领的利润空间，并为之采取相应的营销策略；三是给竞争者重新定位，即当竞争者占据了它不应有的位置时，让顾客认清对手不实之处，从而使竞争对手为自己让出它现有的位置。

（5）执行定位

定位最终需要通过有效地整合营销传播手段，如广告、促销、员工的言行举止、服务态度、质量及企业形象识别系统等，将本企业独特的竞争优势准确地传播给潜在顾客，使目标顾客了解、知道、熟悉、认同、喜欢和偏爱本企业的市场定位，在顾客心目中建立与该定位相一致的形象。然后，企业可以通过一切努力强化在目标顾客心目中的形象，保持目标顾客的了解，稳定目标顾客的态度和加深目标顾客的感情来巩固与市场定位相一致的形象。最后，企业应注意目标顾客对其市场定位理解出现的偏差或由于企业市场定位宣传上的失误而造成目标顾客的模糊、混乱和误会，及时纠正与市场定位不一致的形象。

6.4　市场营销策略

市场营销策略是指市场营销组合。市场营销组合，就是企业通过市场细分，在选定目标市场以后，将可控的产品、定价、渠道、促销诸策略进行最佳组合，使它们之间互相协调，综合地发挥作用，以实现企业市场营销目标。这一概念的提出和应用，体现了以消费者需求为中心的市场营销观念。

6.4.1　产品策略

1）产品组合策略

（1）产品组合的概念

产品组合是指一个企业生产经营的业务范围，表现在产品上又叫产品的种类、品种、规格、花色的配合。其中，将一个大类产品叫作一条产品线，以类似的方式发挥功能销售给同类顾客群；将产品线中不同品种、规格、质量和价格的特定产品叫作产品项目，以各自的方式发挥功能销售给不同的顾客。

产品组合包括4个变数：产品组合的宽度、长度、深度和关联度。

产品组合的宽度是指企业产品组合拥有产品线的数量；产品组合的长度是指企业产品组合的产品项目总数；产品组合的深度是指企业产品组合每条产品线上产品项目的数量；产品组合的关联度是指不同产品线在用途、生产技术、销售渠道或其他方面相似的程度。

（2）产品组合的策略

①扩大产品组合。扩大产品组合策略是指开拓产品组合的宽度和加强产品组合的深度，增加产品系列或项目，扩大经营范围，生产经营更多的产品以满足市场需要。

②缩减产品组合。缩减产品组合策略是指降低产品组合的宽度和深度，删除产品系列或项目，集中力量发展获利多的产品系列或少数产品项目。

③延伸产品线。超出现有产品线的范围增加其长度，就称为产品线延伸策略。比如：在同一产品线内增加生产高档产品，以提高企业和现有产品的声望，这叫向上延伸；在同一产品线内增加生产中低档产品，以利用高档名牌的声誉，这叫向下延伸；

企业如果朝上、下两个方向延伸其产品线,就称其为双向延伸。

2)产品生命周期策略

（1）产品生命周期的概念

产品生命周期是指产品从进入市场到被淘汰退出市场为止的周期性变化过程。完整的产品生命周期可分为投入期、成长期、成熟期和衰退期 4 个阶段。通常表现为一条 S 形曲线,如图 6.1 所示。投入期是产品引入市场、销售缓慢成长的时期。在这一阶段因为产品引入市场所支付的生产成本和销售费用巨大,几乎不会获利。成长期是产品被市场迅速接受和利润大量增加的时期,因而竞争日趋激烈。成熟期是销售成长减慢的时期。为了对抗竞争,维持产品的地位,营销费用日益增加,利润稳定或下降。衰退期是销售下降的趋势增强和利润不断下降的时期。

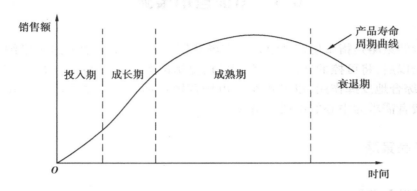

图 6.1 产品生命周期曲线示意图

（2）产品生命周期各阶段的营销策略

企业应根据产品生命周期各阶段的特点采取不同的营销策略。投入期应想办法尽快通过。成长期应尽可能地维持市场的增长势头。成熟期应系统地考虑市场、产品和营销组合的改进策略。衰退期应识别产品落伍的原因,确定是否采取放弃的决策。

6.4.2　定价策略

1)影响定价的因素

①产品成本。它是定价的关键因素,一般应是产品价格的最低界限。

②市场需求。它是指供给与需求的相互关系对价格的影响。

③竞争。它是指现实和潜在竞争对手的多少及竞争强度对产品定价的影响。

④消费者心理。它是指消费者的价格心理决定消费者的购买行为和消费行为对产品定价的影响。

⑤国家价格政策。它是指国家利用政策、法规对价格的管理、控制与干预对产品定价的影响。

企业产品价格确定得是否合理,直接关系到产品的竞争能力、销售量、销售收入和利润的高低。因此,企业应加强对定价策略的研究,在充分考虑各种影响因素的基础上,为企业产品制定出合理的价格。

2)产品定价方法

（1）成本导向定价法

成本导向定价法是以产品单位成本为基本依据,再加上预期利润来确定价格的方法。主要包括两种方法:其一是成本加成定价法,就是把所有为生产某种产品而发生的耗费均计入成本的范围,再按一定的目标利润率来确定价格的方法;其二是盈亏平衡定价法,就是利用盈亏平衡原理确定盈亏平衡或达到一定利润水平时价格的方法。

（2）需求导向定价法

需求导向定价法是根据市场需求状况和消费者对产品的感觉差异来确定价格的方法。主要包括两种方法:其一是理解价值定价法,指企业以消费者对商品价值的理解度为定价依据,运用各种营销策略和手段,影响消费者对商品价值的认知,形成对企业有利的价值观念,再根据商品在消费者心目中的价值来制定价格的方法;其二是逆向定价法,是依据消费者能够接受的最终销售价格,逆向推算出中间商的批发价和生产企业的出厂价格。

（3）竞争导向定价法

竞争导向定价法是企业通过研究竞争对手的生产条件、服务状况、价格水平等因素,依据自身的竞争实力,参考成本和供求状况来确定商品价格的方法。竞争导向定价法主要包括两种方法:其一是随行就市定价法,就是将本企业产品价格保持在市场平均水平上,获取平均报酬的定价方法;其二是投标定价法,就是以投标竞争的方式确定价格的方法。

6.4.3　分销渠道策略

1)分销渠道的概念

分销渠道是指产品和劳务从生产者向消费者移动时,取得这种产品和劳务的所有权或帮助转移其所有权的所有组织和个人。它主要包括零售商、中间商以及处于渠道起点和终点的生产者与消费者。在商品经济条件下,产品必须通过交换,发生价值形式的运动,使产品从一个所有者转移到另一个所有者,直至消费者手中,这称为商流,同时,伴随着商流,还有产品实体的空间移动,称之为物流。商流与物流相结合,使产品从生产者到达消费者手中,便是分销渠道或分配途径。

2)分销渠道的类型

（1）直接渠道与间接渠道

直接渠道,指生产企业不通过中间商环节,直接将产品销售给消费者。直接渠道是大宗生产资料分销的主要类型。

间接渠道,指生产企业通过中间商环节把产品传送到消费者手中。间接分销渠道是日用生活资料分销的主要类型。

（2）长渠道和短渠道

分销渠道的长短一般是按通过流通环节的多少来划分,具体包括以下4层:零级渠道(在制造商与消费者中间不经过流通环节);一级渠道(在制造商与消费者中间只经过一个流通环节);二级渠道(在制造商与消费者中间经过两个流通环节);三级渠道(在制造商与消费者中间经过3个流通环节)。可见,零级渠道最短,三级渠道最长。

（3）宽渠道与窄渠道

渠道宽窄取决于渠道的每个环节(同一层次)中使用同一类型中间商数目的多少。企业使用的同类中间商多,产品在市场上的分销面广,称为宽渠道。企业使用的同类中间商少,分销渠道窄,称为窄渠道。

（4）单渠道和多渠道

当企业全部产品都由自己所设门市部直接销售,或全部交给批发商经销,称之为单渠道。多渠道则可能是在本地区采用直接渠道,在外地则采用间接渠道;在有些地区独家经销,在另一些地区多家分销。

3）分销渠道策略

（1）影响分销渠道选择的因素

企业在分销渠道选择中,要综合考虑分销渠道目标和各种限制因素或影响因素,主要制约因素有市场因素、产品因素、生产企业本身的因素、政府有关立法及政策规定因素、中间商的数目因素、消费者购买数量因素、竞争者状况因素等。

（2）分销渠道的基本策略

分销渠道的基本策略包括:直接渠道与间接渠道的选择,实质是可否选择中间商的决策;分销渠道长度的选择,即是渠道层次多少的选择;分销渠道宽度的选择,即是决定采用密集性分销(广泛利用大量的中间商)、选择性分销(选用条件好的少数几个中间商),还是独家分销(只选用一家中间商)的决策。

6.4.4 促销策略

1）促销的概念与实质

促销即促进销售,是企业通过人员和非人员方式把企业所生产产品及所提供服务的信息传递给顾客,激发消费者的购买欲望,影响和促成顾客购买行为发生全部活动的总称。促销的实质是一种沟通、激发活动。

2）促销策略

（1）人员推销策略

人员推销是指企业通过派出人员或委托推销人员,亲自向目标顾客进行介绍、推广或宣传,以推销商品,促进和扩大销售。也就是,人员亲自履行寻找顾客、传递信息、推销商品、搜集信息、提供服务的职责。

（2）广告策略

广告是企业以付费的方式,为推销商品、服务或观念,通过各种媒介和形式向公众发布有关信息。一般来说,广告目标可分为 3 种类型:通知型、劝说型和提醒型。

（3）营业推广策略

营业推广又称销售促进,它是指企业运用各种短期诱因刺激、鼓励消费者和中间商购买、经销或代理企业产品或服务的一种促销方式。常用的营业推广形式有优惠券、折扣、销售奖等。

（4）公共关系策略

公共关系是指企业在从事市场营销活动中正确处理企业与社会公众的关系,促进公众对企业的了解、理解、支持与合作,实现树立企业形象,从而促进产品销售的一种活动。

[本章小结]

市场营销是指在以消费者需求为中心的思想指导下,在适当的时间与地点,以适当的价格,通过适当的促销手段,把适当的产品和服务提供给消费者的一系列经营活动。

市场营销机会,就是对这个企业的营销活动具有吸引力、在此能享有竞争优势和获得差别利益的环境机会。

市场需求是一个产品在一定的地理区域和一定的时期内,一定的营销环境和一定的营销方案下,由特定的顾客群体愿意购买的总数量。

市场细分就是按照消费者欲望与需求把一个总体市场划分为若干个具有共同特征的子市场的过程。分属于同一细分市场的消费者,他们的需求和欲望相似;分属于不同细分市场的消费者对同一产品的需求和欲望存在着明显的差距。

市场定位就是企业根据目标市场上同类产品竞争状况,针对顾客对该类产品某些特征或属性的重视程度,为本企业产品塑造强有力的、与众不同的鲜明个性,并将其形象生动地传递给顾客,求得顾客认同。

市场营销组合,就是企业通过市场细分,在选定目标市场以后,将可控的产品、定价、渠道、促销诸策略进行最佳组合,使它们之间互相协调,综合地发挥作用,以实现企业市场营销目标。

产品组合是指一个企业生产经营的业务范围,表现在产品上又叫产品的种类、品种、规格、花色的配合。

企业产品价格确定得是否合理,直接关系到产品的竞争能力、销售量、销售收入和利润的高低。因此,企业应加强对定价策略的研究。

分销渠道是指某种产品和劳务从生产者向消费者移动时,取得这种产品和劳务的所有权或帮助转移其所有权的所有组织和个人。

促销即促进销售,是企业通过人员和非人员方式把企业所生产产品及所提供服务的信息传递给顾客,激发消费者的购买欲望,影响和促成顾客购买行为发生全部活动的总称。

1.什么叫市场营销？

2.什么叫市场机会？

3.市场营销调研过程和方法有哪些？

4.什么叫市场细分？它的意义何在？怎样进行市场细分？

5.简述市场定位策略。

6.目标市场选择范围的模式和基本策略各有哪些种类？

7.市场营销组合策略包括哪些具体策略？

8.你对促销是如何理解的？促销策略有哪些？

[实训练习]

1.以自己的购买活动为例,分析购买动机和行为过程。

2.请利用节假日到你家附近超市观察有哪些促销活动,分析它们的促销策划运用了哪些营销理论。

[案　例]　　　　　乌发:"好"产品为什么失败?

2015年4月获得卫生部保健食品批号的乌发,是H集团推广的另一个保健食品。此前,H集团曾经成功操作的产品如H肾宝等全是传统中药保健品。

在乌发身上,H集团倾注了巨大的心血,该产品的市场开拓资金高达2 000万元左右。敢下如此血本,H集团自然是有备而来的。

乌发市场经过数年的广告狂轰滥炸,虽然眼下市场已经萎缩,但由于已经完成了市场教育,仍有稳定需求。进入成熟稳定的乌发市场,H集团可以避免投入市场教育工作,风险比较小。H集团要做的是:选定一个有潜力的细分市场,通过适宜的广告策略,取得该细分市场的领导地位。这样成功的例子确实存在,比如专门针对"少白头"市场的乌发产品"头白少",2015年前后就表现良好。

H集团选定中老年人为自己目标消费群体,其策略非常清楚——中国人因为缺少活因子,老早就白发苍苍,需要染发。而该细分市场的前领导品牌因为质量问题被曝光后,近年来市场上针对老年人的乌发产品已出现领导品牌空缺。种种情况看来,这种乌发生逢其时,实在是个好项目。

乌发的产品理论是:白发是因为活因子水平下降所致,乌发富含的植物活因子能阻止白发,从而从根本上解决中老年人的白发。其产品理论有科学依据支撑,绝非空中楼阁。

但被H集团寄予厚望的新产品,却未能达到预期营销目标。H集团启动全国市场几个月后,就停止了广告投放。在上海市场H集团投入数百万广告费后,在春天旺季到来前,却停止了自己的礼品诉求攻势,证明了产品销售效果远低于预期。而在国内其他市场,也传出乌发销售不够理想的消息。

一个市场前景看好的产品为什么会失败呢？在启动以前,乌发对老年人保健品市场的竞争激烈程度似乎了解不够。另外,乌发产品理论存在严重纰漏,其报纸文案也显得不够锐利有力。种种原因的共同作用导致乌发匆匆收场。

案例问题

1.你认为 H 集团把握市场机会如何？

2.你认为 H 集团选定中老年人为自己目标消费群体对不对？请说明理由。

3.你认为 H 集团在产品诉求方面应该怎样做？

4."好"产品乌发为什么失败？你觉得 H 集团在营销模式和营销手段上存在什么问题？

5.假如你是营销经理,负责产品乌发的市场运作,你将如何策划？

生 产 篇

第 7 章
企业技术管理

【学习目标】

　　了解技术、技术管理、技术引进、技术改造、技术创新、新产品和产品创新的概念及其意义,掌握企业技术创新战略选择,熟悉新产品创新的过程和价值工程在新产品开发中的应用。

7.1 企业技术管理概述

7.1.1 技术和技术管理的概念

技术是生产某种产品或实现某种工艺所需要的系统知识、实践经验和操作技艺的总称。

企业的技术管理就是对整个技术过程、各项专业技术工作、各个技能要素和条件进行计划、组织、指挥、控制和协调。技术管理的具体内容包括：①培养、树立员工的技术意识；②培训、开发技术人才资源；③设备管理；④技术引进；⑤技术改造；⑥技术创新；⑦新产品技术开发。其中①～③将分别在设备管理和人力资源管理中介绍。

7.1.2 技术管理的机构设置

企业内部设立的技术管理机构一般包括两大类：

1）产品研发中心

通常，大、中型企业或高新技术企业往往要成立新产品研发中心，由总经理或副总经理或总工程师亲自主管该部门工作。

研究开发中心的职能主要有：①负责产品开发的市场研究；②负责有关科技情报的搜集、分析与管理；③负责新产品规划、立项与可行性研究；④负责新产品的研究和设计、工艺设计（或委托设计）、试制、鉴定等工作；⑤负责编制集团技术发展规划，组织重大技术分析与攻关。

2）技术部

除了研发中心外，企业还应设立技术管理的日常机构——技术部（处或科）。技术部下面一般设立工艺处（科或室）、计量及标准化处（科或室）、质量检验处（科或室）、实验中心（室）、技术（情报）档案科（室）等部门。

技术部的主要职能为：

①负责生产技术准备工作，进行工艺指导和工艺装备管理。

②负责技术改造立项、可行性研究、组织、实施和新技术的推广。

③负责质量管理，指导下属企业或部门建立质量保证体系，推广 ISO 9000 标准。

④负责技术信息和技术档案的管理。

⑤负责企业其他技术指导工作，如计量管理等。

7.2　技术引进与技术改造

7.2.1　技术引进

1）技术引进的意义

技术引进是指在国际间的技术转移活动中,买进技术的一方,通过贸易、合同交流等途径,或以各种不同的合作形式,从国外获得技术知识、经验,以及为消化、吸收上述知识所必需的样机、样板设备与成套项目等。

技术引进的意义在于:

（1）技术引进为企业进步赢得了时间,提高了起点

一项重大的科研成果从酝酿、研究、试制到生产,一般需要 10 年左右的时间,而引进技术只需要 2～3 年或更短时间即可投产。如地处云南的玉溪卷烟厂通过大规模、高起点成套引进当时最先进的卷烟生产设备,使卷烟生产能力、劳动生产率、产品质量都达到了国内先进水平,成为亚洲最大的卷烟企业。可见,技术引进可以大大缩短技术开发时间,少走弯路,为企业赶超世界先进水平创造时机和条件。

（2）技术引进可使企业大大节省科研试制费用,提高经济效益

研制、开发一种新技术通常要投入大量的人、财、物。相反,当某项新技术开发成功后,要吸收、掌握这项新技术所需的成本相应要低得多。如第二次世界大战后,日本在 1950—1979 年引进国外 2 800 多项先进技术共支出 77 亿美元,引进项目仅占这些科研投入的 1/30,日本在战后 15 年有 75% 左右的工业产值增长来自技术引进,其经济效益是引进费用的 10 倍。

（3）技术引进可以改善企业技术经济结构,填补技术空白

在当前社会生产体系日趋国际化,科技市场发展十分迅速的环境下,没有哪个企业能够拥有发展自己经济所需要的全部先进技术,任何企业都有自己的技术空白,通过技术引进,可以取长补短。特别是在加入 WTO 后,我国企业更加需要通过技术交流和技术引进来获取经济发展需要的各种技术资源,填补技术空白。我国企业正处于产业结构的调整时期,需要引进关键技术与设备,以达到改造现有企业、加速企业技术进步的目的。

2）技术引进的原则

技术引进是一项技术性复杂且投资较大的活动,它必须遵循以下原则:

（1）求实原则

引进技术要实事求是,适合国情。在进行技术引进时,一要注意统筹安排、循序渐进,分清轻重缓急,有重点、有选择地进行,把技术引进建立在有偿还能力的基础上。二要同我国企业的资源情况、技术水平和管理水平相适应,尽量把钱用在"刀刃"上,引进"适用技术",以取得良好技术引进效果。

（2）优选原则

在求实的基础上，技术引进更要注意选优。切记不要购买别国已经落后或即将淘汰的技术和设备，而应当引进在该行业具有国际先进水平的技术和设备。只有高起点的技术引进，才能够保证企业赶超世界一流水平。

（3）平等互利原则

在引进技术时，必须坚持国与国之间在政治上平等，经济上互利。所谓政治上平等，是指在引进时，坚持不损害国家的主权，不妨碍本国经济独立和经济发展。所谓经济上互利，就是合作双方在经济上都能得到合理的利益。

（4）系统配套原则

这是指引进的技术设备要与我国产品的系列化、标准化相结合，逐步形成我国自己的产品系列，不能同时从各国引进同样的东西，应注意引进技术的连续性、先进性和配套性。同时，还要注意，引进技术与引进管理并举。技术复杂或规模较大的引进项目，可聘请外国专家设计和帮助建设，建成后再留一段时间帮助掌握和管理。

（5）创新原则

学习国外先进技术必须与消化创新相结合，采取"一学、二用、三改、四创"的方针。要使引进的技术为我所用，就要切实认真消化、吸收、改造、发展，并力求创新。引进技术如果不力求创新，就会受制于人，永远也摆脱不了对别国技术的依赖。

（6）经济效益原则

企业进行技术引进的最根本目的就是降低成本，提高产品质量和劳动生产率，增强企业竞争能力，从而获得最大的经济效益。因此，企业在进行技术引进之前要广泛搜集信息，充分论证，货比三家，力争以最低的价格引进最好的技术和设备。特别是对有使用年限的专利权、专有技术等在引进之前要充分了解它们的使用年限，何时到期等，以免花冤枉钱。

3）技术引进的方式

（1）产品贸易

即通过购买先进机器设备而引进技术。这种方式可以在较短的时间内形成生产力。对于迅速克服生产技术中的薄弱环节和填补空白，效果显著。但要花费大量的外汇，易造成重复引进，往往学不到关键技术，而且在制造能力上跟不上时代，对输出方的零部件供应依赖性较强。

（2）项目包建

即按照合同规定，技术输出方面负责工程设计、施工、土建及供应全部设备，并负责安装、试验、承担保证开动、效率和消耗指标的义务，并往往附带技术援助合同，经营管理合同或推销产品合同。

以上两项，主要是引进生产能力，还不是真正意义的技术引进，被称为硬件引进。一般来讲，技术比较落后的国家和企业初期主要采取这些形式。而发达国家以引进技术知识、技术本身的软件为主，一般采取以下（3）～（6）项方式。

（3）许可证贸易

即将制造技术和产品制造权作为商品，实行作价交易的技术转让，是国际上最常用的技术引进方法。它转让的一般不是技术输出方所拥有的"工业产权"和技术知识的所有权,而是一定条件下的使用权。在许可证协议书上记载输出方和引进方的转让范围、价格、索赔等方面的权利和义务等事项。许可证贸易包括:①购买专利;②购买非专利技术;③购买商标使用权。

(4)灵活贸易

企业通过"三来一补"、合资经营等国际通行的贸易方式,扩大与国外的技术经济合作,引进先进技术。

(5)合作科研和合作生产

如与国外企业或科研机构分工合作共同生产一套设备或共同研究某一课题。它带有对等交换技术、取长补短、互惠互利的性质,能缩短研发周期。

(6)技术咨询、服务、人员交流和学术、情报交流等形式的技术引进

如国家鼓励海外留学人员以专有的知识、技能、信息开办专业性咨询公司;或者鼓励他们依托国外的科研、教育、培训机构等条件,与国内有关单位合作或接受委托,帮助国内用人单位培养人才。

上述引进方式各有利弊,风险大小不等,必须结合本国和本企业的实际情况加以选择。

7.2.2　技术改造

1)技术改造的意义

技术改造,就是将研究与发展的成果应用于企业生产的各个领域,用先进的技术改造落后的技术,用先进的工艺和装备代替落后的工艺和装备,使企业产品在技术、质量和成本方面保持先进水平。

对现有企业进行技术改造,积极采用先进技术,不断取得新成果,对于企业获取良好的经济效益及保持强劲的持续发展能力具有重要的意义。

(1)技术改造投资少、见效快、经济效益显著

技术改造与新建同等生产规模企业相比,其优越性十分显著。因为技术改造可以充分利用原有的物质技术基础,如辅助生产部分和共用福利设施,从而节省费用,加快生产速度。据统计,通过技术改造来扩大生产规模,投资一般可以节省2/3,设备、材料可节省60%,建成时间可缩短一半以上。

(2)技术改造有利于提高企业素质,增强企业生存和发展能力

在市场已经逐步由卖方市场转变为买方市场的今天,企业要根据社会需求的变化不断地改进自己的产品,以适销对路的产品满足市场需求,就必须坚持技术改造,提高自己开发新产品、采用新工艺的创新能力,努力提高企业的技术水平。只有这样,企业才能掌握竞争的制高点,在激烈的市场竞争中保持旺盛的生命力,不断求得新的发展。

(3)技术改造能够有效提高企业及其产品的国际市场竞争力,是发展国际贸易的客观要求

我国加入世贸组织,既给企业发展带来了良好的机遇,也带来了严峻的挑战。因为加入世界贸易组织是一个双向开放市场的过程,在我们进入国际市场的同时,外国

的企业和产品也将源源不断地进入我国国内市场。但是能够进入别国市场的产品只是我国有比较优势的产品,能够角逐世界市场竞争的企业也只是那些具有国际竞争优势的企业。企业要想占领国际市场,就必须不断进行技术改造,改善生产条件,加快技术进步,提高劳动生产率,降低生产成本,提高产品的技术含量,提高企业与产品的国际竞争能力,这样才能在国际贸易中占据有利的地位。

2）技术改造的内容

（1）改进产品设计,促进产品更新换代

在工业企业中,往往是产品决定工艺,工艺决定技术装备,因此,改进产品设计是企业技术改造的龙头。

（2）改进工艺过程,推广先进的操作方法

当产品设计出来以后,生产工艺的先进与落后,对产品质量、性能、消耗、成本等起着决定的作用。因此,需要改进工艺和操作,提升产品竞争能力。

（3）改进和创制新的工具设备

要将手工操作的简易工具设备改造成为机械化的工具设备,并逐步实现生产过程的自动化,以提高产品产量和质量,延长工具设备的使用寿命,改善劳动条件,减轻劳动强度。

（4）减少能源和原材料的消耗,开展综合利用

对那些"电老虎""煤老虎""油老虎"之类的设备要迅速改造,采取各种行之有效的节能措施,杜绝各种动力资源的"跑、冒、滴、漏"所造成的浪费,提高燃料和动力的利用率。要大力节约,寻找代用品,把贵重材料的消耗降低到最低程度,还要综合利用废料、废液、废气,从中提炼回收各种材料或生产副产品。

（5）改造厂房建筑和公用工程设施,改善劳动条件,保护环境

企业要采取必要的措施加固、翻修厂房建筑,并按照工艺、设备的要求,对厂房进行改造,根据工艺流程调整工艺布局,注意对"三废"的处理等。

3）技术改造的组织管理

技术改造工作直接关系到企业的经济效益,因此,必须加强科学的组织管理。我国企业在这方面总结了不少经验,主要有以下几个方面：

（1）广泛调查,全面规划

在进行技术改造前,既要掌握国内外同行业在产品、生产工艺、设备等各个方面的科学技术发展趋势,以及各种科研成果应用于生产的情况和效果；又要深入细致地掌握本企业已有产品的生产技术水平,存在哪些薄弱环节,在广泛调查的基础上,制定全面规划。

（2）突出重点,择优而上

一般来说,企业技术改造的重点,应当是影响企业生产发展水平和企业经济效益的主要矛盾方面。解决了这些矛盾,就能改变企业落后的生产面貌,培育新的经济增长点,增强生产后劲,从而使企业获得更大的经济效益。

（3）讲求全面的经济效益

技术改造要以提高全面经济效益为目标。因此,对重大的技术改造项目还要进

行多方案的技术经济论证,作出科学判断,优选最佳方案。只有这样,才能减少技术改造工作的盲目性,保证可靠性和经济性,避免造成损失。

7.3　技术创新与产品创新

7.3.1　技术创新

1)技术创新的意义

技术创新是一个从新产品或新工艺设想的产生到市场应用的完整全过程。它包括新设想产生、研究、开发、商业化生产到扩散等一系列的活动。

技术创新可分为以下几个方面:①材料创新;②产品创新;③工艺创新;④手段创新。

技术创新是企业创新的重要内容。进行技术创新,从而使技术水平提高,是任何企业增强自己市场竞争力的重要途径。技术创新的意义在于:

(1)技术创新是企业活力的源泉

企业竞争能力的关键取决于有竞争力的产品和服务,产品市场占有率的基础是科学技术。企业只有具有了强大的产品开发和技术创新能力,才能在市场竞争中立于不败之地。

(2)技术创新支撑企业核心能力

企业的核心能力是以知识和技术为基础的综合能力,是支持企业赖以生存和稳定发展的根基,主要通过企业的产品、服务来体现。而支撑产品的根本是核心技术能力。

(3)技术创新是企业提高产品质量,降低生产成本,提高劳动生产率的根本保证

企业的技术创新不仅为企业提供了数量丰富、价格低廉的原材料去取代价格昂贵的稀缺资源的机会,而且可以通过新技术、新材料的使用来促进产品质量的提高;工艺创新既可为产品质量的形成提供更加可靠的保证,也可以降低产品的生产成本;手段创新则直接带来劳动强度的下降和劳动生产率的提高,从而促进产品生产成本的下降和价格竞争力的增强。

2)技术创新的战略选择

(1)技术创新战略选择的内容

①创新基础的选择。创新基础的选择需要解决在什么层次进行创新的问题。基础性研究需要企业科研人员长期地、持久地和默默地工作,这种工作可能会带来巨大的成功,也可能劳而无功。这一特点决定了这种战略不仅有较大的风险,而且要求企业能够长时期提供强有力的资金与人才支持。应用性研究只需要企业利用现有的知识和技术去开发一种新产品或者探寻一种新工艺,所需时间较短,资金要求较少,风险也较小,但对企业的贡献也要小些。

②创新对象的选择。技术创新主要涉及材料、产品、工艺和手段等不同方面。由于企业生产所需要的原材料主要从外部获取,因此材料创新主要是在外部进行的。

③创新水平的选择。创新水平的选择主要是在行业内相对于其他企业而言,它需要解决的主要是在组织企业内部的技术创新时,是采取一个领先于竞争对手的"先发制人"的战略,还是实行紧随其后,超过他人的"后发制人"的战略。

④创新方式的选择。企业在创新活动的组织中有下列不同的方式可供选择。

A. 自主创新战略。自主创新战略是指企业完全依靠自己的力量独家完成创新工作。它不仅要求企业拥有数量众多、实力雄厚的技术人员,而且要求企业能够调动足够的资金来进行技术创新。例如,我国的北大方正公司在开创华光和方正激光照排系统时,一直坚持在新的技术发展轨道上创新,抢占制高点。

B. 模仿创新战略。模仿创新包括仿制创新和模仿改进创新。前者是对市场上现有产品的仿制;后者是对率先进入市场的产品进行再创新,即在引进他人技术后,经过消化、吸收,创造更先进的技术产品。日本被认为是在模仿基础上进行产品创新、工艺创新的典型,由此成为世界强国。

C. 协同创新战略。协同创新战略是指两个或两个以上企业或科研机构,为实现某一技术创新战略目标而组建技术联盟,实施企业技术创新。这是20世纪80年代以来,西方国家越来越多利用的创新方式。我国生产彩电的几大企业长虹、康佳、TCL等也由竞争转向合作,组建技术联盟,共同开发高端彩电。

D. 引进创新战略。引进创新战略是指企业为追赶先进技术,利用各种手段购买其他企业的专利,通过消化、吸收后再创新的方式。这一战略的成功实施可以使相对落后的国家或企业,在较短的时间内提高技术水平和自主创新能力,为进一步发展打下基础。如前面提到的玉溪卷烟厂就是采用这一战略使自己由边陲小厂而成为亚洲第一大烟厂的。

E. 全球化创新战略。全球化创新是指企业在国外设立研究和开发机构,利用所在国的科学技术资源、人力资源实现创新,以此达到科技成果共享、提高生产效率和国际竞争的目的。随着我国加入WTO,不少大型的跨国集团如微软、爱立信等都在我国建立了研发机构,而我国的海尔却走出国门,利用国外资源开发在当地销售的新产品。

(2)技术创新战略要考虑的因素

①企业的宗旨与发展目标。企业的宗旨确立了自己的产品和服务范围,从而决定了企业技术创新战略的基本方向与方式。如美国国际矿物化学品公司将企业的宗旨定义为"消灭人类饥饿",因此,该公司也相应地将自己技术创新的方向定为为"提高农业生产力"而进行相关的"新型化肥的研究与开发"。企业发展目标也直接或间接影响着企业技术创新的选择。如长虹集团确定自己要实现的目标是中国最大、世界前列的电器制造商,因此,该公司技术创新也主要以研发高端电视机,扩大生产能力,降低生产成本、降低价格来拓展市场。

②企业的总体经营战略。企业总体经营战略是技术创新的前提,只有明确了总体经营战略的类型,才能决定技术创新战略的基本方式。一般而言,选择成本领先战略的企业在技术创新方面必须以工艺创新为重点,着重解决降低成本和扩大生产规模方面的流程改善问题;选择差异化经营的企业则要以产品创新为技术创新战略的

基本目标,积极开发新产品,使产品系列化、多样化;而选择集中战略的企业,其技术创新战略的重点是针对目标市场形成自己独特技术优势和产品优势。

③企业实力。企业实力是指企业拥有资源的数量、质量及其资源配置能力的大小。一般而言,企业实力越大,技术创新能力越强,有利于选择自主创新战略。反之,企业实力越弱,技术创新能力也较差,则选择模仿创新战略或引进创新战略较为合适。

但是,在不同的产业,企业实力对技术创新战略的影响不尽一致。在传统的制造业,企业实力与企业规模一般正相关,其对技术创新战略选择的影响如前所述。在高新技术产业,企业实力并不一定与企业规模相关,而与人员素质以及对高新技术发展趋势的把握能力相关,故其对企业技术创新战略选择的影响比较复杂。如规模和名气都不如微软的网景(Netscape)公司却在计算机网络浏览器方面走到了前面,使微软的 IE 只能对网景的成功俯首称臣。一般而言,在高新技术产业面前,企业面临着相同的机会,故都可以选择主导型或自主创新型战略,而选择模仿创新战略或引进创新战略的风险反而会比较大。

④产业竞争态势。技术创新需要市场需求来拉动或由市场竞争来推动,这些都与产业竞争态势有关。

产业内现有企业之间的竞争主要由竞争者数量、竞争战略利益、产业增长空间和退出壁垒等因素决定。一般来说,竞争者数量越多,战略利益越有诱惑,产业增长空间越小,退出壁垒越高,企业之间的竞争越是激烈,企业技术创新的压力也越大。为此,企业会倾向于采用自主创新型战略,以超越竞争对手。

潜在进入者威胁主要由进入壁垒、预期报复、进入遏制价格等因素决定。其中规模经济、专有技术等具体影响进入壁垒高低的因素对企业技术创新战略选择的影响有至关重要的作用,它决定着企业到底是以工艺创新为主,还是以产品创新为主,或两者兼而有之。

替代品威胁往往是由于替代品具有更好的性价比或者更能满足消费者的需要。这对企业的产品创新提出了更高要求,为此企业一般需要尽快获得相关产品专利,迎头赶上,才能在竞争中站稳脚跟。这样企业就倾向于选择模仿创新战略或引进创新战略或协同创新战略。

供应方的谈判能力和需求方的谈判能力主要是由产品供求关系决定的。对企业而言,要在竞争中获得有利地位,就必须使自己的产品及其服务取得足够的竞争优势,这对企业技术创新至少有两个要求:一是努力提高企业产品或服务的差异化程度,以形成市场垄断;二是获得产品或服务方面的专有技术和知识产权,以形成技术垄断。为此,企业应更多地采用主导型或自主创新型战略。

⑤国家政策。国家对企业技术创新的政策引导和支持,已成为各国经济增长与发展不可或缺的推动力。在欧美、日本等市场经济国家,政府都十分注意制定科技与产业政策,以鼓励和管理企业的技术创新活动,并取得了不少成功经验。我国政府近年来也制定了鼓励企业研究与开发活动的法律与政策,并在产业政策方面做出了相应的规定。政府政策主要是为现代化企业的技术创新活动提供良好的环境和起到引导与鼓励作用。企业则可以在政府政策指导下选择相应的技术创新战略。如我国规定感冒药不能含 PPA 成分,这就要求企业在进行技术创新时研制 PPA 成分的替代品,选取全球化创新战略或协同创新战略。

7.3.2 企业的产品创新

1）新产品概念

所谓新产品,是指对现有产品在原理、用途、性能、结构、材质等某一方面或几个方面具有新的改进的产品。

新产品按"新"的程度不同分为创新型新产品、换代型新产品和改进型新产品。

（1）创新型新产品

创新型新产品又称全新产品,它是指采用新原理、新结构、新技术、新材料研制成的前所未有的新产品,是科学技术的新发明在生产中的具体应用,它们往往会给人们的生活带来划时代的变化。如晶体管技术的出现使我们进入了半导体时代,而集成电路的使用,又将我们带入微电子时代,计算机技术的突飞猛进又将人类带入了完全的信息时代。

（2）换代型新产品

换代型新产品是指生产产品的基本原理不变,只是部分地应用了新技术、新材料、新元件,而使其性能有较大提高的新产品,如从普通热水瓶到气压热水瓶再到全自动热水瓶。

（3）改进型新产品

改进型新产品是指在产品的原有生产技术基础上采用了某些改进技术,使其性能有了进一步的提高。如手机上加个摄像头,成为可以摄像的手机。

换代型产品和改进型产品有时也并称为更新型新产品。虽然这类产品技术创新的含量不如全新产品高,但同样能创造出许多市场机会,同样会产生巨大的市场吸引力,同样会对企业的竞争和发展起到推动作用。

2）新产品创新的过程

（1）概念开发阶段

概念开发阶段即新产品的调查研究和前期开发。调查研究和前期开发,是新产品开发的决策阶段。应由企业最高决策机构,根据企业的经营目标和产品技术规划,在充分占有有关信息资料的条件下,构思、研究出新产品开发的方案。

（2）实体开发阶段

实体开发阶段包括新产品设计、试制和新产品的试验与鉴定。

①新产品设计。新产品设计又分为初步设计、技术设计和工作图设计。

②新产品试制。新产品试制又分为样品试制和小批试制。

③新产品的试验与评价鉴定。新产品装配至鉴定前,应该进行试车与试验工作,对样品进行全面检查、试验与调整。新产品试制后,必须进行鉴定,对新产品从技术上、经济上做出全面评价,以确定是否进入下一阶段试制或成批大量生产。

（3）市场开发阶段

市场开发阶段包括市场分析、样品试用、市场试销和新产品投放市场。

①市场分析。其主要任务是对未来产品销售量进行预测,并根据预测值估算收

益情况,看新产品是否有开发价值。

②样品试用。在新产品开发的样品试制阶段,除一部分样品留作试验外,可将另一部分样品送到用户手中,请用户试用,企业派人跟踪调查,并及时将结果反馈回企业,据此进行新产品评价并进一步改进产品设计。

③市场试销。某些产品在正式投放市场前,要组织试销,即将产品及其包装、装潢、广告等置于小型的市场环境中。企业要根据试销中发现的问题进行改进,为产品正式投放市场作好准备。

④产品投放市场。新产品经过鉴定、试销,就可投放市场正式销售。

3)价值工程在新产品开发中的应用

价值工程是一项行之有效的管理技术,是一种以提高产品价值为目标的技术经济分析方法。它既可以应用于新产品的开发,也可应用于老产品的改进和更新。

(1)价值工程的基本原理

①价值工程的概念。所谓价值工程,就是通过功能分析,以最低的总成本,为有效实现产品或作业的必要功能,提高产品价值所进行的有组织的活动,简称 VE。

价值工程中价值的概念,不同于政治经济学中的商品价值的概念,比较接近人们日常生活中所说的价值,即商品的使用价值(功能)与费用(包括开发、制造、销售和使用产品期间的全部成本)之间的关系。价值的大小,是人们对这种关系所做出的判断。例如两种电视机,成本相同,其中一种功能多、质量好、可靠性大、寿命长,则这种电视机价值高。或者,两种电视机的功能相同,而成本不同,则成本低的电视机价值高。因此,在价值工程中,产品的功能、成本和价值三者的关系表现为:

$$价值 = \frac{功能}{成本} \tag{7.1}$$

②价值工程的特点。

A. 以提高价值为目的。它不是单纯地强调提高产品功能,也不是片面要求降低成本,而是致力于提高二者的比值。按照价值工程的观点,即使成本有所上升(或功能有所下降),如果功能大幅度提高(或成本大幅度下降),使价值提高,就是可行的。

B. 以功能分析为核心。它以功能为对象开展研究,分析产品的功能是否适合用户的要求以及适合的程度。如何用少量的人力和物力资源来实现产品的功能。通过功能分析,可以确定产品或作业必须具备的功能,排除不必要的功能;从实现必要功能的诸多方式中选择出最经济的方式;不断寻找新的更好的实现方式,开发出新产品。价值工程正是围绕功能分析展开活动,寻找功能与成本之间的最佳关系,从而达到提高价值的目的。

C. 以集体的智慧作为改革和创新的基础。产品的生产过程涉及企业内外很多部门,在开展价值工程活动时,各部门必须密切合作。

D. 以科学的技术方法为工具。价值工程作为一种现代化的管理技术,在进行功能分析时要采用一系列的科学的技术方法,从而根据价值最大来优选方案。

(2)应用价值工程的步骤

价值工程在新产品开发中应用的程序和步骤,实际上也就是发现问题、分析问题、解决问题的过程。具体可分为以下几个步骤:

①选择对象产品。一个企业往往同时开发和生产几种产品,每种产品又由很多

零部件组成。一般是先选产品,即选择成本降低潜力较大的,或销售量较大的,或结构复杂或不合理的,将其作为价值工程的重点。然后对选定产品的组成部分进行分析,选出开展价值工程的重点零部件。

②搜集情报。就是围绕所选择的对象产品搜集有关产品设计、工艺、生产、销售等方面的资料,取得进行价值工程活动的依据,并从中得到有益的启示,开拓改进思路。

③进行功能分析。对新开发的产品进行功能分析是价值工程的核心。它包括功能定义、功能分类、功能整理、功能成本分析和功能评价五个方面的内容。

A. 功能定义。功能是泛指某项产品或产品中的某项零件所担负的作用和任务。功能定义就是对产品及其零部件的各种功能用简明的语言进行描述。这是确定产品及其零部件必备功能的重要步骤。描述功能常常使用动宾词组,如传递信息、提供光源等。

B. 功能分类。功能分类是指确定功能的类型和重要程度,一个产品往往可以有多种功能,必须将其分类并进行评价。功能可分为基本功能、辅助功能和美化功能。基本功能是达到这种产品的目的必不可少的功能,反映产品的根本作用,是产品得以存在的条件。例如,自行车的基本功能就是靠人的动力载人运动,如果离开这个基本功能,自行车就不是自行车,而是其他东西。辅助功能是为了更好地实现基本功能而附加的功能。如自行车的后衣架、车铃、车闸都起到辅助功能的作用,配备了这些起辅助功能的零件,才能使自行车形成一个完整的系统。美化功能是使人们能得到心理上与感官上的满足而附加的功能。如自行车的颜色、装潢、尾灯形状以及结构形状都可起到美化功能作用。在保证基本功能和辅助功能的前提下,人们一般都会从审美的观点出发,追求美化功能。按照必要性程度不同,功能可分为必要功能和非必要功能。如上述自行车的例子中,靠人的动力载人运动、刹得住车就是必要功能,而尾灯发亮则是不必要功能。

C. 功能整理。就是通过功能分类和明确功能系统,确定和去除不必要功能,补充不足功能,并进一步明确和修正功能的定义。

D. 功能成本分析。就是确定目前成本和必要(最低)成本。老产品的目前成本可以从会计资料中找到,正在研制过程中的产品可用下列公式计算求得:

零件成本 = [(零件制造的工时定额×每工时的平均费用)+(零件消耗的某种材料
数量×材料单价)]×(1+其他费用经验百分率) (7.2)

E. 功能评价。评价功能所回答的是"成本是多少"和"价值是多少"的提问,其目的是寻求功能最低的成本。它是用量化手段来描述功能的重要程度和价值,以找出低价值区域。明确实施价值工程的目标、重点和大致的经济效果。功能评价的主要尺度是价值系数,可由功能和费用来求得。此时,要将功能用成本来表示,以此将功能量化,并可确定与功能的重要程度相对应的功能成本。

进行功能评价的步骤一般是:确定零件或功能的现实成本;采用一定的方式使功能量化;计算零件或功能的价值;确定改善幅度;按价值从小到大顺序排队,确定价值工程活动的首选对象。

④创造新方案。创造新方案这一步骤所回答的是"有没有实现同样功能的新方案"的提问。为了改进设计,就必须提出改进方案。提出实现某一功能的各种各样的

设想,逐步使其完善和具体化,形成若干个在技术上和经济上比较完善的方案。

提改进方案是一个创造的过程,在进行中应注意以下几点:

A.要敢于打破框框,不受原设计的束缚,完全根据功能定义来设想实现功能的手段,要从各种不同角度来设想。

B.要发动大家参加这一工作,组织不同学科、不同经验的人在一起提改进方案,互相启发。

C.把不同想法集中,发展成方案,逐步使其完善。

⑤分析与评价方案。分析与评价方案回答"新方案的价值是多少"的提问。提出设想阶段形成的若干种改进新方案,不可能十分完善,也必然有好有坏。因此,一方面要使方案具体化,一方面要分析其优缺点,进行评价,最后选出最佳方案。

方案评价要从两方面进行:一方面,要从满足需要、满足要求、保证功能等方面进行评价;另一方面,要从降低费用、降低成本等经济方面进行评价。总之,要看是否提高了价值,增加了经济效果。

⑥验证和定案。为了确保选用的方案是先进可行的,必须对选出的最优方案进行验证。验证的内容有方案的规格和条件是否合理、恰当,方案的优缺点是否确切,存在的问题有无进一步解决的措施。它回答"新方案能否满足要求"的提问。

⑦检查实施情况和评价活动成果。最优方案实施过程中,还会有这样那样的问题对实施情况进行检查,随时发现问题,解决问题,使其更加完善和能顺利地进行。产品设计方案的实施效果可用以下指标来评价。

全年净节约额=(单位改进前成本-单位改进后成本)×产量-价值工程活动费

$$\tag{7.3}$$

$$节约百分数 = \frac{改进前成本 - 改进后成本}{改进前成本} \times 100\% \tag{7.4}$$

$$节约倍数 = \frac{全年净节约额}{价值工程活动费用} \tag{7.5}$$

节约倍数大于1的方案才是成功的方案,至此,价值工程才算获得成功。

[本章小结]

技术是生产某种产品或实现某种工艺所需要的系统知识、实践经验和操作技艺的总称。企业的技术管理就是对整个技术过程、各项专业技术工作、各个技能要素和条件进行计划、组织、指挥、控制和协调。企业内部设立的技术管理机构一般包括两大类:产品研发中心与技术部。

技术引进是指在国际间的技术转移活动中,买进技术的一方,通过贸易、合同交流等途径,或以各种不同的合作形式,从国外获得技术知识、经验,以及为消化、吸收上述知识所必需的样机、样板设备与成套项目等。

技术引进必须遵循以下原则:①求实原则;②优选原则;③平等互利原则;④系统配套原则;⑤创新原则;⑥经济效益原则。目前国际上通行的技术引进的方式主要有:①产品贸易;②项目包建;③许可证贸易;④灵活贸易;⑤合作科研和合作生产;⑥技术咨询、服务、人员交流和学术、情报交流等形式的技术引进。

技术改造,就是将研究与发展的成果应用于企业生产的各个领域,用先进的技术改造落后的技术,用先进的工艺和装备代替落后的工艺和装备,使企业产品在技术、质量和成本方面保持先进水平。

工业企业的技术改造主要包括:产品、工艺、工具设备、原材料、劳动条件等方面的改造。技术改造应该包括:广泛调查,全面规划;突出重点,择优而上;讲求全面的经济效益。

技术创新是一个从新产品或新工艺设想的产生到市场应用的完整全过程。它包括新设想产生、研究、开发、商业化生产到扩散等一系列的活动。技术创新可分为:①材料创新;②产品创新;③工艺创新;④手段创新。

技术创新的意义在于:①技术创新是企业活力的源泉;②技术创新支撑企业核心能力;③技术创新是企业提高产品质量,降低生产成本,提高劳动生产率的根本保证。

技术创新战略包括:①创新基础的选择;②创新对象的选择;③创新水平的选择;④创新方式的选择。技术创新战略要考虑的因素有:①企业的宗旨与发展目标;②企业的总体经营战略;③企业实力;④产业竞争态势;⑤国家政策。

新产品是指对现有产品在原理、用途、性能、结构、材质等某一方面或几个方面具有新的改进的产品。新产品按"新"的程度不同分为创新型新产品、换代型新产品和改进型新产品。

新产品创新的过程可以分为:概念开发阶段;实体开发阶段;市场开发阶段。

价值工程,就是通过功能分析,以最低的总成本,为有效实现产品或作业的必要功能,提高产品价值所进行的有组织的活动。在价值工程中,产品的功能、成本和价值三者的关系表现为:价值 $=\dfrac{功能}{成本}$。

价值工程的特点是:①以提高价值为目的;②以功能分析为核心;③以集体的智慧作为改革和创新的基础;④以科学的技术方法为工具。

价值工程在新产品开发中应用的程序和步骤,实际上也就是发现问题、分析问题、解决问题的过程,具体包括选择对象产品、搜集情报、功能分析、创造新方案、分析与评价方案、验证和定案、检查实施情况和评价活动成果几个步骤。

[思考题]

1.什么叫技术与技术管理? 技术管理的内容是什么? 其机构一般怎样设置?

2.什么叫技术引进? 在进行技术引进时企业应遵循哪些原则?

3.技术引进的方式有哪些? 结合周围的企业举例说明企业应当如何进行技术引进?

4.什么叫技术改造? 技术改造有哪些内容?

5.什么叫技术创新? 其战略选择应该怎样进行?

6.什么叫新产品? 产品创新过程应该包括哪些阶段?

7.什么叫价值工程? 它有哪些特点?

8.怎样运用价值工程来进行新产品开发?

[实训练习]

　　1.选取学校所在地的一个企业,调查其是如何进行技术创新的,写出调查报告。

　　2.选取一个进行技术创新尤其是产品创新方面的案例,运用所学过的理论来分析其成功或失败的原因,并提出简单的对策和建议。

[案　例]　　　　　　　　一个成功的范例

　　G集团公司20世纪70年代末利用传统工艺试制成功中国最早的彩釉砖,深受市场欢迎,但经济效益不佳。

　　他们在充分调查了解后,于1982年以补偿贸易的方式从意大利引进了一条年产30万平方米的彩釉砖自动生产线,并由意方承包产量、质量和能耗三项主要指标。1985年,又从意大利引进了一条釉面砖自动生产线。这回却没有全线引进,素烧隧道窑,自己能设计制造,就先引进电脑控制部分;釉烧双层辊道窑我国还没有,引它进来以便消化吸收;大型球磨机和喷雾干燥塔自己已能制造,就不引进原料加工车间设备。

　　引进创新开始了集团的创新之路。在引进设备还在安装调试时,就成立了安装消化吸收小组。没有全盘照搬外国的设计,而是根据我国国情,取其精华,为我所用。相继研制成功了半隔焰燃油辊道窑、大型机械制动湿式球磨机等,填补了国内空白。还在世界上首家采用冷等净压成型工艺技术生产高科技产品——精细陶瓷辊棒。这一成果,令多国同行瞩目。德国、日本等国家多次派人前来洽谈技术转让和合作生产的意向。

　　G集团靠持续创新来保持技术领先、产品领先、管理领先和效益领先,抢占了市场先机,获得了较强的竞争优势。据统计,目前,集团主要产品的国内市场占有率:建筑陶瓷8%;卫生陶瓷5%;特种陶瓷(辊棒)10%;陶瓷机械(自动压机)20%;其产品不仅在国内畅销,而且还出口到世界70多个国家和地区。

案例问题

　　1.运用所学创新理论分析G陶瓷集团的成功原因。

　　2.G陶瓷集团的技术创新采用了何种方式? 运用了何种创新策略?

　　3.案例中列举了哪些创新经验? 请你总结分析一下。

第 8 章
企业生产管理

【学习目标】

熟悉生产、生产过程、生产类型、生产能力、生产管理等概念,知道生产过程组织的要求、内容和新形式,掌握生产计划与生产作业计划的编制,了解精益生产方式、敏捷制造、计算机集成制造等新型生产方式和物料需求计划、制造资源计划、企业资源计划等新型生产计划管理模式。

8.1　企业生产管理概述

8.1.1　生产管理的有关概念

1) 生产

生产,是通过劳动,把资源转化为能满足人们某些需求产品的过程。需要指出的是,生产过程的输出,不仅会是有形的实物产品,还会是无形的产品——服务。

2) 生产过程

企业生产过程是包含基本生产、辅助生产、生产技术准备和生产服务等企业范围内各种生产活动协调配合的运行过程。

产品生产过程,是从原材料投入生产开始,经过一系列的加工,直到成品制造出来为止的全部过程。产品生产过程是劳动过程与自然过程的结合,一般包含工艺过程、检验过程、运输过程和自然过程等。产品生产过程是企业生产过程的核心部分。

3) 生产类型

制造性生产按工艺特性可以分为加工装配型和流程型;按生产组织特点可以分为订货型和存货型;按生产连续性可以分为连续型和间断型;按生产专业化程度可以分为大量生产型、成批生产型和单件生产型,或大量大批生产型、成批生产型和单件小批生产型,其特点如表 8.1 所示。

表 8.1　不同生产类型的特点

比较项目	大量大批	成批生产	单件小批
产品品种	单一或很少	较多	很多
产品产量	很大	较大	单个或很少
工作地工序数目	1 道或 2 道工序	较多	很多
设备布置	按对象原则,采用流水生产或自动线	既有按对象原则排列,又有按工艺原则排列	基本按工艺原则排列
生产设备	广泛采用专用设备	专用、通用设备并存	采用通用设备
设备利用率	高	较高	低
应变能力	差	较好	很好
劳动定额的制定	详细	有粗有细	粗略
劳动生产率	高	较高	低
计划管理工作	较简单	较复杂	复杂多变
生产控制	容易	难	很难
产品成本	低	较高	高
产品设计	易按"三化"设计	"三化"程度较低	按用户要求设计

4）生产能力

企业的生产能力，是指企业在一定的生产技术组织条件下，在一定的时期内（通常为 1 年），全部生产性固定资产所能生产某种产品的最大数量。它是反映企业生产可能性的一个重要指标，是企业安排生产任务，制订计划的依据。

（1）按用途可分为设计能力、查定能力和计划能力

设计能力是企业在设计任务书和技术文件中所规定的、在正常条件下应达到的生产能力。查定能力是指经过技术改造或革新，原有设计能力发生实际变化，进行重新调查和核定后的生产能力。计划能力又称为现实能力，指在计划年度内，依据现有的生产技术组织条件以及年度内能够实现的生产技术组织措施而实际能够达到的生产能力。计划能力是编制年度生产计划和各项指标的依据。

（2）按结构可分为单机生产能力、环节生产能力和综合生产能力

从结构上看，单机生产能力决定环节生产能力，环节生产能力决定综合生产能力，综合生产能力受环节中最薄弱部分的生产能力制约。

8.1.2 企业生产管理的目标、内容与基本问题

1）企业生产管理的目标

高效、低耗、灵活、准时地生产合格产品或提供满意服务。

2）企业生产管理的内容

生产管理是对生产系统的设计、运行与维护过程的管理，它包括对生产活动进行计划、组织、指挥、协调与控制。

生产系统的设计包括产品或服务的选择和设计、生产设施的定点选择、生产设施布置和工作的设计等。

生产系统的运行，主要是在现行的生产系统中，组织如何适应市场的变化，按用户的需求，生产合格产品和提供满意服务。

3）企业生产管理的基本问题

①如何保证和提高产品质量。
②如何保证适时、适量地将产品投放市场。
③如何才能使产品价格既为顾客所接受，同时又为企业带来利润。
上述 3 个问题历来是生产管理的基本问题，而今天还需要考虑以下 2 个问题：
①如何提供独具有特色的附加服务。
②如何保护环境和合理利用资源。
以上 5 个问题，构成了广义生产管理的基本问题。因为本书中有相关章节专门来详细论述质量管理、物资管理、财务管理和设备管理，在本章中就只介绍狭义的生产管理，以制造企业的生产管理为例。

8.2　生产过程组织

8.2.1　生产过程组织的基本要求

生产过程组织是指对生产过程中的劳动者、劳动工具、劳动对象以及生产过程的各个环节、阶段、工序的合理安排,使之在空间上紧密配合,时间上紧密衔接,形成一个协调的产品生产系统。它的基本任务是保证产品制造的流程最短、时间最少、耗费最省,并按照计划规定的产品品种、质量、数量、期限等生产出社会需要的产品。生产过程合理组织要满足以下要求:

1)连续性

生产过程的连续性是要求产品生产过程的各个工艺阶段、工序之间在时间上紧密衔接,连续进行。它表现为产品及其零部件在生产过程中始终处于运动状态,不发生或很少发生中断现象。保证和提高生产过程的连续性,可以缩短产品生产周期、减少库存产品数量,加速资金周转,同时能更充分地利用物资、设备和生产空间。

2)比例性

生产过程的比例性是指生产过程各阶段、各工序之间在生产能力上要保持一定的比例关系,以适应产品生产的要求。这表现在各个生产环节的工人人数、设备数量、生产速率、开动班次等,都必须互相协调配套。比例性是保证生产连续性的前提,并有利于充分利用企业的设备、生产空间、人力和资金。

3)均衡性

生产过程的均衡性是要求生产过程的各个基本环节和各工序在相同的时间间隔内,生产相同或者稳定递增数量的产品,每个工作地的负荷经常保持均匀,未出现前松后紧或时紧时松的现象,保持有节奏的均衡生产。均衡性特点是连续性和比例性特点所决定的。生产不均衡会造成忙闲不均,既浪费资源,又不能保证质量,还容易引发设备、人身事故。

4)平行性

生产过程的平行性是指物料在生产过程中实行平行交叉作业。平行作业是指相同的零件同时在数台相同的机器上加工;交叉作业是指同一批零件在上道工序还未加工完成时,将已完成的部分零件转到下道工序加工。也就是生产过程的各工艺阶段、各工序在时间上实行平行作业,产品各零部件的生产能在不同空间进行。平行交叉作业可以大大缩短产品的生产周期,在同一时间内生产更多的产品。平行性是生产过程连续性的前提。

5）适应性

生产过程的适应性是指企业的生产组织形式要多变,能根据市场需求的变化及时调整和组织生产。提高生产过程的适应性是适应市场需求快速多变的环境所提出的客观要求。企业要满足多变、不均衡的社会市场需求,保持生产过程的比例性和均衡性,就必须有一个柔性很强的生产系统。

生产过程合理组织的五项要求是相互联系、相互影响的,在生产过程的计划、组织、控制过程中,需根据具体情况综合考虑时间、资金占用、有关费用等多项因素,统筹安排,提高经济效益。

8.2.2　生产过程组织的基本内容

生产过程的组织包括生产过程的空间组织和生产过程的时间组织。

1）生产过程的空间组织

生产过程的空间组织是指在一定的空间内,合理地设置企业内部各基本生产单位(车间、工段、班组),使生产活动能高效顺利地进行。这里主要从生产车间设备布置的角度加以说明。生产过程的空间组织有以下两种典型的形式。

（1）工艺专业化形式

工艺专业化又称为工艺原则,就是按照生产过程中各个工艺阶段的工艺特点来设置生产单位。在工艺专业化的生产单位内,集中着同种类型的生产设备和同工种的工人,完成各种产品的同一工艺阶段生产,即加工对象是多样的,但工艺方法是同类的,每一生产单位只完成产品生产过程的部分工艺阶段和部分工序的加工任务,产品的制造完成需要各单位的协同努力。如机加工车间中的车工工段等。

其优点是:适应性强,可以适应企业中不同产品的加工要求;便于充分利用设备和生产空间;利于加强专业管理和进行专业技术指导;个别设备出现故障或进行维修,对整个产品的生产制造影响小。其缺点是:产品加工过程中运输路线长,运输数量大,停放、等待的时间多,生产周期长;增加了在制品数量和资金占用;生产单位之间的协作复杂,生产作业计划管理、在制品管理、成套性进度管理等诸项管理工作,量大而且复杂。

工艺专业化形式适用于企业产品品种多、变化大、产品制造工艺不确定的单件小批生产类型的企业。它一般表现为按订货要求组织生产,特别适用于新产品的开发试制。

（2）对象专业化形式

对象专业化又称为对象原则,就是按照产品(或零件、部件)的不同来设置生产单位,每个生产单位完成其所负担加工对象的全部工艺过程,工艺过程是封闭的。在对象专业化生产单位里,集中了不同类型的机器设备、不同工种的工人,对同类产品进行不同的工艺加工,而不用跨越其他的生产单位。如发动机车间中的曲轴小组等。

其优点是:生产比较集中,生产周期短,运输路线短,周转量小;计划管理、库存管理相对简单;在制品占用量少、资金周转快,协作关系少;有利于强化质量责任和成本责任,便于采取流水生产等先进生产组织形式,提高生产效率。其缺点是:对市场需求变化适应性差,一旦因生产的产品市场不再需求而进行设备更换,则调整代价大;设备投资大(由于同类设备的分散使用,会出现个别设备负荷不足,生产能力不能充分利用);不利于开展专业化技术管理。

对象专业化形式适用于企业的专业方向已定,产品品种和工艺稳定的大量大批生产。

在实际生产中,上述两种专业化形式往往是结合起来应用的。这种结合形式又叫混合化原则。

2)生产过程的时间组织

生产过程不仅要求生产单位在空间上紧密配合,而且要求劳动对象和机器设备在时间上紧密衔接,以实现有节奏的连续生产。其主要表现在劳动对象在生产过程中的移动方式。一批工件在工序间存在着顺序移动、平行移动和平行顺序移动。

例8.1　某产品生产 3 件,经 4 道工序加工,每道工序加工的单件工时分别为 10 min、5 min、20 min、10 min,现按 3 种移动方式计算其生产周期,3 种移动方式示意图如图 8.1、图 8.2 和图 8.3 所示。

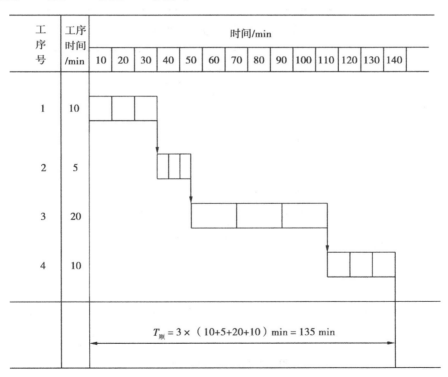

图 8.1　顺序移动方式示意图

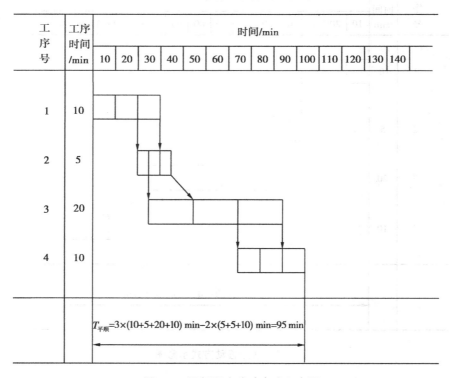

工序号	工序时间/min	时间/min													
		10	20	30	40	50	60	70	80	90	100	110	120	130	140
1	10														
2	5														
3	20														
4	10														

$$T_{平}=(10+5+20+10)\ \text{min}+2\times 20\ \text{min}=85\ \text{min}$$

图 8.2　平行移动方式示意图

工序号	工序时间/min	时间/min													
		10	20	30	40	50	60	70	80	90	100	110	120	130	140
1	10														
2	5														
3	20														
4	10														

$$T_{平顺}=3\times(10+5+20+10)\ \text{min}-2\times(5+5+10)\ \text{min}=95\ \text{min}$$

图 8.3　平行顺序移动方式示意图

（1）顺序移动方式

顺序移动方式是指一批工件在前一道工序全部加工完毕后，整批转移到下一道工序进行加工的移动方式。其特点是：一道工序在工作，其他工序都在等待。若将各工序间的运输、等待加工等停歇时间忽略不计，则该批工件加工周期 $T_{顺}$ 的计算公式为：

$$T_{顺} = n \sum_{i=1}^{m} t_i \tag{8.1}$$

式中　n——该批工件数量；

　　　m——工序数；

　　　t_i——第 i 道工序的单件加工时间。

其优点是：一批工件连续加工，集中运输，有利于减少设备调整时间，便于组织和控制。其缺点是：工件等待加工和等待运输的时间长，生产周期长，流动资金周转慢。

（2）平行移动方式

平行移动方式是指一批工件中的每个工件在每道工序加工完毕以后，立即转移到后道工序加工的移动方式。其特点是：一批工件同时在不同工序上平行进行加工，因而缩短了生产周期。其加工周期 $T_{平}$ 的计算公式为：

$$T_{平} = (n-1)t_{长} + \sum_{i=1}^{m} t_i \tag{8.2}$$

式中　$t_{长}$——各加工工序中最长的单件工序时间。

采用这种移动方式，不会出现工件等待运输的现象，所以整批工件加工周期最短，但由于前后工序时间不等，当后道工序时间小于前道工序时间时，后道工序在每个工件加工完毕后，都有部分间歇时间。

（3）平行顺序移动方式

平行顺序移动吸收了上述两种移动方式的优点，避开了其短处，但组织和计划工作比较复杂。其特点是：当一批工件在前道工序上尚未全部加工完毕，就将已加工的部分工件转到下道工序进行加工，并使下道工序能够连续地、全部地加工完该批工件。为了达到这一要求，要按下面规则运送工件：当前一道工序时间少于后道工序的时间时，前道工序完成后的工件立即转送下道工序；当前道工序时间多于后道工序时间时，则要等待前一道工序完成的工件数足以保证后道工序连续加工时，才将完工的工件转送后道工序。这样就可将人力及设备的零散时间集中使用。平行顺序移动方式的生产周期 $T_{平顺}$ 在以上两种方式之间，计算公式为：

$$T_{平顺} = n \sum_{i=1}^{m} t_i - (n-1) \sum_{i=1}^{m-1} t_{i较短} \tag{8.3}$$

式中　$t_{i较短}$——每相邻两道工序中较短的单件工序时间。

在选择移动方式时，应结合具体情况来考虑，灵活运用。一般对批量小或质量轻，而且加工时间短的工件，宜采用顺序移动方式，反之宜采用另外两种移动方式；按对象专业化形式设置的生产单位，宜采用平行顺序移动方式或平行移动方式；按工艺专业化形式设置的生产单位，宜采用顺序移动方式；对生产中的缺件、急件，则可采用平行或平行顺序移动方式。

8.2.3　生产过程组织的新形式

研究分析生产过程的基本目的,在于寻求高效、低耗的生产组织形式,将生产过程的空间组织与时间组织有机结合。企业必须根据其生产目的和条件,采用适合自己生产特点的生产组织形式。

1)流水生产线

流水生产线,又称流水作业线,是指劳动对象按照一定的工艺过程,顺序地一件一件地通过各个工作地,并按照统一的生产速度和路线,完成工序作业的生产过程组织形式。它将对象专业化的空间组织方式和平行移动的时间组织方式高度结合,是一种先进的生产组织形式。流水生产线的特点是:①专业性;②连续性;③节奏性;④比例性;⑤封闭性。

2)成组技术、成组加工单元与柔性制造单元

成组技术是一种以工件的相似性(主要指工件的材质结构、工艺等方面)和工件类型分布的稳定性、规律性为基础,对其进行分类、归并成组并进行制作,以提高加工的批量,获得较好经济效益的技术。

成组加工单元,是使用成组技术,以"组"为对象,按照对象专业化布局的方式,在一个生产单元内配备不同类型的加工设备,完成一组或几组工件全部工艺的生产组织。

柔性制造单元,即以数控机床或数控加工中心为主体,依靠有效的成组作业计划,利用机器人和自动运输小车实现工件和刀具的传递、装卸及加工过程的全部自动化和一体化生产组织。它是成组加工系统实现合理化的最高级形式。柔性制造单元与自动化立体仓库、自动装卸站、自动牵引车等结合,由中央计算机控制进行加工,就形成柔性制造系统。柔性制造单元与计算机辅助设计功能的结合,则成为计算机一体化制造系统。

总之,上述技术的出现改变了单件小批生产的生产过程组织形式和物流方式,使之获得了接近于大量流水生产的技术经济效益,符合市场需求的多样化、小批量和定制方向的趋势,代表了现代制造技术的发展方向。

8.3　生产计划与生产作业计划

8.3.1　生产计划

1)生产计划的3个层次

制造企业的生产计划一般分为综合计划、主生产计划和物料需求计划3种。它也叫生产计划的 3 个层次。

（1）综合计划

综合计划又称为生产大纲。它是对企业未来较长一段时间内资源和需求之间平衡所做的概略性设想，是根据企业所拥有的生产能力和市场需求预测对企业未来较长时间内产出内容、产出量、劳动率水平、库存物资等问题所做出的决策性描述。综合计划并不具体制定每一品种的生产数量、生产时间和每一车间及人员的具体工作任务，而是按照产品大系列、以年度为时间范围和对人员类别做安排，因此也称为年度生产计划或年度生产大纲。

（2）主生产计划

主生产计划要确定每一具体的最终产品在每一具体时间段内的生产数量。这里的最终产品，是指对企业而言，必须最终完成可以马上出厂的完成品。这里所指的具体的时间段，通常以周为单位，有时也可能是日、旬或月。

（3）物料需求计划

主生产计划确定后，生产管理部门下一步要做的事情是，保证完成主生产计划所规定的最终产品所需的全部物料（原材料、零件、部件等）以及其他资源的供应。物料需求计划就是要制定这些原材料、零件、部件等的生产采购计划，外购什么，生产什么，什么物料必须在什么时候订货或开始生产，每次订多少、生产多少等。

2）生产计划的主要指标

生产计划是企业经营计划的重要组成部分，是企业在经营计划期间内完成生产目标的行动纲领，是企业生产管理的依据，也是企业编制物资供应、财务、劳动等其他计划的主要依据。生产计划的主要指标包括产品品种、质量、产量与产值等。它们各有不同的经济内容，从不同的侧面反映企业计划期内生产活动的要求。企业在编制生产计划时，应先落实产品的品种、质量与产量指标，然后据此计算产值指标。

3）生产计划工作的主要内容

（1）做好编制生产计划的准备工作

准备工作就是要预测计划期的市场需求、核算企业自身的生产能力，为确定生产计划提供外部需要和内部可能的依据。

①生产预测。生产预测属于市场预测的范畴，是一种侧重（年度和年度以内）以一个企业作为基本出发点的微观预测。

②核定生产能力。生产能力是生产系统内部各种资源能力的综合反映，直接关系到能否满足市场需要。

（2）确定生产计划指标

根据市场需要和生产能力，在综合平衡的基础上，确定和优化生产计划指标。

（3）安排产品的生产进度

在编制完生产计划，确定了全年总的产量任务后，企业要进一步将全年的生产任务具体安排到各个季度和各个月份，这就是安排产品的生产进度。安排产品生产进度的总原则是：保证交货期，实现均衡生产，注意和企业技术准备工作及各项技术组织措施的衔接。不同类型的企业生产特点不同，安排产品生产进度的方法也不同。

①大量大批生产企业产品生产进度的安排。大量生产企业,产品品种单一,产量大,生产稳定,这类企业安排产品生产进度的主要内容是将全年生产任务均衡地按季、按月分配。均衡地分配,并不等于各季或各月的平均日产量绝对相等,而是可以采用平均分配、分期递增、小幅度连续递增、抛物线形递增等几种分配形式。

②成批生产企业产品生产进度的安排。成批生产企业,由于品种多,各种产品交替生产,所以在安排生产进度时,不仅要合理分配产品产量,而且要合理组织不同时期(季、月)各种产品搭配生产。这是安排产品生产进度的关键。具体安排时,产量较大的可采用"细水长流"法,对产量分淡、旺季或同系列产品可采取集中生产或集中轮番生产,新产品和老产品的生产要合理搭配。

③单件小批生产企业产品生产进度的安排。单件小批生产企业产品品种繁多,每种产品产量很少甚至是一次性生产,技术准备工作量较大又复杂,许多订货来得迟、要得急、变动多。这类企业在安排产品进度时,应注意:先安排已经明确的订货任务,新产品和需要关键设备加工的产品尽可能交错安排,小批生产的产品要集中轮番生产。

企业在安排产品生产进度的同时,还要安排各车间的生产任务。

8.3.2 生产作业计划

生产作业计划是生产计划的具体执行计划。它把生产计划中规定的月度生产任务具体分配到各车间、工段、班组以及每个工作地和个人,规定他们在月、旬、周、日以及轮班和小时内的具体生产任务,并按日历顺序安排生产进度,从而保证按品种、质量、数量、期限和成本完成企业的生产任务。生产作业计划是建立企业正常生产秩序和管理秩序的主要手段,是企业计划管理的重要环节。

8.3.3 生产作业控制

生产作业控制,是按照生产计划的要求,组织生产作业计划的实施。在产品投产前的准备到产品入库的整个过程中,从时间和数量上对作业进度进行控制,在实施中及时了解计划与实际之间的偏差并分析原因,认真调整生产进度,调配劳动力,合理利用生产能力,控制物料供应及运送,保质保量地完成任务。

生产作业控制可分为产前控制和产中控制两种。

作业控制的手段包括生产调度工作、生产作业核算、在制品管理等工作。

8.4 新型生产方式和新型生产计划管理模式简介

随着现代科学技术在生产及生产系统中的广泛运用,发达国家兴起了管理变革的浪潮,相继创立了适应当今时代要求的新型生产方式和新型生产计划管理模式。

8.4.1　新型生产方式

1)精益生产

精益生产起源于日本丰田汽车公司,最早曾被称为丰田生产方式,其后又被称为准时制,它的突出特点是在多品种小批量生产条件下高质量、低成本地进行生产。到 20 世纪 80 年代中期,精益生产已经在世界范围内得到了相当的传播,被称为是一种"人类制造产品的非常优越的方式",以针砭美国大量生产方式过于臃肿的弊病。精益生产具有如下特点:

①通过排除各种浪费降低成本。

②"只在必要的时候,按必要的量,生产必要的产品"。

③零库存生产。

④弹性配置作业人数。

⑤将质量控制融入每一道工序,产品每经过一道工序就被把一次关。

⑥"连续改进、追求尽善尽美"的经营理念。

2)敏捷制造

敏捷制造是美国为重振其在制造业中的领导地位而提出的一种新型制造模式:通过柔性生产技术、动态组织结构和高素质人员的集成,着眼于企业长期获取经济效益,用全新的产品设计和产品生产的组织管理方法来对市场需求和用户要求做出灵敏和有效的反应。具体而言,它有以下特点:

①从产品开发到产品生产周期的全过程满足用户要求。

②采用多变的组织结构。

③战略着眼点在于长期获取经济效益。

④建立新型的标准基础结构,实现技术、管理和人的集成。

⑤最大限度地调动、发挥人的作用。

敏捷制造方式把有关生产过程的各种功能和信息集成扩展到企业与企业间不同系统的集成,使企业的生产与管理集成提高到了一个更高的阶段。

3)计算机集成制造

计算机集成制造,这一概念最早由美国的约瑟夫·哈林顿博士于 1973 年提出。其基本思想有两点:一是,产品研制到售后服务生产周期的全部活动是一个不可分割的整体,应当联系起来综合考虑,不能单独考虑;二是,整个企业的生产制造过程是一个对信息数据搜集、处理、传递的过程。

计算机集成制造的出现是计算机工程、信息处理技术、通讯技术、管理科学、生产制造自动化、自动控制、自动检测等多种科学技术综合发展和应用的结果。它是运用系统工程整体优化的观点,以现代信息技术、管理技术、生产技术为基础,通过使用电子计算机及其软件,对生产制造企业从接受订货到设计、生产、销售、服务用户的全过程,进行统一管理和控制,以提高经济效益,增强企业市场竞争力的生产管理活动。

计算机集成制造的核心在于集成,不仅是设备、机器等硬件的集成,更重要的是技术的集成、信息的集成,立足于整体,将各子系统有机地结合起来,实现企业生产经营管理的整体优化。这也是计算机集成制造的目标。计算机集成制造系统基本部分通常包括4个应用分系统:

①管理信息分系统。

②技术信息分系统。

③制造自动化分系统。

④计算机辅助质量管理分系统。

计算机集成制造在自动化技术、信息技术及制造技术的基础上,利用计算机及其软件,把企业整个生产过程的有关单元技术、各局部的自动化有机地结合在一起,有效地利用信息资源,实现系统的优化。它特别适合于多品种、小批量的生产环境,大大提高了生产效率。

8.4.2　新型生产计划管理模式

1)物料需求计划

(1)物料需求计划的概念

物料需求计划是只对在产品生产中构成产品的各种物料需求量与需求时间所做的计划。在企业的生产计划管理体系中,它属于作业层的计划决策。随着计算机技术在企业管理领域的广泛应用,开发出了物料需求计划系统。该系统利用计算机处理信息的强大功能,能将产品生产计划自动分解为零部件和毛坯材料的需求计划。当情况发生变化时,还能根据新情况的轻重缓急要求,调整和更新计划。物料需求计划系统极大地提高了生产计划的准确性和可靠性,真正起到了指导生产实际的作用。

(2)物料需求计划的基本思想

只在需要的时候,向需要的部门,按需要的数量提供需要的物料。就是说,它既要防止物料供应滞后于生产对它们的需求,也要防止物料过早地出产和进货,以免增加库存,造成物资和资金的积压。

2)制造资源计划

(1)制造资源计划的概念

物料需求计划系统的出现,使生产活动方面的各种子系统得到了统一。但生产管理只是企业管理的一个方面,它所涉及的仅仅是物流,而与物流密切相关的还有资金流,这在很多企业是由财会人员另行管理的,这就造成了数据的重复输入与存储,甚至造成数据不一致。于是,在1977年9月,美国著名的生产管理专家奥列弗·怀特首次提出了将货币信息纳入物料需求计划系统的方式,冠以"制造资源计划"的名称。

制造资源计划中的制造资源,主要包括人工、物料、设备、能源、资金、空间和时间,而这些资源以信息的形式加以表示,通过信息的有效集成,对企业内的各种资源进行合理调配、充分利用,以形成最有效的生产能力。

（2）制造资源计划的基本思想

把企业作为一个有机整体,从整体最优的角度出发,通过运用科学方法对企业各种制造资源和产、供、销各个环节进行有效计划、组织和控制,使它们得以协调发展,并充分地发挥作用。主要体现在以下 6 个方面:

①计划的一贯性与可行性。

②管理的系统性。

③数据共享性。

④动态应变性。

⑤模拟预见性。

⑥物流与资金流的统一性。

上述每一项特点都含有管理模式的变革和人员素质或行为的变革两方面,这些特点相辅相成。制造资源计划是一个比较完整的生产经营管理计划体系,是提高制造业企业整体效益的有效管理模式。

3）企业资源计划

（1）企业资源计划的概念

进入 20 世纪 90 年代,随着市场竞争的进一步加剧,企业竞争空间与范围的进一步扩大,制造资源计划主要面向企业内部资源全面计划管理的思想逐步发展为怎样有效利用和管理整体资源的管理思想,企业资源计划随之产生。企业资源计划在制造资源计划的基础上扩展了管理范围,给出了新的结构。从本质上看,企业资源计划仍然是以制造资源计划为核心,但在功能和技术上却超越了制造资源计划,是以顾客驱动的、基于时间的、面向整个供应链管理的。

（2）企业资源计划基本思想

实现对整个供应链的有效管理,主要体现在以下 3 个方面:①对整个供应链资源进行管理的思想。②精益生产、同步工程和敏捷制造的思想。③事先计划与事中控制的思想。此外,计划、事务处理、控制与决策功能都在整个供应链的业务处理流程中实现,要求在每个流程的业务处理过程中最大限度地发挥每个人的工作潜能与责任心。实现企业组织结构从"高耸式"向"扁平式"的转变,提高企业对市场需求变化的响应速度。总之,借助计算机技术的飞速发展与应用,企业资源计划系统得以将很多先进的管理思想变成现实中可实际应用的计算机软件系统。

［本章小结］

生产,是通过劳动,把资源转化为能满足人们某些需求产品的过程。

企业生产过程是包含基本生产、辅助生产、生产技术准备和生产服务等企业范围内各种生产活动协调配合的运行过程。

产品生产过程,是对原材料进行加工,使之转化为成品的一系列生产活动的运行过程。一般包含工艺过程、检验过程、运输过程和自然过程等。产品生产过程是企业生产过程的核心部分。

制造性生产按工艺特性可以分为加工装配型和流程型;按生产组织特点可以分

为订货型和存货型;按生产连续性可以分为连续型和间断型;按生产专业化程度可以分为大量生产型、成批生产型和单件生产型,或大量大批生产型、成批生产型和单件小批生产型。

企业的生产能力,是指企业在一定的生产技术组织条件下,在一定的时期内(通常为1年),全部生产性固定资产所能生产某种产品的最大数量。它是反映企业生产可能性的一个重要指标,是企业安排生产任务,制订计划的依据。按用途可分为设计能力、查定能力和计划能力。按结构可分为单机生产能力、环节生产能力和综合生产能力。

生产管理是对生产系统的设计、运行与维护过程的管理,它包括对生产活动进行计划、组织、指挥、协调与控制。企业生产管理的目标是高效、低耗、灵活、准时地生产合格产品或提供满意服务。企业生产管理的基本问题是:如何保证和提高产品质量;如何保证适时、适量地将产品投放市场;如何才能使产品价格既为顾客所接受,同时又为企业带来利润;如何提供独具特色的附加服务;如何保护环境和合理利用资源。

生产过程合理组织要满足连续性、比例性、均衡性、平行性和适应性的要求。

生产过程的组织包括生产过程的空间组织和生产过程的时间组织。生产过程的空间组织有工艺专业化形式和对象专业化形式两种典型形式。生产过程的时间组织形式有顺序移动、平行移动和平行顺序移动3种典型形式。

生产过程组织的新形式有:流水生产线、成组加工单元与柔性制造单元。

制造企业的生产计划一般分为综合计划、主生产计划和物料需求计划3种。

生产计划的主要指标包括产品品种、质量、产量与产值等。生产计划工作的主要内容是:①做好编制生产计划的准备工作;②确定生产计划指标;③安排产品的生产进度。

生产作业计划是生产计划的具体执行计划。生产作业控制可分为产前控制和产中控制两种。作业控制的手段包括生产调度工作、生产作业核算、在制品管理等工作。

新型生产方式有:精益生产、敏捷制造和计算机集成制造。新型生产计划管理模式有:物料需求计划、制造资源计划和企业资源计划。

[思考题]

1.什么是生产管理?其目标和内容是什么?

2.生产过程合理组织有哪些基本要求?

3.简述生产过程空间组织和时间组织各有哪些形式和方式,这些形式和方式各自的优、缺点和适用范围。

4.企业生产过程组织有哪些新形式?

5.企业生产计划有哪几种?生产计划的指标主要有哪些?怎样编制生产计划?

6.简述精益生产、敏捷制造、计算机集成制造的特点和物料需求计划、制造资源计划、企业资源计划的基本思想。

[实训练习]

1. 参观几个不同生产类型的制造企业,比较大量大批生产和小批量多品种生产的不同之处,写出比较报告。

2. 调查了解学校所在地的企业是否采用了本章所介绍到的生产过程组织新形式:若采用了,调查采用后所取得的成绩;若尚未采用,分析原因并寻找差距。

[案例]　　　　　　L公司的生产管理现代化

L公司借助全面的信息化管理手段,整合全球供应链资源,快速响应市场,创造了中国制造业企业的一个奇迹,其经验如下:

公司调整了组织结构和业务流程,形成了"前台一张网,后台一条链"(前台的一张网是客户关系管理网站,后台的一条链是市场链)的闭环系统。其目的是一致的,都是为了快速响应市场和客户的需求。前台的网站作为与客户快速沟通的桥梁,将客户的需求快速搜集、反馈,实现与客户的零距离;后台的市场链可以将客户需求快速反馈到供应链系统、物流配送系统、财务结算系统、客户服务系统等流程系统,实现对客户需求的协同服务,大大缩短对客户需求的响应时间。

公司是根据订单进行的大批量定制。通过现代物流技术的支持,实现定时、定量、定点的三定配送;独创的过站式物流,实现了从大批量生产到大批量定制的转化。在满足用户个性化需求的过程中,公司采用计算机辅助设计与制造,建立计算机集成制造系统。在开发决策支持系统的基础上,通过人机对话实施计划与控制,从物料需求计划发展到制造资源计划和企业资源计划。还有集开发、生产和实物分销于一体的准时生产,供应链管理中的快速响应和柔性制造,以及通过网络协调设计与生产的并行工程等。这些新的生产方式和新的生产计划管理模式把信息技术革命和管理进步完全融为一体了。

案例问题

1. 从这个案例中,你可以总结出L公司采用了哪些新型生产方式和新型生产计划管理模式,从而取得了骄人的成绩?

2. L公司的做法中最值得称道的是什么? 以此为题,写一篇读后感。

第 9 章
企业质量管理

【学习目标】

明确质量、质量管理、产品质量、工作质量的概念，
了解全面质量管理的概念、特征及其工作方式，掌握统
计质量控制的各种方法，清楚 ISO 9000 族标准的意义
及组成。

9.1　企业质量管理概述

9.1.1　质量与质量管理的概念

　　质量是反映实体满足明示和隐含需要能力的特性总和。质量要求有明示的,也有隐含的。明示的需要或期望就是规定的需要,习惯上隐含的或必须履行的需要或期望就是潜在的需要。

　　质量管理是在质量方面指挥和控制某组织的协调活动。

9.1.2　产品质量和工作质量的关系

　　产品质量是反映产品满足规定或潜在需要的特性,包括性能、寿命、可靠性、安全性和经济性。工作质量是指与产品质量有关工作对于产品质量的保证程度。

　　产品质量的形成最终依赖的是整个形成过程中所有活动的工作质量。

　　产品质量由工作质量保证。

9.1.3　质量管理发展的概况

　　质量管理的发展依其管理的领域、采取的手段和方式,大体上经历了质量检验、统计质量控制和全面质量管理 3 个阶段。

1)质量检验阶段

　　质量管理的活动只限于质量的检验,就是按技术规格,采用各种检测技术和试验,严格控制和保证转入下道工序和出厂产品的质量,主要起把关作用。20 世纪以前,产品质量检验主要依靠手工操作者的技艺。20 世纪初,随着生产力的发展,生产规模的扩大,原来的控制方式已经不能适应,因此在企业内进行了职能分工,把检验与生产分开,设置了专职检验部门,配备了专职检验人员,负责产品检验工作。

　　管理特点:有人专职制定标准,有人负责生产制造,有人专职进行检验。这种方式可以保证转向下道工序和出厂产品的质量,但对工序过程中出现的差错却无可奈何,只有让不合格产品成为既成事实。此外,由于是全部检验,检验工作量大,检验费用高。这种方式尤其不适应对产品的破坏性检验。

2)统计质量控制阶段

　　鉴于单纯的检验方式越来越不能适应生产力发展的需要,加上第二次世界大战对军需品的特殊需要,美国就组织了数理统计专家去国防军用品制造厂解决实际问题。数理统计专家们将数理统计方法用于生产过程中的工序控制,抽样检验,取得了明显的成效。

管理特点：利用数理统计的原理在生产工序中开展工序质量控制,预防产生不合格品并检验产品质量。在管理责任上,也由专职检验人员转移到专业质量控制工程师和技术人员身上。观念上也由事后的把关检验转变为预测工序异常的发生并加以预防。

3)全面质量管理阶段

考虑到生产力水平的不断提高,工业产品品种规格迅速增加,产品更新换代速度加快,出现了大型产品,且对这类产品的安全性和可靠性要求更高,20世纪60年代,美国工程师费根堡姆就提出了全面质量管理理论。全面质量管理理论很快引起了世界各国质量专家的重视。全面质量管理强调运用系统的观点,全面而综合地研究质量产生的全过程,重视人的因素,强调企业全员参与,运用的手段、方法也更加丰富完善。

9.1.4 全面质量管理的概念、特点与工作方式

1)全面质量管理的概念

全面质量管理是一个组织以质量为中心,以全员参与为基础,目的在于通过让顾客满意和本组织所有成员及社会受益而达到长期成功的管理途径。

2)全面质量管理的特点

(1)全部门管理
就是企业的所有部门都要参与质量管理。因为全厂的所有部门都与质量有关。
(2)全人员管理
就是企业的所有人员都要参与质量管理。因为全厂的所有人员都与质量有关。
(3)全过程管理
就是对企业生产经营活动的全过程都要加以管理,包括每个阶段和每个环节。因为它们都对质量产生影响,所以必须建立质量体系,系统地控制好所有阶段和环节。
(4)全方法管理
就是要运用各种方法对质量加以管理,只要对提高质量有用处。

3)全面质量管理的工作方式——PDCA循环

(1)PDCA循环的概念
把质量管理的4个阶段:计划(P)、执行(D)、检查(C)、处理(A)的工作程序衔接起来,不断转动的工作方式叫PDCA循环。在日本推行全面质量管理的美国人戴明率先将质量形成过程的螺旋线思想运用到具体的质量管理中,因此也简称为戴明环,如图9.1所示。
(2)PDCA循环的内容
①P(计划阶段)。通过市场调查,用户访问,了解用户对产品质量的要求,确定企

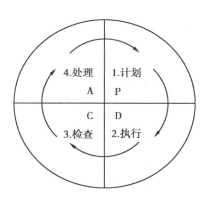

图 9.1　PDCA 循环示意图

业的质量政策、目标、计划,并制定出达到目标的对策,包括对策方法、进度要求、负责部门和人员。

②D(执行阶段)。按照预定计划与措施,各部门和有关人员分头实施。

③C(检查阶段)。在执行过程中或执行后,检查执行情况是否符合预定计划的效果。

④A(处理阶段)。根据检查结果进行总结并分类处理。采取的办法如下:把成功的经验肯定下来,形成标准,以便再干时遵循;对于失败的教训加以总结并采取补救措施,也要形成标准,防止再次发生;对于没解决的问题,转入下个 PDCA 循环,作为下阶段的计划目标。

(3)PDCA 循环的特点

PDCA 循环,是动态循环;大环套小环,相互促进;PDCA 是阶梯式的螺旋上升运动,不是简单地周而复始运动;PDCA 是综合性循环,其过程中 4 个阶段不是截然分开的,而是紧密衔接的,存在一定的交叉;PDCA 循环的 A 阶段是前后两次循环的结合点,具有承上启下的作用,也是关键点。

(4)PDCA 循环的步骤

在质量管理中,把 PDCA 循环进一步具体化为 8 个步骤,如表 9.1 所示。

表 9.1　PDCA 循环步骤表

步　骤	功　能	方　法
计划: 1. 选择问题	确定改进课题 明白选题理由	排列图 经验
2. 了解详细情况	搜集数据资料 找出问题关键 缩小问题范围 排列优先次序	检查表 直方图 分类 排列图

续表

步　骤	功　能	方　法
计划： 3.分析原因或影响因素	列出原因清单 研究因果对应关系 建立因果关系假设 找出影响最大的因素	鱼刺图 检查表 散布图 排列图
4.设计对策	制定措施 提出计划(5W2H)	经验 技术
执行： 5.实施	实施对策	排列图 直方图 检查表 控制图
检查： 6.确认对策效果	搜集对策效果数据	—
处理： 7.总结经验、教训 8.提出没解决的问题	制定成标准或制度 未解决问题转入下次循环	—

9.2　统计质量控制方法

9.2.1　检查表法

检查表，又叫调查表或统计分析表，是用来系统搜集资料和积累数据，确认事实并对数据进行粗略整理和分析的统计表。检查表法就是利用检查表进行质量控制的方法。这种方法简便易行，被广泛使用。

9.2.2　分类法

分类，又叫分层或分组，就是把搜集来的数据按照不同目的加以分类，让性质相同、在同一条件下获得的数据归在一类。分类法就是利用分类技术进行质量管理的方法，是分析影响质量原因的一种基本方法，可单独使用，但常与其他方法结合使用。分类的目的是把错综复杂的影响因素，分析清楚，使数据反映的事实更明显、更突出，便于找出问题，对症下药。具体的分类标志有时间、操作者、设备、原材料、操作方法、检测手段等。

9.2.3 因果分析图法

1）因果分析图法的概念

因果分析图法就是运用因果分析图进行质量管理的方法。因果分析图是表示质量特性值与原因关系的图形,因为其形状又称树枝图或鱼刺图,用于分析产生质量问题的原因。

2）因果分析图法应用举例

①明确所解决的质量问题。本例所解决的质量问题为"二氧化碳气体不足"。

②将影响质量的原因（操作人员、设备、材料、加工方法、测量与加工环境等）合理组合标在树枝上。二氧化碳气体不足因果分析如图9.2所示。

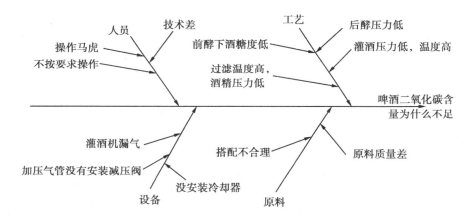

图9.2 二氧化碳气体不足因果分析图

③发扬民主,畅所欲言,把影响质量的因素和质量问题产生的原因由大到小,由粗到细地细分下去,边找边画在因果图上。

④对于搜集来的众多意见分清层次,用排列图法找出主要原因,并用框框上。

⑤通过现场调查,制定出措施去解决。

⑥措施执行完后,为检查效果再做排列图进行分析。

9.2.4 相关图法

1）相关图法的概念

相关图法就是运用相关图研究两个变量之间是否存在着相关、存在着何种相关和相关程度高低的方法。相关图法也是质量控制中重要的统计方法。

2）相关图的绘制

相关图就是散点图。绘制散点图很简单，就是以一个变量为横轴，以另一个变量为纵轴，在平面坐标上描点，然后观察散点的分布规律。

9.2.5 排列图法

1）排列图法的概念

运用排列图进行质量控制的方法就叫排列图法。排列图又叫主次因素分析图或巴雷特图，是为寻找主要质量问题或影响质量的主要因素而使用的图。

排列图由两个纵坐标、一个横坐标、几个直方形和一条曲线构成。横坐标表示影响质量的各个因素；左边纵坐标表示频数（可以是不合格品件数、损失金额、耽误工作量、工伤人数等），右边纵坐标表示频率；直方形的高度表示某个因素影响的大小；曲线表示各个影响因素大小的累计百分数，曲线称巴雷特曲线。曲线的累计百分数分 3 类：0% ～80% 为 A 类因素，在这区间的各因素为关键因素；80% ～90% 为 B 类，在这区间的各因素为重要因素；90% ～100% 为 C 类，在这区间的各因素为次要因素。

2）排列图法举例

家用电器厂向电阻元件厂采购 RTX 电阻器，碰到质量问题，就将 1 年内检验的结果绘制排列图，找出主要问题反馈给供方，要求改进并保证采购物资的质量。

①列出产品不合格品的频数与频率表如表9.2 所示。

表9.2 不合格品频数与频率表

序　号	废品类型	废品数/件	频率/%	累计频率/%
1	点焊	3 262	42.2	42.2
2	涂漆	1 710	22.2	64.4
3	铆接	1 686	22.0	86.4
4	被膜	452	5.9	92.3
5	标志	420	5.5	97.8
6	其他	160	2.2	100
合　计		7 698	100	100

②绘制排列图。本例 RTX 电阻器废品排列图如图 9.3 所示。

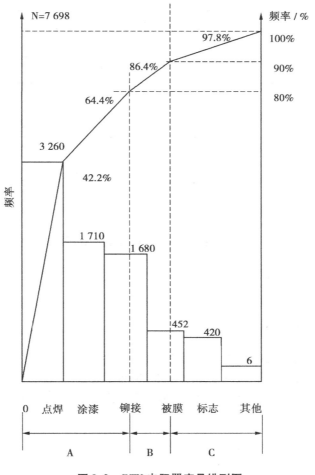

图 9.3　RTX 电阻器废品排列图

9.2.6　直方图法

1）直方图法的概念

　　直方图法是运用直方图进行质量控制的方法。直方图是用来整理实际质量数据,从中找出质量运动的规律,预测工序质量好坏和估算工序不合格产品的常用工具。频数直方图是最常用的直方图形式。它是实际数据分布的一种图形,是把全部实际数据分为若干组,以组距为底边,频数为高,按比例而构成的若干矩形。

2）直方图法的应用

　　通过对实际分布直方图整体大体形状的观察和分析,以及与典型异常状态实际分布直方图的比较,可以判断有关质量问题及其原因。若在表示实际直方图上标出要求规格或允许公差,还能够概略地判断出加工产品是否标准及偏离标准的情况。实际分布直方与公差对比图,如图 9.4 所示。

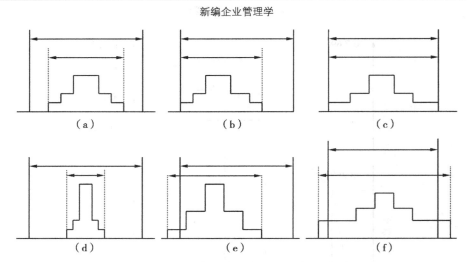

图9.4 实际分布直方与公差对比图

9.2.7 工序能力指数法

1）工序能力指数法的概念

工序能力指数法是运用工序能力指数进行质量控制的方法。

工序能力指数是加工质量要求或质量标准同工序能力的比值。加工质量要求或质量标准，即预先规定的公差；工序能力即工序客观存在的质量波动幅度，以6倍的标准差表示。

2）工序能力指数的计算公式

$$C_p = \frac{质量要求或质量标准}{工序能力} = \frac{T}{6\sigma} \tag{9.1}$$

式中 C_p——工序能力指数；

T——加工质量要求或质量标准，或即公差；

σ——加工实际值的标准差。

3）工序能力分析评价

工序能力分析评价即指出工序能力指数的合理数值。通常将工序能力指数分为5个等级，如表9.3所示。

表9.3 工序能力等级表

类别项目	C_p	工序能力分析	处 置
特级加工	$C_p > 1.67$	工序能力过于充足	即使有部分不大的外来波动也不担心，可放宽检验，可考虑降低成本措施或放宽管理。

续表

类别项目	C_p	工序能力分析	处　　置
一级加工	$1.67 \geqslant C_p > 1.33$	工序能力充足	允许小的外来波动,如不是重要工序,可放宽检查。工序控制抽样间隔可放宽些。
二级加工	$1.33 \geqslant C_p > 1$	工序能力勉强充足	工序需严密控制,否则易产生较多的不合格产品,检查不能放宽。
三级加工	$1 \geqslant C_p > 0.67$	工序能力不足	必须采取措施提高工序能力,已出现一些不合格品,要加强检查,必要时全检。
四级加工	$C_p \leqslant 0.67$	工序能力严重不足	立即追查原因,采取措施,出现较多的不合格品,要加强检查,最好全检。

9.2.8　控制图法

1)控制图法的概念

控制图法就是运用控制图控制产品质量的方法。控制图是用来显示质量特性值随时间推移而发生波动的情况,并以此判断、区分正常质量波动与异常质量波动,分析判断工序是否处于控制状态并进行控制的带控制界限的图。

2)控制图的基本形式

控制图的基本形式如图 9.5 所示。

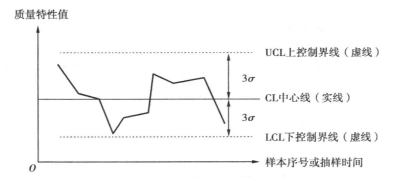

图 9.5　控制图的基本形式图

9.3　ISO 9000 族标准简介

9.3.1　ISO 9000 族标准的概念

ISO 9000 族标准是指由国际标准化组织质量管理和质量保证技术委员会（ISO/TC176）制定的所有国际标准。该族标准可帮助组织实施并有效运行质量管理体系，是质量管理体系通用的要求或指南。它不受具体的行业或经济部门限制，可广泛适用于各种类型和规模的组织，在国内和国际贸易中促进相互理解。

9.3.2　ISO 9000 族标准的产生、修订和发展

ISO 9000 族标准，是运用先进的管理理念，以简明标准形式推出的实用管理模式，是当代世界质量管理领域成功经验的总结。

世界上最早的质量保证标准是 20 世纪 50 年代末，在采购军用物资的过程中，美国颁布的 MIL-Q-9858A《质量大纲要求》。20 世纪 70 年代，美、英、法、加拿大等国先后颁布了一系列质量管理和保证方面的标准。为了统一各国质量管理活动，持续提高提供产品组织的质量管理体系，国际标准化组织（ISO）1979 年成立了质量管理和质量保证技术委员会，1986—1987 年，ISO 颁布了 ISO 9000 系列标准：ISO 8402《质量——术语》标准，ISO 9000《质量管理和质量保证标准——选择和使用指南》，ISO 9001《质量体系——设计开发、生产、安装和服务的质量保证模式》，ISO 9002《质量体系——生产和安装的质量保证模式》，ISO 9003《质量体系——最终检验和试验的质量保证模式》，ISO 9004《质量管理和质量体系要素——指南》。

1987 版的 ISO 9000 系列标准颁布之后，已经进行了 3 次修订：1994 年的修改——有限修改并提出了 ISO 9000 族标准的概念；2000 年的修改——彻底修改；2008 年 ISO 9000 族标准的修订。

目前，已经有 100 多个国家和地区等同或等效采用 ISO 9000 族标准，这在国际标准化组织颁布的近万个标准中是罕见的。原因在于，ISO 9000 族标准不仅能够给组织带来巨大的实际利益，更是人类文明发展的必然之物。一个组织实行 ISO 9000 族标准并非是一个外部命令，而是现代组织的本质要求。

9.3.3　实施 ISO 9000 族标准的意义

1）有利于提高产品质量，保护消费者利益

现代科学技术的高速发展，使产品向高科技、多功能、精细化和复杂化发展。组织是按照技术规范生产产品的，但当技术规范本身不完善或组织质量管理体系不健全时，组织就无法保证持续地提供满足要求的产品。而消费者在购买或使用这些产

品时,一般也很难在技术上对产品质量加以鉴别。如果组织按 ISO 9000 族标准建立了质量管理体系,通过体系的有效应用,促进组织持续地改进产品特性和过程的有效性和效率,实现产品质量的稳定和提高,这无疑是对消费者利益的一种最有效的保护,也增加了消费者在选购产品时对合格供应商的信任程度。

2)有利于组织的持续改进和持续满足顾客的需求和期望

顾客要求产品具有满足其需求和期望的特性,这些需求和期望在产品的技术要求或规范中表述。但是顾客的需求和期望是不断变化的,这就促使组织要持续地改进产品的特性和过程的有效性。而质量管理体系就为组织持续改进其产品和过程提供了一条行之有效的途径。ISO 9000 族标准将质量管理体系要求和产品要求区分开来,它不是取代产品要求,而是把质量管理体系要求作为对产品要求的补充,这样有利于组织的持续改进和持续满足顾客的需求和期望。

3)有利于消除技术壁垒,增进国际贸易

在国际经济技术合作中,ISO 9000 族标准被作为相互认可的基础,ISO 9000 的质量管理体系认证制度也在国际范围中得到互认,并纳入合格评定的程序之中。技术壁垒协定(TBT)是世界贸易组织(WTO)达成的一系列协定之一,它涉及技术法规、标准和合格评定程序。贯彻 ISO 9000 族标准为国际经济技术合作提供了国际通用的共同语言和准则,取得质量管理体系认证已经成为参与国内和国际贸易、增强竞争能力的有力武器。因此,贯彻 ISO 9000 族标准对消除技术壁垒、排除贸易障碍起到了十分积极的促进作用。

9.3.4　ISO 9000 族标准在我国

我国在质量管理和质量保证标准的采用方面基本上是与国际同步的。

1987 年 3 月,ISO 9000 系列标准正式颁布以后,我国在原国家标准局部署下组成了全国质量保证标准化特别工作组。

1988 年 12 月,我国正式颁布了等效采用 ISO 9000 标准的 GB/T 10300《质量管理和质量保证》系列国家标准,并于 1989 年 8 月 1 日起在全国实施。

1992 年 5 月,我国决定等同采用 ISO 9000 系列标准,颁布了 GB/T 19000—1992 系列标准。

1994 年我国颁布了等同采用 1994 版 ISO 9000 族标准的 GB/T 19000 族标准。

2000 年至 2003 年我国陆续颁布了等同采用 2000 版 ISO 9000 族标准的国家标准,包括:GB/T 19000,GB/T 19001,GB/T 19004 和 GB/T 19011 标准。

2008 年我国根据 ISO 9000:2005,ISO 9001:2008 版的发布,同时也修订颁布了 GB/T 19000—2008、GB/T 19001—2008 标准。

9.3.5　ISO 9000 族标准的内容

一般地讲,组织活动由 3 方面组成:经营、管理和开发。在管理上又主要表现为行政管理、财务管理、质量管理等。ISO 9000 族标准主要针对质量管理,同时涵盖了部分行政管理和财务管理的范畴。

ISO 9000 族标准并不是产品的技术标准,而是针对组织的管理结构、人员、技术能力、各项规章制度、技术文件和内部监督机制等一系列体现组织保证产品及服务质量管理措施的标准。

具体来说 ISO 9000 族标准是在以下 4 个方面规范质量管理的:

①机构。标准明确规定了为保证产品质量而必须建立的管理机构及职责权限。

②程序。组织的产品生产必须制定规章制度、技术标准、质量手册、质量体系操作检查程序,并使之文件化。

③过程。质量控制是对生产的全部过程加以控制,是面的控制,不是点的控制。从根据市场调研确定产品、设计产品、采购原材料,到生产、检验、包装和储运等,其全过程按程序要求控制质量。并要求过程具有标识性、监督性、可追溯性。

④总结。不断地总结、评价质量管理体系,不断地改进质量管理体系,使质量管理呈螺旋式上升。

9.3.6 ISO 9000 族标准的组成

1)第一部分 核心标准

包括:ISO 9000《质量管理体系——基础和术语》、ISO 9001《质量管理体系——要求》、ISO 9004《质量管理体系——业绩改进指南》和 ISO 19011《质量和(或)环境管理体系审核指南》。

2)第二部分 其他标准

目前只有一项:ISO 10012《测量控制系统》。

3)第三部分 技术报告

目前有:ISO/TR 10006《质量管理——项目管理质量指南》、ISO/TR 10007《质量管理——技术状态管理指南》、ISO/TR 10013《质量管理体系文件指南》、ISO/TR 10014《质量经济性管理指南》、ISO/TR 10015《质量管理——培训指南》和 ISO/TR 10017《统计技术指南》。

技术报告,编号中用"TR"标注,表示并不是正式标准,只供选择性使用。正式标准是必须执行的。

4)第四部分 小册子

目前有:《质量管理原则》《选择和使用指南》和《小型组织实施指南》。

小册子是国际标准化组织质量管理和质量保证技术委员会根据需要编写的一些宣传资料,作为执行 ISO 9000 族标准的指导性文件。

9.3.7　ISO 9000 质量管理体系认证的意义

ISO 9000 质量管理体系认证,也可以理解为质量管理体系注册,就是由国家批准的公正的第三方机构——认证机构,依据 ISO 9000 族标准对组织的质量管理体系实施评介,向公众证明该组织的质量管理体系符合 ISO 9000 族标准,公众可以相信该组织的产品质量。

企业组织通过 ISO 9000 质量管理体系认证具有如下意义:

①可以完善组织内部管理,使质量管理制度化、体系化和法制化,提高产品质量,并确保产品质量的稳定性。

②表明尊重消费者权益和对社会负责,增强消费者的信赖,使消费者放心地使用其生产的产品,提高产品的市场竞争力,并可借此机会树立组织的形象,提高组织的知名度,形成名牌企业。

③是政府采购等招投标项目的入场券,是组织向海外市场进军的准入证,是消除贸易壁垒强有力的武器,有利于发展外向型经济,扩大市场占有率。

④做到一举数得,非一般广告投资、策划投资、管理投资或培训可比,还可以享受国家的优惠政策及对获证单位的重点扶持,具有综合效益。

⑤通过 ISO 9000 质量管理体系的建立,可以举一反三地建立健全其他管理制度。

9.3.8　ISO 9000 质量管理体系认证的步骤

①企业原有质量体系的识别和诊断。
②任命管理者代表、组建 ISO 9000 推行组织。
③制定目标及激励措施。
④各级人员接受必要的管理意识和质量意识训练。
⑤ISO 9001 标准知识培训。
⑥质量体系文件编写。
⑦质量体系文件大面积宣传、培训、发布、试运行。
⑧内审员接受训练。
⑨若干次内部质量体系审核。
⑩管理者评审。
⑪质量管理体系完善和改进。
⑫申请认证。

[本章小结]

质量是反映实体满足明确和隐含需要能力的特性总和。质量管理是在质量方面指挥和控制某组织的协调活动。

产品质量是反映产品满足规定或潜在需要的特性,包括性能、寿命、可靠性、安全性和经济性。工作质量是与产品质量有关工作对产品质量的保证程度。产品质量的形成最终依赖的是整个形成过程中所有活动的工作质量。产品质量由工作质量保证。

质量管理的发展依其管理的领域、采取的手段和方式,大体上经历了质量检验、统计质量控制和全面质量管理3个阶段。

全面质量管理是一个组织以质量为中心,以全员参与为基础,目的在于通过让顾客满意和本组织所有成员及社会受益而达到长期成功的管理途径。全面质量管理的特点是:全部门管理、全人员管理、全过程管理和全方位管理。

全面质量管理的工作方式——PDCA循环是把质量管理的4个阶段:计划(P)、执行(D)、检查(C)、处理(A)的工作程序衔接起来,不断转动的工作方式。PDCA循环的特点是:动态循环;大环套小环,相互促进;PDCA是阶梯式的螺旋上升运动,不是简单的周而复始运动;PDCA是综合性循环,其过程中4个阶段不是截然分开的,而是紧密衔接的,存在一定的交叉;PDCA循环的A阶段是前后两次循环的结合点,具有承上启下的作用,也是关键点。

工序质量控制常用的方法有:检查表法、分类法、因果分析图法、相关图法、排列图法、直方图法、工序能力指数分析法和控制图法等。

ISO 9000族标准是指由国际标准化组织质量管理和质量保证技术委员会(ISO/TC176)制定的所有国际标准。1987版的ISO 9000系列标准颁布之后,已经进行了3次修订。目前,已经有100多个国家和地区等同或等效采用ISO 9000族标准。我国在质量管理和质量保证标准的采用方面基本上是与国际同步的。

实施ISO 9000族标准的意义:①有利于提高产品质量,保护消费者利益;②有利于组织的持续改进和持续满足顾客的需求和期望;③有利于消除技术壁垒,增进国际贸易。

ISO 9000族标准主要针对质量管理,同时涵盖了部分行政管理和财务管理的范畴。ISO 9000族标准并不是产品的技术标准,而是针对组织的管理结构、人员、技术能力、各项规章制度、技术文件和内部监督机制等一系列体现组织保证产品质量管理措施的标准。

ISO 9000族标准包括:ISO 9000《质量管理体系——基础和术语》、ISO 9001《质量管理体系——要求》、ISO 9004《质量管理体系——业绩改进指南》、ISO 19011《质量和(或)环境管理体系审核指南》4个核心标准,ISO 10012《测量控制系统》一个其他标准,ISO/TR 10006《质量管理——项目管理质量指南》、ISO/TR 10007《质量管理——技术状态管理指南》、ISO/TR 10013《质量管理体系文件指南》、ISO/TR 10014《质量经济性管理指南》、ISO/TR 10015《质量管理——培训指南》、ISO/TR 10017《统计技术指南》等技术报告和《质量管理原则》《选择和使用指南》《小型组织实施指南》等小册子。

ISO 9000族标准认证,也可以理解为质量管理体系注册,就是由国家批准的公正的第三方机构——认证机构,依据ISO 9000族标准对组织的质量管理体系实施评介,向公众证明该组织的质量管理体系符合ISO 9000族标准,公众可以相信该组织的产品质量。

[思考题]

1. 应该怎样理解质量、质量管理、产品质量和工作质量?

2.质量管理经历了哪3个阶段？各有何特点？

3.什么叫全面质量管理？它有何特点？

4.什么叫PDCA循环？它有何特点？是怎样运行的？

5.统计质量控制有哪些方法？各自的原理和用途是什么？

6.ISO 9000族标准是什么样的标准？实施ISO 9000族标准的意义有哪些？ISO 9000族标准由哪些部分组成？

7.ISO 9000质量管理体系认证的意义何在？认证有哪些步骤？

[实训练习]

1.请调查3个工厂,了解质量管理开展情况并写出调查报告。

2.请寻找一个实施了ISO 9000族标准的企业,了解实施情况并写出调查报告。

3.体育用品厂生产了一批乒乓球,对检查出的200个不合格产品,作了如下分析:偏心5个;尺寸偏大2个;硬度不够10个;不清洁68个;壳壁不匀6个;黏合不牢18个;弹力不够4个;表面划伤7个。

根据以上资料完成下列任务:

①画排列图;

②指出主要质量问题。

4.圆柱形螺钉槽深实际数据如表9.4所示。

表9.4

1.13	1.02	1.02	1.16	1.00	1.04	0.98	1.20	1.06	0.97
1.16	1.09	1.07	0.98	1.04	1.10	1.03	1.11	1.17	1.01
1.09	1.06	1.13	0.97	1.11	1.11	0.94	1.05	1.04	1.10
1.20	1.13	1.06	1.11	0.98	1.02	1.08	0.99	1.06	1.10
1.02	1.01	1.08	1.18	1.16	0.94	1.10	1.05	1.01	1.08
1.16	1.17	1.14	1.12	1.01	1.08	1.10	1.13	1.03	1.16
1.15	1.04	1.16	1.09	1.16	1.20	0.93	0.85	0.98	1.02
1.03	1.13	1.05	1.11	1.06	1.03	1.07	0.97	1.00	1.05
1.04	1.04	0.95	1.01	1.04	1.01	1.04	1.15	1.03	1.04
1.13	1.09	0.96	1.06	1.03	1.09	1.14	0.99	1.06	1.05

公差 T=±0.25

请完成下列任务:

①做直方图,进行分析并作出结论。

②计算工序能力指数并作出分析。

5.弹簧生产过程中,弹性硬度与强度资料如表9.5所示。

表 9.5

序号	硬度（X）	弹性强度（Y）	序号	硬度（X）	弹性强度（Y）	序号	硬度（X）	弹性强度（Y）
1	45.7	670	21	43.3	670	41	46.2	698
2	42.1	622	22	42.1	641	42	41.0	622
3	41.6	658	23	45.5	692	43	45.9	678
4	47.5	695	24	45.7	636	44	44.6	672
5	41.4	607	25	49.3	728	45	44.7	653
6	44.9	658	26	46.8	659	46	43.8	657
7	45.2	669	27	43.8	655	47	42.5	650
8	43.0	665	28	40.5	610	48	42.1	673
9	40.2	594	29	46.2	683	49	42.4	625
10	46.0	688	30	44.6	655	50	44.7	698
11	44.5	644	31	44.1	640	51	45.6	655
12	42.9	637	32	46.6	668	52	48.8	710
13	46.6	692	33	41.0	623	53	42.3	647
14	44.1	668	34	47.2	625	54	45.5	678
15	45.4	680	34	47.2	625	54	45.5	678
15	45.4	680	35	44.5	669	55	46.4	664
16	44.2	666	36	43.3	720	56	41.2	609
17	41.3	600	37	45.6	662	57	47.6	710
18	48.0	696	38	43.3	647	58	44.0	642
19	43.2	645	39	42.9	616	59	40.7	624
20	45.0	669	40	46.8	705	60	45.0	682

请进行相关分析。

[案　例]　　　　　　　　**三环集团的质量管理**

　　三环集团是以轮胎生产经营为主导，兼营精细化工、机电维修、三产服务的大型企业集团。仅仅 13 年时间里，三环集团固定资产、净资产分别增长了 25 倍、15 倍，职工年人均收入在原来 2 300 元的基础上增长 36 倍，达到 17 000 元，累计实现利税 28 亿元，上交税金 18 亿元，出口创汇 4.3 亿美元。三环集团成为国内轮胎企业供给内需和外贸出口的主力，销售额领先国内同行。产品在国内外市场上树立起过硬的品牌形象，成为同行业第一个"中国驰名商标"。

　　而仅仅在 13 年前，三环集团还是经营亏损、难以为继的企业。跨越 13 年间的巨变，蕴藏着深刻的原因。众多经济学家、管理学家走访三环，得出了一个企业振兴的法则:管理,将严格细微科学的管理渗透到企业流程的每一个神经末梢。

法则是朴素的,甚至简约了一些。然而这一看似朴素的法则在三环却延伸出了无穷的力量。

质量管理:抓住了根本。

质量是赢得消费者的关键之所在,质量创新是企业创品牌的主战场。这一看似简单的企业运行法则,却是决定企业胜负的根本。三环集团始终坚信,"缺乏可靠的质量保证,在市场上只能糊弄一时"。

三环集团对自身产品质量的定义,不仅仅停在内在质量特性和外在质量特性,不仅仅在产品的性能、外观、形状、款式等上对质量进行控制,集团认识到产品的工序质量与工作质量决定产品的品质质量,因此集团把质量概念延伸到生产工序的每个环节和员工工作的每一个步骤,从而有了企业高标准的质量概念。工序质量,是指轮胎每一个生产工序能够稳定地生产合格产品的能力;工作质量是指企业的管理工作、技术工作和组织工作对达到质量标准和提高产品质量的保证程度。三环集团的质量管理理念认为,产品质量只是工序质量和工作质量的综合反映。因此,三环集团将质量管理延伸到企业生产经营活动的全过程,强调的是质量形成的各部分的有机联系、相互制约的关系。

正是基于对产品质量管理的认识突破,三环集团的质量管理才能科学有序地推进。

首先,质量必须有一个好的产品做载体。虽然子午轮胎现阶段已成为轮胎发展的主流,然而十几年前,在国家产业政策提倡轮胎换代时,市场的反应尚很平淡。三环集团率先瞄准新兴市场,把大力发展子午胎确立为公司立足市场创品牌的产品战略。集团通过认真分析市场,找准了推进子午胎战略的切入点,将发展重心转向全钢子午胎,同时优化原有斜交胎产品结构,实现与竞争对手的差异化。三环集团抢在市场结构发生重大变化之前先行一步赢得了规模效益,目前公司已形成500万套子午线轮胎的生产能力。

其次,围绕一个好的产品确立科学规范的质量管理体系。三环集团根据企业自身的发展特点,确立了全套质量管理体系,分别是目标管理体系、质量追溯体系、标准化管理体系和质量保证体系。公司每年都要针对市场情况和内部质量问题,提出有针对性和突破性的质量目标,并进行层层分解落实,对各生产车间实行关键质量指标领导集体承包,对质量管理和技术部门实行全公司综合质量指标承包,对涉及多方面的质量问题实行多部门联合承包,形成责任共同体。

三环集团的质量追溯体系是从供应商到各工序再到外部客户,从原材料、零部件到半成品再到成品的一整套体系。生产过程中出现的质量问题,可以通过信息系统检索追查到原材料采购再到各个工序的每一个操作工,从而形成了全员对轮胎生产全过程负责的机制。

三环集团认为,没有质量的保证体系,质量管理就是有缺陷的。而集团着重要建立保证体系的关键环节是高效灵敏的质量管理信息反馈系统。质量信息最终成为集团进行质量决策、制订质量计划、组织质量改进、监督和控制生产过程、协调各方面质量活动的依据。因此,一个企业始终重视质量管理的标准化工作,不断追求企业内部建立一个有本企业特点的、能有效运行的质量体系,就能保证产品质量的稳定性和持续提高,同时企业也得到全面的发展。

案例问题

1. 你认为三环集团成功巨变的主要原因是什么?

2. 市场竞争日益加剧,三环集团在质量管理理念上是用什么方法保证企业的产品在国际上树立起稳固的品牌形象?

3. 请你对三环集团所运用的质量保证体系进行分析并作出简要评价。

4. 你怎样理解"质量"二字? 你认为,三环集团在质量管理方面还存在哪些不足?

人 文 篇

第 10 章
企业人力资源管理

【学习目标】

　　了解人力资源管理的概念,树立人力资源管理的重要观念,熟悉人力资源管理的内容,懂得怎样进行员工配备与日常管理、管理人员选聘与员工培训、绩效评估与报酬的工作。

10.1　人力资源管理概述

10.1.1　人力资源管理的概念

人力资源管理是指组织为了实现既定目标,运用现代管理方法和手段,对人力资源的获取、开发、利用和保持等方面进行的管理。它是从传统的劳动人事管理演变发展而来的。

10.1.2　人力资源管理与劳动人事管理的区别

1)人力资源管理以人为中心

劳动人事管理将事作为中心,着眼于为事配人。而人力资源管理是将人作为中心,把人作为第一资源,更重视以人适事,尤其对特殊的人力资源。

2)人力资源管理将人力资源作为资本

劳动人事管理将人力视为生产的一般要素,只重拥有,不重开发和使用;人力资源管理将人力视为第一生产要素,一种资源,一种有巨大增值潜力的资本,因而重视对其的开发和使用。

3)人力资源管理的主体是市场

劳动人事管理的主体是政府行政部门,企业和劳动者都是被动的受管对象;人力资源管理的主体是市场运作的主体——企业和劳动者,他们的行为受市场机制的制约,遵循市场通行的规则和人力资源管理自身特有的规律。

4)人力资源管理部门由执行层进入决策层

劳动人事管理部门是作为组织内一个从事执行工作的职能部门而存在的,主要从事日常事务性工作;而人力资源管理部门已经被纳入组织决策层,其主管作为组织战略决策的重要参与者,主要负责制定和实施人力资源规划和方案,更加注重管理各要素之间的互动以及管理活动和内外环境的互动。

5)人力资源管理需要综合运用各种现代管理手段

劳动人事管理的手段多是经验式的、低技术含量的,其工作被认为是谁都能胜任的,无须特殊专长。人力资源管理则需要综合运用现代管理学、心理学、社会学、经济学和信息学等学科的最新成果,更加强调管理的系统化、规范化、标准化以及管理手段现代化。

10.1.3　人力资源管理的重要观念

人力是科技进步和社会经济发展最重要的资源。人力资源作为世界上最重要、最稀缺的资源开始成为国人的共识。21世纪世界竞争的焦点是人才,也只有在这时,国人才逐渐接受了人力资源管理和人力资源开发的观点,才认识到人力资源管理的重要性。

1)人力是第一生产要素

从生产要素的组合来看,人类的生产活动实际上是劳动力与生产资料相结合的过程。在这一过程中,虽然人力资源和物力资源都是不可或缺的,但物是死的,人是活的,物是被动的,人是主动的。因此,在生产要素组合中,起决定作用的因素是人而不是物,人力资源应该是第一资源。所以,现代管理应该以人力资源管理为中心,以充分发挥人的积极性、主动性和创造性为根本。这不是要否认资金和设备的作用,而是强调只有在发挥人的作用的前提下,资金和设备才能有效地发挥应有的作用。过去我们说"科技是第一生产力",现在我们还应该说"人力是第一生产要素"。

2)高素质人才是由粗放型向集约型经济转变的关键

从经济增长方式的转变来看,经济增长方式的转变是指经济增长由粗放型向集约型转变。集约型增长方式主要依靠高素质的劳动者最大限度地利用和发挥资本与技术的效用和潜力,实际上是以丰富的人力资本优势取代物质资本的优势。在这样的前提下,一个企业要提高生产率和经济效益,不仅要重视自然资源和资本资源的有效利用,更要重视人力资源的开发和利用。因此,高素质人才是由粗放型向集约型经济转变的关键。

3)"以人为中心"的理念是现代管理的精髓

管理理论的发展显示,由重视物的作用逐渐转向重视人的作用是管理发展的必然趋势。近年来西方国家企业管理中对人力资源的重视程度越来越高,强调对人的管理已成为企业管理的核心,出现了"以人为中心""人本管理""合乎人性的管理"等新的提法和概念,这些都反映了管理价值观和实践的深刻变化,"以人为中心"的理念是现代管理的精髓。

4)人力资源管理是实现管理目标的决定性因素

从管理的职能来看,管理者是通过别人的力量来实现预定管理目标的,因此,人力资源管理同其他管理工作相比,就显得特别重要。许多事例都可证明,如果充分发挥了人力资源管理的作用,即便其他管理职能较弱,也能比较成功地进行管理;反之,如果人力管理职能发挥不力,用人失当或没有有效地发挥人的作用,致使目标不能实现就在所难免了。

10.1.4　人力资源管理的内容

1）人力资源计划

人力资源计划即人力资源规划，就是根据企业发展的总目标作好企业人力资源需求数量和质量的长期规划与短期安排并努力落实。

2）员工招聘

员工招聘是指新员工的吸纳和进入，包括招聘与录用。

3）员工配备

广义的员工配备几乎包括劳动管理的全部。狭义的员工配备只是将招聘录用后的员工安排在相应的工作岗位上，做到人适其事。

4）员工培训与开发

员工培训与开发可称为广义的员工开发，除了包括员工培训这个开发的基本手段外，还包括职业计划与职业管理等体贴入微的开发手段。

5）员工绩效评估

员工绩效评估就是用事先制定的标准来衡量工作成绩和效能。

6）员工报酬

员工报酬是指员工的劳动所得。

7）员工日常管理

员工日常管理具体包括：员工使用、员工流动、员工调配、员工晋升、员工离退休、辞退等方面的内容。

以下先从广义的人员配备介绍开始，然后介绍员工日常管理，再重点介绍管理人员选聘，最后介绍员工培训、员工绩效评估和报酬。

10.2　员工配备与员工日常管理

10.2.1　员工配备的内容

1）制订人力资源计划

人力资源计划是为了实现企业的战略、战术目标，根据企业人力资源实际状况，

为满足企业对人力资源数量和质量的需求,引进、保持、提高、输出人力资源的计划。人力资源计划制订包括5个步骤:

①预测组织未来的人力资源需求。

②预测组织的人力资源供给。

③审视组织外部环境和内部条件。

④确定需求和供给之间的缺口。

⑤制订行动计划以消除缺口。

2)工作分析

（1）工作分析的概念

工作分析是研究职务的工作内容、性质、职能并确定完成工作所需技能、责任和知识的系统过程。即研究组织职务系统,确定每个职务的工作内容、工作条件、职能、权、责、利和沟通指挥关系并确定从事该职务员工所应具备的生理和心理素质、知识经验、能力和素养的过程。

工作分析是人力资源开发与管理的一项基础工作,其成果包括工作描述和工作规范。

①工作描述。工作描述又称工作说明,是对职务工作本身的描写叙述,是有关工作任务、职责信息的文件。它具体说明了某一职务工作的性质特点和环境特点,主要包括:职务名称或职务代号;工作活动和工作程序,包括所要完成的工作任务、工作责任、使用的原材料和机器设备、工作流程、与其他人的正式工作关系、接受监督以及进行监督的性质和内容等;工作条件和物理环境,包括工作地点的温度、光线、湿度、噪声、安全条件、地理位置、室内或室外条件等;社会环境,包括工作群体中的人数、完成工作所要求的人际交往的数量和程度、各部门间的关系、工作点内外的文化设施、社会习俗等;聘用条件,包括工作时数、工资结构、支付工资的方法、福利待遇、该工作在组织中的正式位置、晋升的机会、工作的季节性、进修的机会等;职务要求,包括员工完成职务要求所应具备的知识、技能和素质等。

②工作规范。工作规范又称职务要求,指员工完成职务要求所应具备的知识、技能和素质的说明文件,即说明工作对人有何要求。主要包括以下几个方面:一般要求,包括年龄、性别、学历、工作经验等;生理要求,主要包括健康状况、力量和体力、运动的灵活性、感觉器官的灵敏度等;心理要求,包括观察能力、集中能力、记忆能力、理解能力、学习能力、解决问题能力、创造能力、数学计算能力、语言表达能力、领导能力、决策能力、特殊能力以及性格、气质、兴趣爱好、态度、事业心、合作性等。工作规范的内容在工作描述中只是简单概略地提一下,而在工作规范中则要作详尽表述。

（2）工作分析的程序

①准备阶段。其任务是在大致了解情况的基础上,确定将来分析的对象。

②调查阶段。其任务是深入了解情况,对分析对象整个工作过程、工作环境、工作内容和工作人员等方面进行全面的调查。包括编制调查问卷和提纲,搜集有关工作特征及数据资料,搜集工作人员特征资料并作出等级评定。

③分析阶段。主要是针对工作和工作人员特征的调查结果进行深入全面分析。

④完成阶段。即工作分析的终结,其主要任务是编制"工作描述"和"工作规范"。

3）员工招聘

招聘工作的重点是通过什么方式吸引应聘者以及如何挑选最合适的人员。企业人力资源管理部门在招聘时应对招聘职务所需人员的资历和能力、责任和职能、环境和待遇以及有无特殊要求等,在招聘条件中作详细说明,供求职者抉择。

征召阶段,是一个双方互相识别、互相吸引的过程。企业通过发布招聘广告、召开信息发布会、分发招聘手册等方式吸引求职者;求职者通过阅读招聘广告、与职业介绍机构联系、发送大量个人简历和求职申请表等手段向招聘者发出信号。如何在众多的应聘者中挑选出最合适的人员? 通常在选拔过程中可借助以下方法:

①审阅求职申请表。求职申请表是求职者个人背景的书面材料,包括受教育经历、接受培训经历和工作经历等。

②面试。面试是最常用的考查方法,通过面对面的交流,可以获得求职者的更多信息,如仪表、应变能力、口头表达能力,等等。

③测试。常用智力测试、技能测试和个性测试等几种方法。

④体检。考察候选人的身体状况是否适合该工作及其环境。

4）录用和上岗引导

录用,一般是由人力资源部门负责招聘工作并由用人部门参与最后选拔,决定录用名单,最终由人力资源部门办理录用手续。

上岗引导,包括向新员工介绍企业的历史和现状、产品和服务、一般的方针政策、组织结构、规章制度、福利待遇以及安全和保密规定等,并通过上岗培训、开座谈会、实地参观工作等方式,让新员工尽快熟悉工作环境,并使新成员获得有关未来工作的信息。

10.2.2　员工配备的原则

1）人岗匹配

员工配备的核心原则是人岗匹配。即把个人特征与工作岗位特征有机结合,从而获得理想的人员配备效果。如果两者匹配得好,雇用双方均满意,雇用关系能长期维持。

2）能级层序

能级层序原则要求将具有不同素质和能力的人配备到组织内相应层级的职位上,以实现"人尽其才,位得其人",使人员配备效率达到最优化。为此,在进行组织设计时,应使岗位建立一定的能级结构,并制定相应的标准和规范,在员工配备时将各具特色、才能不同的人员配备到合理层级上,授予其相应的职权。

3）互补优化

在员工配备时,要充分发挥每个人员的特长,采用协调优化的方法,扬长避短,从而形成整体优势,达成组织的目标。人员互补包括知识、能力、年龄、性格、性别、地缘、专业和关系互补等。

4)公平竞争

在员工配备过程中应贯彻公平、公开、公正的原则,用同样的起点、同样的规则公平地进行考核录用和竞争上岗。

5)动态适应

在员工配备过程中,人与事、人与岗位的适应是相对的,不适应是绝对的。因此,员工配备和调整不应是一次性活动,而是一项经常性工作。

10.2.3 员工日常管理

1)员工调配及其管理

员工调配一般是指组织内人员的平行流动,不涉及职务升迁。

凡属下列情况和理由,需对员工实施调配:

①配合组织生产任务的调整。

②适应个人能力或技能的变化。

③缓和人员冲突,维持组织正常秩序。

2)员工晋升及其管理

合理的晋升不仅是激励组织成员的重要手段,而且可以避免优秀人才的外流,从而维持组织人员队伍的稳定。晋升分为常规晋升与破格晋升。按其选择范围,可分为公开竞争型与封闭型;按其依据,可分为年资晋升、绩效晋升、能力晋升和综合晋升。

员工晋升的原则:

①德才兼备。

②机会均等。

③公开公正。

④民主监督。

⑤量材使用。

3)员工降职及其管理

降职是组织内人员垂直调整的另一种形式。一般有下列情形之一,即可对人员实行降职:

①内部组织机构调整而需要精简管理干部,对其进行降职。

②员工不能完成本职工作,调任其他同级工作又没有空缺,对其进行降职。

③应员工本人要求(如身体状况欠佳等),对其进行降职。

④因员工犯错误,对其进行降职。

降职的最大作用是能防止能力低的员工依靠资历的积累而占据重要职位,从而妨碍管理效率的提高。但因降职有许多负面效应,因此应谨慎从事,注意对当事人说明原因并作必要的沟通。

4)员工辞职及其管理

辞职是指员工要求组织解除劳动合同的行为。辞职是员工的权利,组织应予以尊重。员工辞职的原因很多,大致可以概括为 3 个方面:

①个人原因,因个人的健康状况、人际关系、缺少发展机会等辞职。

②报酬原因,员工辞职的基本原因多是为了寻求更高的工资、更好的福利、更有前途的发展机会等。

③管理原因,由于组织管理不善导致员工的不满情绪。

员工辞职可能导致组织人力投资损失,影响组织士气。为此,企业一方面应严格遵守劳动法,尊重员工的自主权,另一方面应改善人力资源管理,提高本企业对员工的吸引力。

5)裁员及其管理

裁员是指组织因故提出与员工终止劳动合同的行为。裁员与开除或辞退不同,它不是因为员工的过失,而是组织根据自己的经营业务需要,主动与员工解除劳动合同。在我国,常见的裁员方式有:下岗、提前退休、内退、买断工龄等。裁员程序是自上而下的过程。人力资源管理部门接到裁员通知后,确定裁员名单,呈报有关部门主管核准。人力资源管理部门再以裁员公告形式公布,并以书面形式通知本人。企业应给被裁人员发放一定的经济补贴,服务年限越长、贡献越大、地位越高,发放标准就越高。

10.3　管理人员选聘

10.3.1　管理人员需要量的确定

确定管理人员需要量,要考虑以下几个因素:

①组织现有的规模、机构和岗位。应根据管理职位的数量和种类,来确定组织一定时期需要的管理人员数量。

②管理人员的流动率。因自然减员和人员外流,都需要补充减员。

③组织发展的需要。随着组织规模的不断发展,未来若干年内对人员的需要量。

综合考虑上述因素,计划未来的管理人员队伍,从而为管理人员的选聘和培养提供依据。

10.3.2 管理人员来源

1）内部提拔

优先从企业内部员工中提拔合适人选来填补空缺是一种明智的选择。据有关资料显示，在美国企业中，大约有90%的管理空缺职位都是由公司内部人员来填补的。因为企业内部选拔管理人员有许多优点：

①内部员工比较了解组织的情况，因此为胜任管理工作所需培训和适应期也会比较短。

②组织的领导者对内部员工的素质和能力了解较多，从内部员工中提拔管理人员风险较小，还可以节省外部招聘费用。

③被提拔任用的人员会感到自己的才干和价值得到了领导的赏识和承认，他们的工作积极性和效率也会随之提高。

④从内部提拔管理人员有利于提高员工对组织的忠诚度，强化组织文化的凝聚力。

但是，内部提拔容易造成近亲繁殖，不利于增强组织活力。

2）外部招聘

尽管从企业内部提拔管理人员有上述优点，但企业内部提拔并不能完全取代企业外部招聘。这是因为高中级管理人员内部提拔后，初级管理岗位留下的空缺，需要从外部招聘人员来填补；当组织扩大规模，新设置管理职位需要人员补充。企业外部招聘管理人员的主要优点是：

①人员来源广，选择余地大，有利于招到一流人才。

②外部应聘人员来自于"五湖四海"，有利于优化组织管理队伍结构，防止组织内部形成"小集团"。

③从外部招聘管理人员能带来新思路、新观点和新方法，有利于增强组织的活力。

④当内部有许多人竞争一个管理职位而难以作出决策时，向外部招聘可平息或缓和内部竞争者之间的矛盾。

企业外部招聘的缺点：

①招聘选拔成本高、风险大，也可能招错人。

②内部员工由于得不到晋升机会，积极性可能受到影响。

③外部人员对组织情况不熟悉，往往需要较长的适应期才能胜任管理工作。

10.3.3 管理人员选聘标准

不同层次的管理工作需要管理者具备不同的管理素质和技能，但不同类型的管理者也应具备一些共同的素质和能力。

1) 作为管理者应具备特殊的心智模式

所谓心智模式是指由过去的经历、知识素养、价值观等形成的基本固定的思维认识方式和行为习惯。作为管理者的心智模式,一是要有远见卓识;二是要有健全的心理;三是要有优秀的品质。

2) 作为管理者必须具备一定的管理能力

这种能力可分为 3 个层次:核心能力、必要能力和增效能力。核心能力突出地表现为创新能力;必要能力包括将创意转化为实际操作方式的能力和从事日常管理工作的各种能力;增效能力则是应变能力和控制协调能力。

3) 作为一个管理者还应具备必要的管理技能

这些管理技能主要包括技术技能、人际技能和概念技能。

10.3.4　管理人员的选聘方式

1) 智力与知识测验

智力和知识测验,是测评管理人员候选人基本素质和知识水平的主要方法。智力测验主要是一种评估个人潜能的测试方法,它可以根据候选人对预先设计的某些问题的回答,来测试其思维能力、记忆能力、反应的敏捷度和观察复杂事物的能力。知识测验主要是了解候选人是否掌握与待聘管理职务相关的基本业务知识和管理知识。如果缺乏这些知识,候选人就无法胜任管理工作。

2) 竞聘演讲与答辩

智力和知识测验可能不足以全面反映一个人的基本素质和知识水平,更不能表明一个人运用知识和智力的能力。因此,选聘管理人员尤其是中高级管理人员时,通常需要由候选人发表竞聘演讲,提出自己任职后的计划和打算,并对选聘人员的提问进行答辩。这既是知识和智力测验的补充,也是为了提供自我展示才能的机会。

3) 案例分析

案例分析主要是对管理职务候选人分析和解决问题的能力以及相应的管理操作能力进行考察。它主要用于考察候选人的综合分析能力和作出判断决策的能力。具体做法是:先让候选人阅读一些关于组织中某些问题的材料,了解并研究某个部门在管理中所面临的主要问题,然后要求他提交一份分析报告。案例中的问题可以是制度问题、财务问题、销售问题或管理过程问题。招聘者可以从报告的形式和内容两方面对其做出评价。这种方法的优点是操作方便,适用于测评某种具体的管理能力,例如问题诊断能力。

4) 情景模拟

情景模拟也是一种使用较广泛的选拔管理人员的有效方法。情景模拟的具体形式一般包括公文处理、与人谈话、无领导的小组讨论、角色扮演和即席发言等,其目的都是要衡量潜在管理者在一个典型的管理环境中的工作状况。在情景模拟的过程中,应有一些经验丰富的管理专家和心理学家对他们进行观察和评价,然后,再由选聘小组综合各专家的评价作出最终的评价结论,以此来判断候选人是否具有管理才能,能否胜任相应的管理职务。

5)评估中心

评估中心是近些年来在西方企业中流行的一种选拔和评估管理人员尤其是高级管理人员的技术方法。这里的"评估中心"不是一个空间的概念,而是一系列选拔和评价管理人员候选人的工具和技术的集合。评估中心的运作方式是,让若干名管理职务候选人在 1 ~ 3 天时间内模拟执行实际工作,同时,由招聘者进行观察和评分。所有测试都强调与他人合作解决实际问题的能力。每天活动结束后,每一个候选人都可以得到一张个人表现的评分表。由于同时采用多种技术手段对管理候选人进行测试,而且内容和形式都很灵活,因此,其可信度较高。但它对招聘人员要求也很高,所花的时间和费用也较高,故一般只用于高级管理人员的选聘。

10.4 员工培训与开发

10.4.1 员工培训

1)员工培训的目的和作用

培训是现代人力资源开发的基本手段。人员培训是保持组织人力资源优势,培养员工适应不断变化工作环境的能力,从而有效实现组织目标的重要措施。由于技术进步、生产经营活动的国际化和人力资源结构的多样化,组织所面临的外部环境日益严峻。因此,如何在竞争中保持组织的人力资源优势,就成了企业在市场立于不败之地的关键。培训是为改善员工的价值观、工作能力、工作行为和工作绩效而进行的有计划的学习活动。

培训有两种基本形式,即"培养"和"训练"。

"培养"也称为工作能力的开发,目的是使培养对象获得做好未来工作所需要的知识和能力,目标比较长远。培养不一定与现有的工作有关,它的着眼点是员工的成长,即开发员工未来担任更高层次工作的能力。对象通常是组织中较高层的管理人员及专业技术人员。

"训练"即工作技能的训练,目的是使培训对象获得做好目前工作所需要的知识和能力,它着眼于传授专门的具体工作技能。训练的对象则是较低层次的人员。

在实际工作中,培养与训练的界限并不那么明显,由于两者的主要功能相同,所使用的方法也大致相同,因此,常把两者合称为培训。

2) 员工培训方式

培训的方式应根据培训目的、培训对象和培训类型等具体情况而定。培训类型除岗前培训外,一般可分为在岗培训和脱岗培训两大类。

（1）在岗培训

大量的培训是在工作岗位上进行的。在岗培训一般由经验丰富的管理人员或员工骨干实地示范工作,可以是在工作过程中,也可以利用工余时间或节假日进行。下面是几种在岗培训的常用方式:

①示范。受训者先观摩演示者的工作示范,然后自己动手练习。这种方法的优点是学习的内容与工作直接相关,针对性强。在示范之后进入辅导教育阶段,建立受训者与培训者之间的互动关系,以促使受训者尽快掌握操作技能。

②指导。由受训者通过观察指导者的工作过程,再模仿其举止行为。指导者在受训者完成一系列练习过程中提供必要的支持和帮助。这种方式特别适合管理人员的培养。

③岗位轮换。通过系统的换岗安排,使员工参与不同工作的活动,扩大其视野,增长其才干,丰富其经验,成为多面手。岗位轮换的主要缺点是由于时间限制,每种工作的时间都不会很长,使受训者可能没有机会完整地掌握某些技能。

④业余进修。员工利用工作之外的时间,通过自学或函授、网上教育等形式获得新知识,进行个人能力的开发。随着知识经济的来临和竞争的加剧,业余进修已越来越引起员工的重视。对于员工的这种自我开发行为,企业应制定相应的政策予以鼓励,以激发员工的上进心和学习热情。

（2）脱岗培训

脱岗培训又叫离岗培训,就是让培训对象脱离工作岗位,集中时间和精力参加培训活动。离岗培训的好处是比较系统、正规,有深度,培训效果较好,尤其对提高管理人员和技术人员的素质非常有效。缺点是短期内会在一定程度上影响单位工作,培训成本较高。离岗培训的具体方式包括:

①课堂讲授法。这是一种最普遍采用的传统培训方法。由教师在课堂中讲解培训课程的概念、知识和原理。它的最大优点是可以在较短的时间内向较多的培训对象传递大量的信息,平均培训成本较低,缺点是单向沟通,受训人员参与性较差。

②视听教学法。用录像带、光盘、幻灯片等电化教学手段实施培训的方法。其优点是通过视听的感官刺激,可以使参训人员留下深刻印象,其缺点是缺乏交流沟通,实际效果较差。

③研讨法。先由专家或专业人士就某一培训专题进行讲座,随后由培训对象就此主题进行自由讨论,以达到深入理解的目的。此法较适用于管理人员的培训。

④角色扮演法。为受训者提供某种工作情景,要求某些受训人担任工作角色,并现场表演,其余受训者观看表演,并观察与模仿培训对象有关的行为,培训师在现场指导和评价,此法一般适用于具体技能的培训,如培养营销人员。

⑤案例分析法。围绕一定的培训目的,把实际工作中面临的问题加以典型化,形成案例,提供给培训对象。让他们通过阅读、思考、分析与讨论,发现问题、分析问题并提出解决问题的办法。此法对培养分析和解决实际问题的能力很有帮助。

⑥商业游戏。将参加培训的人员分为若干小组，每个小组代表一家公司，根据各自公司目标，对各项经营策略作出决策，并通过计算机和网络在模拟的市场中与其他公司竞争。这种培训方法可以用来开发领导决策能力、培养团队合作精神。

⑦网络培训。利用因特网以自我学习为中心的一种培训方式。其特点是培训不受时空限制，员工可以随时随地上网学习所需的知识，这就要求员工有较强的学习主动性和网络知识。如企业有自己的网站和建立了网络培训系统效果更好。

3）员工培训效果的评估

培训效果可以从以下 4 个环节来评估：

①反应。受训者对培训项目的反应。他们是否感到培训项目有价值，他们是否喜欢培训项目。包括受训者对培训课程、培训教员和自己收获的感觉。

②学习效果。受训者对所培训内容的掌握程度。他们是否能理解和回忆起所学的知识和原理，他们是否学会了所教的技能和程序。

③行为变化。行为的评价应在培训结束至少 3 个月后进行。受训者的工作行为是否有所改进，培训中传授的知识和技能在工作中是否有用。

④绩效改善。培训项目后，组织的绩效是否有所改善。这包括：培训对企业的生产经营和管理是否有所促进，生产率是否有所提高，产品质量是否有所改进，事故是否有所减少，离职率是否有所减少。

10.4.2　员工开发

员工培训与开发可称为广义的员工开发，除了包括员工培训这个开发的基本手段外，还包括员工职业计划与职业管理等体贴入微的开发手段。

职业计划和职业管理原本主要是员工个人的事，是他对自己一生或一段时间职业的设想和安排。但是，由于在现代企业中，人力成为第一重要的生产要素和资源，企业就不能不关心和重视员工的职业计划并对员工的职业生涯加强管理了。

员工职业计划与职业管理的成功，需要企业与员工共同努力与相互协作。

1）了解每个员工的职业取向并尽量满足之

企业需要各种不同职业取向的员工。孔子曰："知之者不如好之者，好之者不如乐之者。"企业应尽量满足员工的职业取向。从总体上看，员工的职业取向大致有以下几种类型：

（1）专业技术取向

这种人愿意运用并不断提高自己已有的专业技术，想通过技术水平的发展来提高自己的价值，而不愿意转变为纯粹的管理人员——把与人打交道作为自己的职业。

（2）管理取向

这种人愿意与人打交道，想通过提高自己在人际沟通、分析问题等方面的管理能力，通过适应上司的期望来提高自己在企业中的地位。

（3）组织（地域）取向

这种人只愿意在某一个自己喜欢的特定组织中服务，或者只愿意在某一个城市或地区工作。如有些大学毕业生家乡观念很重,只愿意在家乡工作而不愿意到其他地方工作。

（4）独立取向

这种人不愿意接受他人的领导和组织的制约,因此,喜欢自己创业开办公司或者做咨询师等自由职业者。

2）认识每个员工所处的职业阶段并努力帮助之

为了实现对员工职业生涯的有效管理,企业有必要认清员工在职业生涯各个阶段的不同特征。员工的职业生涯可划分为 4 个阶段:开拓阶段、奠定阶段、保持阶段和下降阶段。各个阶段在核心活动、工作关系和工作角色方面都具有一些不同的特征,如表 10.1 所示。

表 10.1　员工职业生涯的阶段划分表

阶段 内容	开拓阶段	奠定阶段	保持阶段	下降阶段
年龄区间/岁	16～25	20～35	35～55	50～70
工作关系	学徒	同事	师傅	业务顾问
核心活动	辅助、学习、追随	自主、独立、贡献	培养发展他人、进行资源调配、影响组织方向	退出组织
工作角色	依赖他人	独立	为别人承担责任	重要性下降

（1）开拓阶段

员工要确定自己的兴趣和技能水平,并通过教育和培训来提高自己的技能水平。在这一阶段,员工技能的种类和水平、自己以前的工作经历,甚至父母的职业都有可能对员工的职业选择产生重要的影响。

（2）奠定阶段

员工通过提高自己的能力,增强自己对同事和企业的适应性来奠定自己的事业基础。过去,这一过程往往是在一个企业中完成的。现在正在出现的一个重要变化是员工将通过不断的跳槽,在几个企业中来完成这一过程。

实践证明,员工在进入企业的初期就承担具有挑战性的工作,对其以后不断在事业上取得成功有着重要意义。这种最初的挑战性工作可以使员工在以后的职业生涯中保持自己的竞争能力和旺盛的工作热情。影响员工职业发展的另一个因素是初期抱负,一般而言,远大的抱负会使员工得到激励。

（3）保持阶段

员工由于企业所需专业知识和经验的积累,已经成为企业的骨干,能承担更多的责任,对新员工施加更多的影响。如果企业绩效不理想,企业高层次职位的空缺可能更主要地由外部劳动力市场来填充,处于这一阶段的许多员工可能会放弃自己原有的职业,重新开始职业探索。因此,有人将这种现象称为事业上的"中年躁动期"。

员工会遇到以下问题:意识到发展的同时也意识到衰老;意识到年龄增大引起的身体变化;已经知道自己职业目标的实现程度;在工作关系上已经从新手变为教练;

在工作中落伍的感觉不断增强；不想再颠沛流离,渴望工作有保障。员工关注的焦点是工作变更、晋升、降职的可能性以及失业等问题。

企业应该鼓励员工正视自己的不稳定性和不安全感,帮助员工的方法有:

①让中年员工去帮助青年员工,这可以使中年员工保持旺盛的精力,同时也可以使青年员工学习中年员工的工作经验。

②解决或防止中年员工的知识老化问题,可以让他们参加研讨班、听讲座或到大学去学习,还可以给员工安排具有挑战性的工作任务,周期性地改变员工的工作内容,为员工提供有利于相互之间经常交流信息的工作环境,奖励与工作成绩相联系,提倡参与式的领导管理方式。

研究表明,智力活动能力强、具有很强的自我激励意识和非常灵活善变的员工,其知识老化速度比较慢。

(4)下降阶段

在职业的下降阶段,员工的工作责任减少,在企业中的地位和作用下降,人们对老年人的偏见开始增加。这些偏见包括:老年员工的生产效率比年轻员工低;培训老年员工学习工作方法要花费更多的时间和钱;由于年老体弱,老年员工的缺勤率比年轻员工高;老年员工在工作中发生的事故率超过标准;老年员工很难相处等。这些偏见阻碍着老年员工的职业发展,因此老年员工开始为退休作心理上的准备。

企业在人力资源管理过程中,应认清员工职业生涯阶段,努力帮助他们制订好职业计划,使他们在各个阶段获得发展。

3)告诉员工在自己职业计划和职业管理中承担的责任

在对员工进行职业指导和咨询以前,企业应首先确定员工可能选择的职业道路。职业道路是指一个人在一生中可能担任的一系列职务。在为员工确定职业道路时,首先应该进行工作分析,找出工作对员工要求的相同点和不同点,然后将对员工行为要求类似的工作组合在一起,形成一个工作族,并在工作族或工作族之间找出一条职业道路,最后将确定的所有职业道路连接起来,构成一个职业道路系统。

员工的职业道路可以通过分析员工在组织中目前的工作情况来判断。企业对员工职业道路的要求是:具有真实可能性、尝试性和灵活性;能够根据工作内容、任职顺序、组织形式和管理需要进行相应的调整,同时也不要过分集中于一个领域;说明每个岗位要求员工具备的技巧、知识和其他品质以及具备这些条件的方法。

企业应该告诉员工需要在自己职业计划和职业管理中承担以下责任:

①对自己的工作能力、职业兴趣和价值观念进行自我评价。

②分析可供自己选择的职业资源。

③确定自己的发展目标和需要。

④向经理人员说明自己的职业倾向。

⑤与经理人员共同商定双方都可以接受的达到目标的实施方案。

⑥执行双方设定的行动方案。

员工在选择职业和工作单位时,首先应该确定自己的目标,然后根据自己的长远目标考虑可能的企业和可供选择的工作。在无法立即实现自己职业目标的情况下,可以采取"积累"的策略,就是接受那些工资待遇不高但却可以提供有重要学习机会和可以与有价值职业接触机会的工作职位。此外,要谨慎地接受高度专业化和"与世隔绝"的工作,因为一旦接受将可能严重限制自己今后的职业发展。

在员工的任职期间,需要密切关注可能的发展机会,特别是那些有利于自己职业发展的培训学习机会。平时应该认真估计自己的工作情况,包括自己对工作的看法和上司对自己工作的看法,这有助于准确地预测职业的临界点。所谓的临界点,指的是自己不再需要该企业的时间和该企业不再需要自己的时间。如果决定离开自己正在工作的企业,那么应该选择离开的最佳时间,以不放过有利于实现自己长期职业计划的机会。在这一问题上,企业的对策有两种:一是首先考虑和计划尽早延长雇用关系,方法是在具有固定期限的工作合同中加入允许重新谈判和可以延长合同期限的附加条款;二是在工作设计和设备方面增加投入,使企业可以比较容易地更换员工,迅速恢复生产效率,从而适应员工的高流动率。

4)明确企业在实施员工职业计划与职业管理中的责任

员工的职业计划和职业管理必须能够适应企业的需要,即适应企业在员工招聘方面竞争的需要,适应现存的或计划实施的企业结构。企业的高层管理人员在有效实施员工职业计划与职业管理方面负有重要的责任。

（1）企业在实施员工职业计划中应该承担的工作

①充当一种催化剂,鼓励员工为自己制订职业计划。

②为员工提供制订职业计划所需要的培训。

③对于员工职业发展目标的现实性和需要的合理性进行评估。

④提供员工制订自己职业计划所需职业的模型、信息、条件等方面的指导。

⑤辅导员工编制出双方都愿意接受的职业计划。

⑥为员工提供实现职业计划所需要的培训。

⑦跟踪员工职业计划的实施并帮助其进行适当的调整。

（2）企业在实施员工职业管理中应该承担的工作

①设计出搜集、分析、解释和利用信息的便捷方法。

②发现岗位空缺、培训项目和工作轮换等职业发展机会。

③负责组织和更新信息,发挥为员工提供信息的作用。

④为管理人员的决策过程提供信息系统和程序。

⑤综合有关的信息,为岗位空缺等确定合格的候选人并进行选择。

⑥搜集、分析、解释和利用职业管理信息。

⑦监控和评价员工职业管理过程的执行效果。

当然,企业在实施员工职业计划和职业管理的过程中,员工需要承担的责任是向企业管理当局提供自己已经具备的实施职业计划所需要的技能、工作经验和自己职业意愿等方面准确的信息。

10.5　员工绩效评估与报酬

10.5.1　员工绩效评估

1）员工绩效评估的概念

员工绩效评估又称人事评估、绩效考核、员工考核等。简言之,是指定期考察和评估个人或部门工作业绩的一种正式制度。通过绩效评估来衡量、评价员工工作表现,以此来揭示员工工作的有效性及其未来工作的潜能,从而使员工本身、组织乃至社会都受益。

绩效评估是一个重要的人力资源管理工具。涉及员工调任、升迁、加薪等重大的人事决策都必须依据精确的考核结果。每个企业都应建立一套良好的绩效评估系统。

2）员工绩效评估标准的制定

员工绩效评估标准是指用来衡量、评价员工表现的统一尺度。一个有效的绩效评估系统既建立在一套公平、公正、公开、统一的绩效评估标准之上,又来自于对企业状况的分析和个人工作职责的分析。

（1）绩效评估标准的类型

绩效评估的标准包括绝对标准、相对标准:

①绝对标准。就是建立员工工作的行为特质标准,然后将达到该项标准的程度值直接列出,而不在员工之间相互作比较,即以固定标准衡量员工。

②相对标准。就是将员工之间的绩效表现相互比较,将被评估者按某种绩效标准作出顺序排名,以此来评定个人工作的好坏。

（2）对绩效评估标准的要求

一般而言,一项有效的绩效评估标准必须符合下列8项要求:

①标准是基于工作而非基于工作者本人。

②标准是可以达到的。

③标准是为人所知的。

④标准是经过协商而制定的。

⑤标准要尽可能具体且可以衡量。

⑥标准有时间的限制。

⑦标准必须有意义。

⑧标准是可以改变的。

（3）绩效评估标准的制定原则

①注重工作成果和组织效率。这是制定绩效评估标准的基本原则。根据组织目标,就可制定个人或群体的工作行为和工作成果标准。标准应尽可能有多项,每一项

也有很明细的要求,但衡量绩效的总原则只有两条:第一,是否使工作成果最大化;第二,是否有助于提高组织效率。个人工作成果最大化有助于提高组织效率,而组织效率高又具体表现为组织的赢利能力强、产品质量好、客户服务满意度高等方面。

②建立单项或多项标准。"恰当"和"实际"是决定绩效标准时应该把握的原则。绩效评估标准的制定应根据组织及工作内容的复杂程度设立单项或多项绩效评价标准,且必须具备相当的信度和效度。

3)员工绩效评估的主要方法

绩效评估方法直接影响评估结果的正确与否和评估工作的成效。一个好的评估方法,必须有利于使评估结果具备相当高的信度和效度,才能为人所接受。"信度"是指不同评估者和不同评估时间的评估值之间的误差程度,"效度"是指评估值和实际值之间的误差程度。一个好的评估方法还应便于操作,使评估者比较容易鉴别出员工的行为差异,以最客观的意见作评估。绩效评估的基本方法如下:

(1)常规方法

常规方法的特点是简略、概括、综合性强、容易实行。

①排序法。即按绩效表现从好到坏的顺序依次给员工排序。这种绩效表现既可以是整体绩效,也可以是某项特定工作的绩效。但绩效排序仅适合员工数量较少的小企业。

②两两比较法。是指在某一绩效标准的基础上把每一员工都与其他员工相比较来判断"更好"的次数,记录每一员工和任何其他员工比较时被认为"更好"的次数,根据次数的高低给员工排序。

③等级分配法。是由评估小组或主管首先拟定有关的评估项目,按评估项目对员工的绩效作出粗略的排序,然后再设定一个绩效等级并在各等级设定固定的分配比例,按每个人的绩效排序分出绩效等级。

(2)行为评价法

行为评价法的特点是通过对员工工作行为能力、行为造成的事件、行为本身、行为发生的频度等进行员工的绩效评估。

①量表评价法。这是目前应用最广泛的绩效评估法。评价量表通常包括几项有关的评估项目。如,评估中级管理人员的工作成绩时,一般制定的评估项目有:政策水平、责任心、决策能力、组织能力、协调能力、应变能力、社交能力等。对每项设立评分标准,最后把各项得分加权相加,即得每个人的绩效评分。采用量表评价法时,关键是评估项目的制定及各评估项目权重的确定。

②关键事件法。即通过一种客观的方法来搜集评估资料,称之为"关键事件法"。用这种方法搜集的事件资料都是明确、易观察且与绩效好坏有直接关联的。"关键事件法"的 3 个基本步骤:当有关键性事情发生时,填在特殊设计的考核表上;摘要评分;与员工进行评估面谈。

③行为评价法。行为评价法是关键事件的深化和突破,主要是通过行为事实方面的依据来评估员工。这些行为事实即平时记录下来的关键事件,重在产生事件的行为。

④行为观察评价法。行为观察评价法也是基于关键事件法。通过观察被评估者

做某项特定行为的频度,设定与频度相关的分值。这样,在每项行为方面评定分值的基础上,再根据实际需要将各个方面设定不同的权数,从而得出综合分。

（3）工作成果评价法

工作成果评价法,顾名思义其特点就是通过员工最终取得的工作成绩和效果来评估员工的绩效。

①绩效目标评估法。绩效目标评估法类似于目标管理。通过设定特定的、有时限的、有条件的、与组织目标完全一致的绩效目标,包括总目标及各级分目标,然后评估员工达到每一项目标的程度,最后再加权平均的评价方法。

②指数评估法。指数评估法是通过更客观的标准（如生产率、出勤率等）来评估绩效。一般分为定性评估和定量评估,但应以定量评估为主。

4）员工绩效评估的操作

（1）搜集情报

搜集情报是指在一次评估至另一次评估间隔期内观察员工的行为表现或听取组织内其他人员观察到该员工的行为表现。这是绩效评估的基础工作。在搜集资料时,资料的来源一般越多越好,主要有员工工作表现记录,其他与被评估者有来往相关人员的评价等,但后者应慎加选取,以保持其客观公正性。所搜集的资料应再加以分析并以绩效标准修正方可利用。

（2）设定评估的间隔时间

设定评估的间隔时间对评估操作过程而言,也是必不可少的一环。评估间隔时间因工作性质而异,应充分讲求科学性。若间隔时间太短,则要耗费大量的人力、物力、财力,而无激励促进效果;若评估间隔时间过长,则又失去了绩效评估对员工工作应有的监督作用和威慑力,同时又不能使员工及时获得工作反馈信息,影响工作绩效的提高。

评估的间隔时间应因工作性质或评估目的的不同而不同。一般的评估间隔期应为6个月至1年;对于项目制工作,一般应在项目结束后进行绩效评估或在期中、期末进行两次评估;对于培训期员工,则评估间隔期设定应比较短,以使员工及时获得反馈和指导。

（3）360度绩效评估

360度绩效评估又称为全方位绩效评估,即通过被评估者的上司、同事、下属、其本人、顾客从各自的角度对被评估者进行全方位评估,以全面、客观了解被评估对象,增强绩效评估的信度和效度。

（4）制订绩效改进计划

进行绩效评估的主要目的是改进绩效。在评估之后,组织主管和员工应共同制订绩效改进计划。而绩效改进计划设计的目的又在于使员工改变其行为。为了使改变能实现,首先员工要有想改变的愿望,员工必须知道要做什么、该如何去做,同时企业应努力营造一种积极向上、鼓励改进绩效的环境,并对其取得的进步予以奖励。

10.5.2　员工报酬

1）员工报酬的概念

员工报酬,是指作为个人劳动回报而得到的各种类型酬劳。报酬分为直接经济报酬和间接经济报酬。其中,以工资、奖金、津贴等形式支付给员工的货币性报酬属于直接经济报酬,也就是广义的工资;医疗、退休、失业、生育、工伤保险和带薪休假等属于间接经济报酬,也就是通常所称的员工保险和福利。

报酬是柄双刃剑。一方面报酬是激励员工卓有成效地工作、达成企业目标的主要手段;另一方面,报酬又是企业运作的主要成本之一。一旦运用不当,后果极为严重。所以报酬管理是人力资源管理中重要的一环。

2）员工报酬的内容

（1）广义工资

①工资。又称基本工资,是组织按期以货币形式付给员工的报酬,其数额通常是固定的,除晋级以外很少变动。工资通常定有等级工资表,员工工资的数目是根据等级工资表定出来的。

②奖金。奖金是对员工超额劳动支付的报酬。企业发放奖金的目的是激励员工努力工作,为企业多作贡献。奖金的形式多种多样。按时间分有月份奖、季度奖、年终奖等;按奖励对象分,有个人奖和集体奖;按奖励内容分,有超产奖、节约奖、建议奖、综合奖、特殊贡献奖等。

③津贴。津贴是对特殊付出的补贴。津贴可分为补偿性和资助性两种。前者是对员工在特殊工作条件或环境下工作给予的经济补偿,如加班津贴、夜班津贴、交通津贴、出差津贴;后者是在因受一些外部因素影响而导致员工实际收入下降时,企业给予员工的特殊生活补助,如房租补贴、物价补贴、助学补贴等。

④股权。企业以股权或期权等作为对员工的报酬,是一种长期激励手段。目的是能够让员工为企业长期发展而努力工作。这似乎是一种新兴的货币报酬形式,现在少数国内企业实行它,国外多数企业实行它。其实,明清时期的晋商票号就普遍实行股权并且作为货币报酬的主要部分。

（2）福利

福利是通过举办集体生活设施、提供服务和建立补贴制度等方式,解决员工在物质与精神生活上的普遍需求和特殊困难。福利包括建立食堂、浴室、托儿所、图书馆、俱乐部、运动场、疗养院等集体福利设施,也包括员工个人生活困难补助、探亲补助、上下班交通补助、冬季取暖补助等个人福利。

（3）社会保险

社会保险旧称劳动保险,是在员工暂时或永久丧失劳动能力后给予员工生活的物质保障。社会保险包括失业、养老、工伤、生育和医疗等内容。大部分保险基金都是由国家、企业和员工共同筹集的。

3）工资决定的原则

①补偿性原则：即工资应保障员工收入能足以补偿劳动力再生产的费用。

②公平性原则：即工资分配应全面考虑外部竞争力和内部一致性要求，体现外部公平和内部公平。

③透明化原则：即工资分配方案必须公开透明，能让员工了解自己的利益与其贡献、能力、表现的联系。

④激励性原则：有效的工资制度应能够刺激员工努力工作，多作贡献，有助于吸引、保持和激励员工。

⑤经济性原则：即工资决策应进行成本核算，避免人力成本的过快上升。

⑥合法性原则：即工资制度必须符合有关政策与法律法规。

4）基本工资制度

目前企业中流行的工资制度主要有以下几种：

（1）职务等级工资制

这是根据员工目前所担任职务来决定其报酬的一种工资制度。它的特点是：员工只能根据目前的职务得到报酬；只要员工的职务有所变化，其报酬也会自动随之改变。职务等级工资制的优点是工资等级能反映出不同职务工作的复杂程度、繁重程度、责任大小和风险高低，缺点是不能较好地体现工资的激励性，也不利于员工的内部流动。

（2）岗位技能工资制

这是根据员工所拥有的与工作相关的技能和知识水平来决定员工报酬的一种工资制度。在这种工资制度下，员工的工资不是与岗位而是与技能相联系，员工要想增加工资，必须证明自己已经掌握了高一级岗位的要求以及技能，并通过测试加以确认。与职务等级工资制相比，岗位技能工资制有三大优点：一是员工不提职也有增加工资的机会；二是能鼓励员工努力学习，掌握多种技能；三是有助于灵活调配员工，提高员工内部的流动性。岗位技能工资制的主要缺点是可能会出现完成同样工作的人因为技术级别不同而获得不同工资的情况，此外也可能会造成企业的工资成本过快增长。

（3）年功序列工资制

这是根据员工工龄的长短决定报酬的工资制度。其理论依据是员工工龄越长，技术熟练程度就越高，对企业的贡献就越大，工资因而也越高。其基本特点是依据员工的工龄、资历等因素来确定工资标准，与劳动质量没有直接关系。这种工资制度的优点是能使员工预期将来会有较高的工资而甘心接受开始工作时的较低工资，从而有利于阻滞员工特别是工作经历长的老员工离开企业，稳定员工队伍。但也可能会强化员工工资与劳动数量和质量的脱节，并形成起点工资低，工资差别大的报酬结构，不利于工资激励功能的发挥。

（4）协议工资制

这是以劳动者为一方，用人单位为另一方，通过直接协商或谈判来确定工资支付标准，并将确定的工资标准写入劳动合同的一种工资制度。其基本特点是能真实地反映各种劳动力的市场价值和供求关系,工资随行就市,劳动者和用人单位双方都能接受。协议工资制既适用于无组织的劳动力市场,也适用于有组织的劳动力市场,前者一般采用个人协议方式,后者一般采取集体协议方式。无论采取哪种方式,都必须保证协议工资不低于当地法定最低工资标准,并遵守同工同酬原则。

[本章小结]

人力资源管理是指为了实现既定目标,运用现代管理方法和手段,对人力资源的获取、开发、利用和保持等方面进行的管理。它是从传统的劳动人事管理演变发展而来的,以人为中心、将人力资源作为资本、主体是市场、由执行层进入决策层、需要综合运用各种现代管理手段的管理。

人力资源管理的重要观念有:

①人力是第一生产要素。

②高素质人才是由粗放型向集约型经济转变的关键。

③"以人为中心"的理念是现代管理的精髓。

④人力资源管理是实现管理目标的决定性因素。

人力资源管理的内容包括:人力资源计划、员工招聘、员工配备、员工培训与开发、员工绩效评估、员工报酬和员工日常管理等。

广义的员工配备的内容包括:制订人力资源计划、工作分析、员工招聘、录用和上岗引导。员工配备的原则有:人岗匹配、能级层序、互补优化、公平竞争和动态适应等原则。

员工日常管理主要有员工调配、员工晋升、员工降职、员工辞职、裁员等管理。

确定管理人员需要量,要综合考虑。管理人员来源有内部提拔和外部招聘,各有利弊。不同层次的管理工作需要管理者具备不同的管理素质和技能,但不同类型的管理者也应具备一些共同的素质和能力。管理人员的选聘方式有:智力与知识测验、竞聘演讲与答辩、案例分析、情景模拟、评估中心。

培训是现代人力资源开发的基本手段,其方式应根据培训目的、培训对象和培训类型等具体情况而定,除岗前培训外,一般可分为在岗培训和脱岗培训两大类。

员工培训与开发可称为广义的员工开发,除了包括员工培训这个开发的基本手段外,还包括员工职业计划与职业管理等体贴入微的开发手段。企业应该了解每个员工的职业取向并尽量满足之,认识每个员工所处的职业阶段并努力帮助之,告诉员工在自己职业计划与职业管理中承担的责任,明确企业在实施员工职业计划与职业管理中的责任。

员工绩效评估是指定期考察和评估个人或部门工作业绩的一种正式制度,也是一个重要的人力资源管理工具。绩效评估的标准包括绝对标准、相对标准。绩效评估的基本方法有:常规方法(排序法、两两比较法、等级分配法)、行为评价法(量表评价法、关键事件法、行为评价法、行为观察评价法)和工作成果评价法(绩效目标评估法、指数评估法)。员工绩效评估的操作应为:搜集情报、设定评估的间隔时间、360度绩效评估、制订绩效改进计划。

员工报酬是指作为个人劳动回报而得到的各种类型的酬劳,分为直接经济报酬和间接经济报酬。其中,以工资、奖金、津贴等形式支付给员工的货币性报酬属于直接经济报酬,也就是广义的工资;医疗、退休、失业、生育、工伤保险和带薪休假等属于间接经济报酬,也就是通常所称的员工保险和福利。

工资决定原则有:补偿性原则、公平性原则、透明化原则、激励性原则、经济性原则、合法性原则。目前企业中流行的工资制度主要有以下几种:职务等级工资制、岗位技能工资制、年功序列工资制、协议工资制。

[思考题]

1.什么叫人力资源管理?人力资源管理与劳动人事管理有哪些区别?

2.应该树立哪些人力资源管理的重要观念?

3.企业人力资源管理有哪些内容?

4.员工配备有哪些内容和原则?员工日常管理主要有哪些工作?

5.什么是工作分析?工作分析有何意义?如何进行工作分析?

6.从内部和外部选聘人员各有何优缺点?试述员工招聘工作的重点和管理人员选聘的方式。

7.员工培训的目的和作用何在?员工培训有哪些类型和方法?

8.什么是绩效评估?绩效评估的主要方法有哪些?绩效评估如何操作?

9.报酬有哪些具体内容?各有什么特点和作用?

10.试比较:职务等级工资、岗位技能工资、年功序列工资的利弊。

[案　　例]　　松下幸之助的用人之道

松下电器公司把"集中智慧的全员经营"作为公司的经营方针。公司根据长期人才培养计划,开设了各种综合性的系统的人才培养机构。

松下的人才观

他经营思想的精华——人才思想奠定了事业成功的基础。松下先生说:"事业的成败取决于人","没有人就没有企业"。"松下电器公司是制造人才的地方,兼而制造电气器具。"松下的心愿是这样的:事业是人为的,而人才则可遇而不可求,培养人才就是当务之急。"别家公司输给松下电器公司,是输在人才运用。"

人才的标准:不念初衷而虚心好学的人,不墨守成规而常有新观念的人,爱护公司和公司成为一体的人,不自私而能为团体着想的人,有自主经营能力的人,随时随地都有热忱的人,能得体支持上司的人,能忠于职守的人,有气概担当公司重任的人。

松下的选才观

1.人才可遇不可求,人才的鉴别,不能单凭外表,人才效应不能急功近利,领导者不能操之过急。

2.吸引人们来求职的手段,不是靠高薪,而是靠企业所树立的经营形象。

3.争取人才最好不要去挖墙脚。

4.人员的雇用,以适用公司的程度为好,程度过高不见得合用。只要人品好、肯苦干,技术和经验是可以学到的,即所谓劳动成果=能力×热忱(干劲)。

松下的人才培训观

凡新招收的职工,都要进行 8 个月的实习培训。对员工实行社内留学制度、海外留学制度。

1.注重人格的培养。

2.注重员工的精神教育和才能培养。

3.培养员工的专业知识和正确的价值判断。

4.训练员工的细心。

5.培养员工的竞争意识。

6.重视知识与能力相结合。

7.恶劣环境促使成功。

8.人才要配合恰当。不一定每个职务都要选择精明能干的人来担任。在人与人的组合调配上,如果编组恰当,一加一可能会等于三、等于四,甚至等于五,万一调配不当,一加一可能等于零,更可能是个负数。

9.任用就得信任。

10.采用强过自己的人。员工某方面的能力强过自己,领导者才有成功的希望。

11.创造能让员工发挥所长的环境。

12.不能忽视员工的升迁。

激励职工

在精神方面:提倡"全员经营"。"如果职工无拘无束地向科长提出各种建议,那就等于科长完成了自己工作的一半,或者是一大半,反之,如果造成唯命是从的局面,那只有使公司走向衰败的道路。"职工提出的合理化建议,按成效分成 9 等,有的表扬,有的奖励,贡献大的给予重奖。

在物质方面:推行周休二日制,采用按照工作能力确定报酬的新工资制度,不断提高职工的工资收入。规定"35 岁能够有自己的房子";赠给职工私人财产 1 亿日元为基金的"松下董事长颂德福会",实行"遗族育英制度"等。

案例问题

1.分析松下公司人力资源管理的特点。

2.你认为松下公司在人力资源管理方面有哪些值得学习、借鉴的地方?

3.你对"松下电器公司是制造人才的地方,兼而制造电器器具"这句话是怎样理解的?

4."以适用公司的程度为好,程度过高不见得合用""不一定每个职务都要选择精明能干的人来担任""采用强过自己的人"。对松下公司以上几种用人观点,你是怎样理解的?

第 11 章
企业文化与公共关系

【学习目标】

　　了解企业文化的概念、结构和功能,把握企业文化建设的原则,熟悉企业文化建设的程序,了解企业公共关系的概念并能够进行相应的界定,认识企业公共关系的重要性、特征和职能,熟练掌握公共关系工作的程序。

11.1　企业文化

11.1.1　企业文化的概念

企业文化,是指在一定社会历史条件下,企业在物质生产过程中形成的具有本企业特色的文化观念、文化形式和行为模式。企业文化具有:①整体性;②凝聚性;③稳定性;④时代性;⑤人本性。

11.1.2　企业文化的兴起

应该说,自从有了企业便有了企业文化。但是,作为一种有意识的实践,则开始于第二次世界大战后的日本;作为一种企业管理理论体系,20 世纪 80 年代美国有一大批相关著作问世。第二次世界大战以后,日本经济崛起的奥秘何在呢? 美国管理专家认为,形成日本企业巨大生产力和强劲竞争力的,不仅仅是发达的科学技术、先进仪器设备等物质经济因素,同时包括了更为深刻的社会历史、文化传统、心理状态等文化背景的因素,正是上述诸多因素的融合,形成了日本企业独具特色的风格,铸就了日本企业与众不同的企业文化。

中国正式提出"企业文化"这一概念是在 1986 年。而真正推动企业文化建设在中国兴起的根本原因,还在于改革开放和社会主义市场经济体制的逐步建立,使企业文化成为企业进入市场经济和自身发展的内在要求。

11.1.3　企业文化的结构

企业文化由 4 个层面构成,即:物质文化、行为文化、制度文化和精神文化。其中精神文化是企业文化的核心和基础,处于深层位置,可称为深层文化;物质文化,处于最表层位置,可称为表层文化;行为文化,处于浅层位置,可称为浅层文化;制度文化,处于中层位置,可称为中层文化。

11.1.4　企业文化的功能

1)导向功能

企业文化的导向功能是指企业文化对企业员工和企业生产经营活动发挥着引导作用,长期引导员工为实现企业的目标而努力。优秀企业文化可以直接引导员工的心理、行为朝着企业目标而努力。

2)凝聚功能

当企业文化被员工认可和接受之后,企业文化就成为一种黏合剂,把全体员工凝聚在创新目标之下,有助于形成员工的群体意识,改善人际关系,调动员工积极性,为实现企业目标而努力。松下电器公司每天对员工进行"七精神"教育,上班前全体职工聚集广场高唱社歌,背诵"七精神";下班后,要对照"七精神"检查自己一天的言行。

3)约束功能

企业文化的约束功能是通过一种观念的力量、氛围的影响、团队行为准则和道德规范等去约束、规范、控制员工的个人行为来实现的。企业文化约束不是硬约束,而是一种软约束,一旦一个企业的团队意识、内部风气和风尚等企业文化内容形成,就会造成强大的,使个人产生从众化的团队心理压力和动力,使个人在协作劳动过程中产生心理共鸣,进而自我调整,控制自己的行为,自觉符合组织要求。

4)激励功能

企业文化以经济学中的人本主义为理论基础,把尊重人作为它的中心内容,以人的管理作为整个管理工作的中心,它对人的激励不是一种外在的激励,而是一种内在的激励,是通过企业文化的塑造,在员工心目中树立起共同的思想观念和行为准则,使企业员工理解到自身工作的重要意义,从而激励员工发挥自己最大的潜力、最高的工作热情实现企业目标。

5)辐射功能

优秀的企业文化不仅对内部员工有凝聚力,而且能对企业外部产生一种强烈的吸引力和感召力,可以使企业在与其他社会经济团体的交往中树立起良好的信誉和形象。

6)渗透功能

企业文化作为一种民族意识的表现形式,民族意识必然会对管理模式的形成及其作用的发挥产生较强的渗透。当然,企业文化也会潜移默化地影响着社会文化,对社会产生反向的渗透,成为改良社会的一个重要途径。

上述这六大功能之间相互影响,综合发挥作用,成为企业发展的动力源。其中导向功能是根本,它始终如一地激励企业员工为企业共同利益和共同目标的实现而努力。

11.1.5　企业文化的建设

企业文化建设是一项复杂的系统工程,要遵循一定的原则,按照一定的步骤来进行。

1)企业文化建设应遵循的基本原则

(1)必须坚持物质与精神相统一的原则

企业文化建设必须坚持物质与精神相统一的原则,要克服只重肤浅的、外在的、有形的物质文化建设而忽视内在的、深层次的、精神文明建设。

（2）必须坚持民族性与国际性相统一的原则

企业文化建设要充分重视民族文化传统的影响，考虑民族心态对外来文化认同与接受的程度；另一方面，也需要借鉴吸收西方国家的有益部分。

（3）必须坚持个性与共性相统一的原则

企业文化有共同规律，不可违背。但是，企业文化的个性差别也是客观存在的，缺乏个性和特色的现代企业文化，必然流于形式或空泛，是没有生命力的。

（4）必须坚持员工主体作用与企业领导和专家相结合相统一的原则

员工是企业的主体，企业领导和专家又是企业行为的主导。企业文化只有扎根在广大员工中才有生命力，只有接受企业领导和专家的领导与指导才能提高水平。

（5）形式与内容相结合的原则

企业文化的建设很容易流于形式化，这就完全背离了企业文化建设的方向。企业文化建设，首先应当考虑内容的建设，其次，才是采取什么形式的问题。当然，员工喜闻乐见、通俗易懂、易于流行的形式也很重要。要把内容与形式有机地结合起来。

2）企业文化建设的程序

建设企业文化是一项综合性的、复杂的系统工程，不可能一蹴而就，要经历探索、建设、积累和创新的过程。优秀企业文化的构建需要企业有意识、有目的、有组织地长期倡导、培育、强化、总结、提高，还要经过筛选、沉淀、积累和升华的过程。更需要在与社会大环境的相互作用中逐步得到实现，企业文化建设要遵循企业文化的发展规律，依据科学的程序和方法进行系统建设。根据我国一些企业的经验，现代企业文化建设的一般程序是：

①调查分析。

②规划设计。

③论证实验。

④传播执行。

⑤评估调整。

⑥巩固发展。

11.2　公共关系

11.2.1　公共关系的概念

公共关系是社会组织以塑造良好形象和信誉、获取社会公众的信任与支持为目的，通过传播、沟通手段与相关公众建立起相互了解、理解和信赖的关系，谋求实现组织与公众双方利益的活动过程和活动结果。

公共关系包含以下几层含义：

①公共关系的主体（行为主体）是具体的组织机构。

②公共关系的客体是公众。

③联结公共关系主体与客体的纽带是传播、沟通手段。

④公共关系的目标是为组织机构树立良好的公众形象。

11.2.2　公共关系的特征

1)公共关系追求的是组织与相关公众之间的良好关系

任何组织都必须通过科学地分析与处理各种有关的社会关系,创造最佳的生存环境。而公共关系便是协调各种公众关系、争取公众舆论支持、创造良好公众环境的一种工作。

2)公共关系的基本原则是实事求是与互惠互利

诚信是公共关系活动的信条。公共关系要求组织必须对公众坦诚相待,实事求是,绝不能有任何欺骗公众的行为;否则,将会把公众推到组织的对立面。开展公共关系活动,还必须奉行互惠互利、共同发展的原则。

3)公共关系是一种双向传播活动

公共关系是靠信息传播和交流活动来协调组织与公众之间的关系。这种信息传播不是单向的,而是双向的信息交流,既要向公众及时、准确、有效地传递自己的信息,又要随时搜集整理公众的反映意见和建议,及时调整自己对公众的政策并让公众知道。公共关系的信息传播往往还是一种情感交流和态度的融合。

4)公共关系是一种服务于长期战略的自觉行动

组织信誉的形成、良好形象的树立并不是一朝一夕就能做到的。公共关系工作必须靠组织的自觉行动和长期持续努力,应追求长期稳定的战略目的。

11.2.3　公共关系的界定

1)公共关系与人际关系

人际关系是指人与人之间的相互联系、相互影响作用。不否认公共关系需要交际、社交,公共关系有相当一部分工作要有人际关系的基础。社交只是公共关系的众多手段中的一种,并不是主要手段。人际关系更不是公共关系工作的主要内容。如果组织的公共关系工作只是停留在那些交际应酬活动上,那就说明它的公共关系工作尚未进入专业阶段。

公共关系与人际关系的区别在于:

①两者的行为主体不同。公共关系的行为主体是组织,而人际关系的行为主体是个人,沟通对象也是个人,处理的是个人与个人之间的关系。

②两者的联系方式和范围不同。公共关系借助现代传播、沟通手段,其沟通范围广、信息量大,处理的公众问题比较复杂,难度大;而人际关系则是个人通过语言或非

语言符号直接与他人接触,联系范围小,信息量也小,处理的个人问题比较简单。

③两者的目的不同。从本质上说,公共关系是组织与社会公众之间的双向信息交流和建立良好合作关系。而人际关系的目的是建立个人之间的和谐关系,营造良好的个人生存和发展环境。

可见,人际关系只是公共关系活动的一个方面,两者相互交叉,但又相互区别。

2)公共关系与庸俗关系

庸俗关系是对社会上各种不正之风、腐败现象的统称。这种庸俗关系与现代公共关系有本质区别:

①两者产生的基础不同。公共关系是在商品经济、民主政治和大众媒介高度发展的情况下产生的;而庸俗关系是社会生产力不够发达,消息闭塞,沟通渠道不顺畅,以及集权政治所带来的权利关系和人与人之间的依附关系。

②两者的表现形式不同。公共关系是组织本着诚实守信、光明正大的原则,通过各种传播、沟通手段,与社会公众建立良好关系,一切活动都是公开进行的;而庸俗关系是一种权钱交易、相互利用的关系,其活动多是较隐蔽的。

③两者的目的不同。公共关系是组织通过营造良好的公众形象,获取公众的理解、信任、支持与合作,谋求组织与公众双方利益都得以实现;而庸俗关系是通过不正当关系捞取个人或小集团的利益。

④两者产生的影响不同。公共关系是组织致力于谋求与公众建立一种相互理解、信任、友善和合作关系,有助于社会文明程度的提高。而庸俗关系对社会文明的发展起阻碍作用。

3)公共关系与宣传

宣传与公共关系都是信息传播活动,而且都是借助各种传播媒介向公众发布信息的。但也有明显的区别:

①宣传是一种单向的传输行为,传播者以单向灌输的方式向他人传播自己的观点。而公共关系的传播是双向沟通,它既强调及时、准确地向公众传播社会组织的有关信息,又注重社会公众的信息反馈。

②宣传是通过传播活动来影响和控制他人的思想、态度和行为的。为了达到这一目的,传播者既可以实事求是,亦可能对事实进行夸张、渲染和歪曲。而公共关系要求尊重事实,说真话,既报喜又报忧,以真诚的态度去获得公众对自己的正确理解、支持与合作。

4)公共关系与广告

广告是广告主花钱购买传播媒介(如电视转播时间,报纸、杂志的版面)的使用权,利用它对公众进行自我宣传的一种传播活动。广告在推出商品、服务的同时,也有为组织树立形象、建立信誉的效果。公共关系不等于广告,公共关系工作的确需要做广告,但广告只是公关活动众多手段中的一种,而不是唯一的。公共关系与广告的区别:

①公共关系的传播手段比广告多。广告主要靠媒体如电视、广播、报纸、杂志来

传播信息,并辅之以路牌、灯箱等;而公共关系可以利用人类传播的一切方式和手段,包括人际传播、公众传播、组织传播等。

②公共关系的目的是塑造组织的良好形象,它向公众发布的任何信息都必须是真实、可信的,不能夸张、渲染,更不能隐瞒、欺骗;而广告的目的是吸引公众的注意,可能会采用一些艺术性的夸张手法,主观性比较强。

③公共关系是一种长期性、战略性和整体性的工作,而广告是一种短暂性、具体性和局部性的工作。

5)公共关系与营销

营销是以等价交换为特征的市场交易活动。公共关系已经被广泛地运用于各种产品的营销活动中,虽然公共关系不直接产生促销作用,但它能帮助企业营造良好的营销环境,促进整个市场营销活动的开展。公共关系与市场营销有着密不可分、相辅相成的关系,但我们不能因此把两者混为一谈。两者有明显区别:

①公共关系是一种信息传播活动,这种活动贯穿于组织的整个经营管理过程,通过塑造组织的良好形象,最终实现组织的经济效益和社会效益;而营销是一种纯粹性的商业行为,它通过推销产品,直接实现企业的经济利益。

②营销是企业独有的一种经济活动,通过这种活动,企业可以直接满足公众的物质需求;而公共关系是任何组织都可以开展的工作,从某种角度看,公共关系也可以视为满足公众需求的交换活动,但它满足的不是物质需求,而是相互了解、理解、信任的需求。

11.2.4　公共关系的重要性

1)市场经济的发展需要公共关系

改革开放以来,我国市场经济的发展使社会经济结构和经济生活产生了深刻变化,迫切需要公共关系。这些变化主要表现在:

①企业规模日益扩大、经营范围多元化、市场范围多元化、市场领域扩展、协作关系纵横交错。

②社会专业化程度大大提高,企业之间相互依存、相互依赖的关系大大强化。

③企业竞争日趋激烈。企业之间争取顾客的竞争日趋白热化,消费者在市场中的地位越来越重要。企业要在复杂的内外环境中求得平衡、协调的发展,就必须借助公共关系。文化、卫生、教育等各项事业的发展,也迫切需要公共关系。需要在广大公众中树立良好的形象和信誉。

2)全方位的对外开放需要公共关系

我国全方位的对外开放需要加强与世界的双向沟通。一方面我们需要了解世界,了解国外的政治、经济、技术、管理、文化、消费习惯等方面的情况,引进对我国建设和发展有利的资金、技术和经验;另一方面我们也有必要向外部世界宣传中国,增进世界各国对中国的了解、理解和好感,塑造中国在世界舞台上的良好形象。形象管理的问题日益突出,需要加强组织及人员的公关意识和形象管理。另外,全方位的对外开放,使许多组织和人员直接进入国际沟通交往的大环境,这就需要我们调整交往观念,学会按国际惯例规范自己的行为。学习和研究公共关系,有助于我国组织在国际活动中与国际公众建立和维持良好的合作关系。

3) 创造和谐、稳定的内外环境要依靠公共关系

改革开放和市场经济的发展需要和谐、稳定的内外环境,和谐、稳定的社会环境,有赖于政府与公众之间形成相互了解、理解、信任与合作的气氛,这就需要普及公共关系知识,强化公共关系意识。在组织内部也需要一个良好的人际环境。具体包括:

(1)树立形象观念,掌握自我塑造艺术

现代公共关系是塑造形象的艺术,学习和研究它,可以帮助组织或个人树立形象意识,把握形象塑造和自我推销的方法,并学会维护自身的良好形象。

(2)树立"人和"观念

在当今社会,一个组织或个人要真正成就一番事业,必须有良好的内外关系,得到他人的理解、信任、支持与合作。树立"人和"的观念,学会如何与别人相处、如何改善各种关系,是组织或个人求生存和发展的一项必备能力。

(3)树立传播、沟通观念,学会自我推销

在信息爆炸、竞争激烈的社会,谁会主动得体地表现自己、推销自己,谁在人们心目中的知名度和美誉度就大,也就能够获得更多更大的发展机会和发展空间。

(4)树立"公众至上"观念

"公众至上""顾客就是上帝"是现代公共关系的重要思想。学习、研究公共关系,可以使我们在工作中时时为公众着想,处处为公众服务,增强公仆意识。

11.2.5　公共关系的职能

1) 塑造形象

组织形象就是社会公众对某一个具体组织机构的整体印象和评价。组织形象主要由以下几个要素构成:

①产品形象。就是公众对组织所生产产品或提供劳务的印象和评价。具体包括对产品的质量、功能、品种、包装、外观、商标等方面的印象和评价。服务行业的项目、品种、服务质量等,都是特定组织的产品形象。产品形象是组织形象的基础,它直接影响到组织形象的好坏,因此产品形象应该被放在最重要的位置。

②人员形象。就是公众对组织成员品行、素质、能力、作风、态度、仪表等方面的印象评价。它是组织形象的化身,在人员形象中,领导人在组织中处于核心地位,他们是组织的代表,在人员形象塑造中,领导人起着表率作用。

③环境形象。就是公众对组织环境美化和净化程度的印象和评价。具体包括组织的生产环境、销售环境、办公环境以及各种附属设置。环境形象反映企业的经济实力、管理水平和精神风貌,是组织向社会公众展示自己的重要窗口。

④标识形象。就是公众对组织标志和识别系统的印象和评价。具体包括组织的

名称、品牌、徽记、广告、音乐、标准字体、色调、包装设计、宣传风格等。

⑤文化形象。就是公众对组织文化要素的印象和评价。包括组织经营理念、价值观、组织目标、组织精神、组织的历史与传统、组织的礼仪和行为规范以及口号、歌曲、服装、训诫、旗帜和各种宣传品等。文化形象最能体现组织形象的内涵。

⑥设施设备形象。就是公众对组织设施设备的先进性和完好率的印象和评价。

从以上的组织形象要素看，其可以划分为内在和外在两大类。内在要素包括质量、性能、素质、能力、品行、观念、意识、态度等。外在要素包括外观、包装、作风、仪表、品牌、商标、名称、广告、色彩、设备等。组织形象是由内在和外在要素综合反映出来的，是内在和外在要素的统一。

公众对组织形象的评价可以从知名度和美誉度这两个指标去把握。

知名度是指一个组织被公众知道和了解的程度。是衡量一个组织名气大小的客观尺度。知道和了解的人越多，说明其知名度也就越高。美誉度是指一个组织获得公众赞许、信任、接纳、合作的程度。它是评价组织声誉好坏的社会指标，侧重于"质"的评价，即组织声誉的美丑、好坏。声誉好，美誉度就高。

良好的组织形象是高知名度和高美誉度的有机统一。但往往两者不能同步形成和发展。有知名度不一定有美誉度，有美誉度不一定有知名度；知名度高，美誉度不一定就高；知名度低，也不一定美誉度就低。

知名度与美誉度的关系是：知名度需要以美誉度为客观基础，才能产生正面的积极效果；同样，美誉度也需要以一定的知名度为前提，才能充分显示其社会价值。美誉度是社会组织最宝贵的无形财富。任何组织要想塑造良好形象，必须把提高知名度和美誉度作为自身追求的目标，尤其应当把提高美誉度作为本组织公关工作的主要任务。

2）搜集信息

公共关系的本质就是双向的信息交流。因此，搜集和掌握相关信息，是公共关系最基础的工作。公共关系搜集的信息与一般的信息有些不同。主要围绕组织形象这一核心问题而搜集和传播的各种资料、消息统称为"公共关系信息"。具体包括：产品形象信息（包括产品质量、性能、功能、价格、款式、品种、售前售后服务等）；组织形象信息（包括组织的机构设置、办事效率、财政与人员的实力、技术和服务水平、人员素质和精神风貌、管理制度等）；公众需求信息（包括公众的不同层次需求、公众眼前和未来的需求、公众的投诉等）；竞争对手的信息（包括对手的发展状况，决策和管理的经验、教训等）；其他各种信息（新闻媒介对组织的报道和评价，社会的政治、经济、文化、法律的政策，时尚潮流，舆论热点等）。当今世界处于信息时代，信息就是资源，就是财富。

公共关系信息搜集的主要方法有：

①通过传播媒介，如通过阅览、收听、收看报纸、杂志、电视广播和互联网等，可以获得大量的信息。

②利用参与各种活动，如宴会、演讲会、展览会、新闻发布会、学术活动、庆典活动、联谊会、晚会等方式，可以获得信息。

③直接听取公众的建议和意见，如公众的来访和投诉，与公众座谈以及跟踪调

查,可以获得信息。

④通过实践调查,如对公众进行采访、实地考察等方式,可以搜集资料。

3)协调关系

协调关系是一种广结人缘的工作,是要在公众心目中树立一种可亲的形象,使组织与公众之间的关系处于一种和谐状态,为组织创造一个"人和"的环境。一个组织要处理好同许多公众的关系,比如顾客关系、社区关系、员工关系、股东关系、政府关系、媒介关系、供应商关系、教育科研关系、协作关系等。所有这些关系分成两大类:内部关系和外部关系。

4)咨询建议

所谓咨询建议是指由专门业务人员就某个或某些问题向决策层提供可靠的情况说明和意见,从公共关系角度讲,是指公共关系人员向决策管理部门提供有关公共关系方面的情况和意见。从公共关系角度讲,咨询建议主要包括以下几方面内容:公众的一般情况咨询、特殊情况咨询、市场动态和公众心理预测、公众专门情况咨询等。

5)危机处理

危机是指组织与公众发生冲突,或出现突发事件,使公众舆论反应强烈,组织形象受到严重损害而陷入困境的情况。危机处理包括常见的公共关系纠纷处理和恶性突发事件的处理,以及危机平息后重塑企业形象。

11.2.6　公共关系的工作程序

1)调查分析

调查分析是公共关系工作程序中的第一步。调查是公共关系工作了解情况、找准目标、制订计划和顺利实施计划的基础。它为公共关系工作指明方向。公共关系调查是社会调查的一种,它是运用一定的方法,有计划、有步骤地去考查组织的公共关系状态,搜集必要的资料,综合分析各种因素及相互关系,以掌握实际情况,解决组织面临实际问题的一种社会实践活动。

(1)调查的主要内容

①组织基本情况的调查。本组织基本情况是一切公共关系活动的基本材料。组织基本情况包括:组织的发展历史,发展目标和方向,管理情况,实力,重大事件和人物,对社会的贡献,经营特色,人员的素质、性别、文化结构、年龄结构、家庭情况以及市场占有、产品、服务、价格等方面的基本情况。

②公众态度调查。把握公众对组织的态度和看法,是组织改进公共关系工作的前提。主要内容包括公众的意见、要求、动机等方面的调查。

③社会环境的调查。随时监测组织外部环境的变动是公共关系工作的一个重要部分,了解社会环境方面的情况,包括社会经济形势,市场状况和变化趋势,国家的法律、命令和政策措施,金融情况以及所在社区的情况,乃至社会风气和时尚情况等。

新编企业管理学

④组织形象调查。这是最重要的调查内容。组织的实际形象如何,是由公众评价的。公众对组织的认识、看法和评价是通过知名度和美誉度两项指标来衡量的。

A.知名度调查。主要调查:社会公众是否知道本组织的名称、标记、产品种类或服务内容、服务宗旨以及本组织的领导人;知道和了解的程度、范围如何;他们是通过什么途径了解本组织的。

B.美誉度调查。主要调查:社会公众对本组织信誉的看法如何;对本组织的方针、政策、管理水平、工作效率、社会活动、人员形象以及产品或服务的评价如何;对组织的重大决策和重大事件的态度如何;这些评价和竞争对手有何不同等。在此基础上再调查组织知名度和美誉度的变化情况,检查组织的自我期望形象和实际形象的差距是扩大还是缩小了。

(2)调查的主要方法

①抽样调查。是从大型的调查人口总体中抽取一部分作为调查样本,抽样调查是公共关系调查中应用最广泛的方法。

②公众热线电话。开设热线电话不仅能为公众提供反映组织问题的机会,还能为组织提供消费者关心的热点和反映的最新情报。

③搜集文献资料。调查人员从日常搜集到的文件、档案、报纸、书刊、图书出版物等各种社会信息源中提取必需的信息材料。这种方法可以搜集大量的信息,具有省时、省力、省钱等优点,因此也是一种常用方法。

④观察调查。这种调查可以区分为参与观察和非参与观察两种。参与观察就是调查者深入基层,参与公众活动,以此了解公众的想法,观察他们的行为和情绪。非参与观察则是深入现场,以旁观者的身份,观察公众的言行。

⑤访问座谈。访问座谈是调查人员与公众面对面的交谈。用于重点对象或具有代表性对象的调查。用这种方法搜集材料,获取信息的速度比较快。但采访能否成功,取决于调查人员的素质和技巧。

⑥问卷调查。问卷调查往往是和抽样调查结合在一起的。问卷的设计分为开放型和封闭型两种,以封闭型为主。

(3)调查资料的整理和分析

调查工作结束后,必须对调查资料加以整理和分析,因为未整理的资料是难以利用的。资料整理和分析工作主要包括核对、编码、统计和分析。

2)制订计划

公共关系工作计划主要内容包括:确定目标、确定目标公众、确定活动主题、选择传播方式和媒介、选择公共关系活动方式和编制预算。

(1)确定目标

公关目标是指在一定时间内能控制公关活动全过程的目标体系,一般分为战略目标和策略目标。战略目标是长远发展的重大总体目标,如组织的长远发展规划,组织如何利用优势、克服劣势在竞争中取胜等;策略目标是短期的具体目标,如参加某项社会公益活动,如何引导公众接受本组织的产品或服务,发生危机时的补救计划等。

（2）确定目标公众

在确定公关目标的同时，也就明确了公众的范围。任何一次公关活动都只能针对与本次公关目标相关的那部分公众，根据公众分类标准，来确定公关活动的对象。

（3）确定活动主题

任何一种公共关系活动都是围绕一定主题而进行的。活动主题是对公共关系活动内容的高度概括，它对整个公共关系活动起着指导作用。活动的主题可以用一句简练新颖、独特、有感染力的陈述或口号来表达。无论策划怎样的主题词，都应该与公共关系目标和公众心理需要紧密相连。主题词必须能高度概括本次活动的宗旨、目的和意义。

（4）选择传播方式和媒介

选择传播方式和媒介可以依据以下原则：

①联系目标原则。组织的公共关系活动除了树立良好形象的总目标外，在各阶段、不同的情况下都会有不同的工作目标。因此，选择什么样的传播方式和媒介都应紧紧联系该项公共关系活动的具体目标。如为了提高组织的知名度，可以选择大众传播和媒介，争取在各种机会下亮出牌子。如果是解决人员之间或部门之间的紧张关系，则采用直接对话、座谈会（人际传播）或宣传橱窗、内部刊物（组织传播）等传播方式更妥当。

②适应对象原则。对于不同的公众对象应选择不同的传播方式和媒介，才有可能使信息有效地达到目标公众，并被公众所接受。要根据公众对象的经济状况、教育程度、职业状况、生活方式及他们经常接收信息的习惯等，选择适当的传播工具。

③区别内容的原则。要求根据传播内容来决定传播方式和媒介。即传播的内容需要用什么方式表达才能获得最好的效果，如果传播的内容需要公众反复思考才能明白，就应选择印刷品媒介，不宜使用广播和电视；如果传播的内容简单明了、易记，可以选择广播和电视；如果传播内容需要覆盖很广、传播很快，也可选择互联网；而对于个别公众对某个问题的投诉，只需通过面谈或书信方式就可以解决；如果传播的内容涉及改变公众态度的，那就得综合运用人际传播、公众传播和大众传播方式。

④合乎经济原则。要根据具体的经济能力及在最经济的条件下选择和使用传播方式和媒介。

（5）选择公共关系活动方式

不同类型的组织机构，或同一组织在不同发展阶段，针对不同的公众对象、公共关系问题和公共关系任务，应选择不同的公共关系活动方式。以下介绍常用的几种公共关系活动方式：

①宣传型。这种方式是利用各种传播方式及相关的媒介迅速将信息传递出去，以加强公众对组织的了解和信任，形成有利的社会舆论活动。这种模式的特点是传播面广，主导性强，时效性强，能有效地与公众进行联系和沟通。

②交际型。这种方式是运用各种交际方法和沟通艺术，广交朋友，协调关系，缓和矛盾，化解冲突，为组织创造"人和"的环境。这种公共关系活动具有直接沟通、人情味浓、信息反馈快等特点，对于加强组织与公众之间的情感联系，效果很好。

③征询型。这种方式是通过社会调查、舆论分析等手段，搜集信息、了解社情民意，把握时势动态，为决策提供咨询。这种方式的特点是以输入信息为主，及时对民

意作出反应,为组织机构的经营管理决策提供参谋,保持组织与公众之间的平衡状态。

④服务型。这种方式是以各种实际行动提供实实在在的服务,从而吸引公众,获得公众的好评,取得公众的理解、信任和合作。这种和谐的状态对于任何一个组织的生存和发展都是至关重要的。因此,每一个组织都应以某种方式为公众提供必要的服务。

⑤社会型。这种方式是组织通过发起、组织和参与有广泛群众基础的社会活动,以此提高组织的知名度和美誉度。特点是:侧重于组织的长远利益和整体形象,影响面广,影响力强,但形象投资费用也较高。

公共关系活动是多种多样的,任何组织在选择公共关系活动方式时,都应根据实际情况进行。可以同时选择几种方式,也可以侧重于某一方式。

(6)编制预算

任何一项公关活动,都需要花费一定的人力、物力、财力和时间。编制预算的目的就是预先估算和分配每项具体工作所需要花费的人力、物力、财力和时间,做到心中有数,从而保证公共关系工作的正常进行。

3)实施计划

大规模的传播活动是实现公共关系目标和计划的基本手段,换句话说,传播活动是实现公共关系计划和目标的唯一途径和手段,除此以外,一切其他方法与手段都无助于公共关系计划及目标的实现。要保证计划顺利完成,就需要做好以下几方面的工作:

(1)要保证传播活动不偏离既定的公共关系目标

在计划实施过程中,如因情况变化,需要对计划作一些调整,但这些调整不能改变原来的目标,否则就得重新制订计划。

(2)掌握进度

公共关系工作开展之后,要及时地掌握进度。由于公共关系人员的分工不同、能力差异及环境影响,往往会出现多方面工作不同步的现象。因此,应经常检查各方面工作的实施进度,及时发现超前或滞后的情况,注意在人力、物力、财力等方面给予协调,使各方面工作达到同步和平衡发展。

(3)调整计划

公共关系活动的公众都是在不断发展和变化之中,客观环境更是瞬息万变,这就使得公共关系计划与客观实际之间总会存在这样或那样的矛盾。加上计划本身不可能十分准确、全面,在执行中计划与实际有一定的出入是在所难免的。因此,在执行具体计划时,必须经常对工作进行监督和检查,把传播活动与计划目标相对照,发现偏差,及时给予调整修订。

4)评估结果

评估工作是公共关系工作程序的最后一个步骤。当一项公共关系计划实施后,其结果如何,是否达到预期目标,在组织内外部产生什么样的影响,对组织的形象影响如何,存在什么问题和不足,这些都是组织决策部门和公共关系人员非常关心的问题。评估工作起着对活动结果进行总结、衡量和评价的作用。评估得越客观、充分，成绩与不足也就越明显，对现存的差距和不足改进得就越彻底，今后的公共关系工作方向也就越明确。因此，评估工作应认真对待，不能马虎应付或走过场。

要准确地评价公共关系活动的效果是比较困难的，但我们仍可以从以下几个方面来进行：

①检查公共关系工作是否达到了预期的效果。

②检查组织的知名度和美誉度的变化情况。

③检查新闻媒介对本组织的报道情况。

④检查预算执行的情况。

⑤检查公众的来信、来访和投诉的情况。

[本章小结]

企业文化，是指在一定社会历史条件下，企业在物质生产过程中形成的具有本企业特色的文化观念、文化形式和行为模式。

企业文化具有：整体性、凝聚性、稳定性、时代性、人本性。

企业文化由 4 个层面构成，即：物质文化、行为文化、制度文化、精神文化。

企业文化有 6 种功能：导向功能、凝聚功能、约束功能、激励功能、辐射功能、渗透功能。

企业文化建设应遵循：①必须坚持物质与精神相统一的原则；②必须坚持民族性与国际性相统一的原则；③必须坚持个性与共性相统一的原则；④必须坚持员工主体作用与企业领导和专家相结合相统一的原则；⑤形式与内容相结合的原则。

企业文化建设的一般程序是：①调查分析；②规划设计；③论证实验；④传播执行；⑤评估调整；⑥巩固发展。

公共关系是社会组织以塑造良好形象和信誉、获取社会公众的信任与支持为目的，通过传播、沟通手段与相关公众建立起相互了解、理解和信赖的关系，谋求实现组织与公众双方利益的活动过程和活动结果。

公共关系有 4 种特征：①公共关系追求的是组织与相关公众之间的良好关系；②公共关系的基本原则是实事求是与互惠互利；③公共关系是一种双向传播活动；④公共关系是一种服务于长期战略的自觉行动。

公共关系是市场经济的需要，是全方位对外开放的需要，是创造和谐稳定内外环境的需要。

公共关系有 5 种职能：塑造形象、搜集信息、协调关系、咨询建议、危机处理。

公共关系的工作程序为：①调查分析；②制订计划；③实施计划；④评估结果。

[思考题]

1. 什么叫企业文化？它有哪些特性与功能？

2. 企业文化构成情况如何？企业文化建设应该遵循哪些原则？按什么程序建设？

3. 怎样理解企业公共关系？

4.谈谈企业公共关系的重要性、特征和职能。

5.建设公共关系需要经过哪些程序？

[实训练习]

到当地比较知名的两家企业进行调查研究,然后写出关于其企业文化与企业公共关系的调查报告。

[案 例] 名牌是怎样打造出来的

L集团是由一家濒临倒闭的集体小厂最终发展成为年销售收入上百亿元的国际化大型企业。该集团总裁的总结是:L集团几十年的成就,首先不在于有形的东西,而恰恰在于无形的东西。他首先从改变员工的"质量价值观"入手。为了改变传统的观念,他要求所有L集团人树立这样一种群体意识:"有缺陷的产品就是废品,生产不合格产品的员工就是不合格的员工。"经过努力,L集团在容易被人们所忽视的"看不见的战线"上实现了企业员工观念的变革,不仅把L集团产品,同时也把L集团变成了闻名海内外的著名品牌。

文化虽然是无形的,但它是无处不在、无时不有的,"无形的比有形的重要、软件比硬件重要",这就是市场经济时代的特征。未来的企业竞争将主要是人的竞争,而人的竞争从某种角度上讲就是文化的竞争,所谓"文化是明天的经济"的认识,也预示着一个文化竞争时代的到来。所以企业要成为世界一流的企业,必须依靠文化的强大作用。未来的发展趋势必将证明,文化是获得经济效益和经济增长的最有效途径,是企业取之不尽、用之不竭的财富源泉。从某种意义上讲,企业文化是企业的大脑和潜意识,是企业凝聚力与活力的源泉。

案例问题

1.以L集团的成功经验,解释在企业管理中"无形的比有形的重要、软件比硬件重要"的奥秘。

2.L集团打造世界知名品牌是从何处入手抓企业文化的?

3.你是怎样理解"文化是明天的经济"这句名言的?

财　务　篇

第 12 章
企业财务管理

【学习目标】

认识财务管理的概念与特征,树立现代的财务观念,知道企业财务活动的过程,掌握资金筹集、资产管理、利润分配以及企业财务分析的方法。

12.1 企业财务管理概述

12.1.1 企业财务管理的概念与特征

1)财务管理的概念

企业的财务活动包括:资金筹集→资金投入→资金使用→资金收回→利润分配。企业的财务管理是组织企业资金和处理企业同各方面财务关系的管理工作。

2)财务管理的特征

（1）价值管理

财务管理的基本属性是价值管理,是利用资金、成本、收入、利润等价值指标,来组织企业中价值的形成、实现和分配,并处理这种价值运动中经济关系的活动。

（2）职能多样

财务管理的职能具有多样性。它的基本职能是财务决策,但还有组织、监督和调节的职能。

（3）内容广泛

财务管理的内容具有广泛性。其内容主要包括:筹资、投资、用资、收入和利润分配的管理。还包括企业设立、合并、分立、改组、解散、破产的财务处理。

（4）综合管理

财务管理是综合性管理。企业生产经营活动的质量和效果,一般都可以从资金活动中综合地反映出来;通过合理组织企业的资金活动,又可以对企业各方面的生产经营活动积极地加以促进。

12.1.2 财务观念

财务管理应具备的观念有很多,这里着重讨论时间价值观念和风险收益均衡观念。

1)时间价值观念

时间价值是指一定量的资金在周转使用中由于时间因素而形成的价值增值额（如银行利息）。资金的时间价值代表着无风险的社会平均资金利润率,应该是企业资金利润率的最低限度,因而,是衡量企业经济效益、考核经营成果的重要依据。

2)风险收益均衡观念

风险,是客观条件的不确定性而导致实际结果与预期结果之间的偏离。但风险投资可能得到额外的收益,是对可能遇到风险的一种价值补偿。成功管理总是在风险与收益的相互协调中进行利弊权衡,以期取得较高收益,而不是最高收益。

12.2　筹资管理

12.2.1　资金筹集的概念

资金筹集就是通过内部积累或外部集资、借贷筹措创建阶段或日常生产经营活动阶段需要的大量资金。企业筹资应该是:以筹集企业必需的资金为前提,以较低的筹资成本和较小的筹资风险获取较多的资金,满足生产经营需要,满足资本结构调整的需要。

12.2.2　筹资渠道与筹资方式

1)筹资渠道

筹资渠道是筹措资金来源的方向与通道。我国企业的筹资渠道主要有以下几种:①国家财政资金;②银行信贷资金;③非银行金融机构资金;④其他企业资金;⑤居民个人资金;⑥企业自留资金;⑦外商资金等。

2)筹资方式

筹资方式就是企业筹措资金所采用的具体形式。如果说筹资渠道属于客观存在的话,那么筹资方式则属于企业自主选择的行为。企业筹资管理的主要内容是如何针对客观存在的筹资渠道,选择合理的方式进行筹资。资金按时间长短分为长期资金和短期资金。筹集长期资金的方式主要有:发行普通股、留存收益、企业债券、长期借款和融资租赁等;筹集短期资金的方式主要有:短期借款和商业信用等。

（1）普通股

普通股是股份有限公司发行的无特别权利的股份。通过发行普通股筹集资金,资金来源具有永久性,股利支付灵活,但资金成本较高。

（2）留存收益

留存收益是企业缴纳所得税后,投资者将一部分未分配的税后利润留存在企业形成的一种资金。这实质上是投资者对企业追加的投资,其所有权属投资者。

（3）企业债券

企业债券是企业为筹集资金依法定程序发行,用以记载和反映债权债务关系的有价证券。其优点是筹资对象广、市场大、债券利息免税;其缺点是成本较高、到期还本付息风险大、限制条件多。

（4）长期借款

长期借款是企业向银行或其他非银行金融机构借入的使用期限超过一年的借款,主要用于购建固定资产和满足长期流动资金占用等方面的需要。其最显著的优点是融资速度快、借款弹性大、借款成本低,但限制性条件较多。

(5)融资租赁

融资租赁是由出租人(租赁公司)按照承租人(承租企业)的要求融资购买设备,并在契约或合同规定的较长时期内提供给承租人使用的信用业务。它通过融物来达到融资的目的,是现代租赁的主要形式。融资租赁具有以下特点:①设备租赁期较长。②不得任意中止租赁合同或契约。③租赁期满后,在多数情况下,一般由承租人支付少量价款,留购资产,取得资产的所有权。④租金较高。

(6)短期借款

短期借款是指期限在 1 年以内(含 1 年)的借款。它是企业为满足生产经营过程中临时性、季节性的资金需要,保证生产经营活动正常进行而向银行或其他非银行金融机构借入的。其优点是:取得较为简便,具有较好的弹性,借款企业可以根据自身的需要灵活安排借款的数额、时间,并在需要减少时提前归还借款。其缺点是:银行借款的限制条件较多,需要在短期内归还,在企业经营困难时会加大企业风险。

(7)商业信用

商业信用是指商品交易中的延期付款或延期交货所形成的借贷关系。它是企业之间的一种直接信用关系。其主要形式有:应付账款、应付票据、预收货款等。

12.2.3　资金成本

1)资金成本的概念

为筹集和使用资金而付出的代价就是资金成本。资金成本包括筹资费用和使用费用两部分。前者如向银行借款时需要支付的手续费、因发行股票债券等而支付的发行费用等。后者如向股东支付的股利、向银行支付的利息、向债券持有者支付的债息等。

资金成本是比较筹资方式、选择筹资方案的依据,是评价投资项目、比较投资方案和追加投资决策的主要经济标准,还可以作为评价企业经营成果的依据。

2)资金成本的计算

资金成本可以用绝对数表示,但在一般情况下,如果不做特别说明,资金成本用相对数表示,即资金成本率。

资金成本按计算对象分为个别资金成本和综合资金成本。个别资金成本是指按各种长期资金的具体筹资方式来确定的资金成本率;综合资金成本则是对个别资金成本按比重加权来计算的企业资金成本,它是从总体上计算的资金成本率。

3)降低资金成本的途径

降低资金成本的途径具体来说有以下 6 种:

①合理安排筹资期限。

②合理利率预期。

③提高企业信誉。

④积极利用负债经营。

⑤提高筹资效率。

⑥积极利用股票增值机制。

12.2.4　资金结构

1)资金结构的概念

广义的资金结构是指企业各种资金的构成及其比例关系。由于短期债务资金占用时间短,对企业资金结构影响小,而长期资金是企业资金的主要部分,所以通常情况下,企业资金结构指的是长期债务资金和主权资本(权益资本)的比例关系。

2)债务资金对资金结构的影响

长期债务资金对资金结构的影响作用主要体现在两个方面:

(1)使用债务资金可以降低企业综合资金成本

一般情况下,债务利息率低于股票股利率,且债务利息具有抵税作用,因而债务资金的资金成本明显低于权益资本的资金成本。因此,使用债务资金可降低企业综合资金成本。

(2)利用债务资金可以产生财务杠杆利益

财务杠杆效益是指利用债务筹资而给企业带来额外的收益。它包括两种基本形态:

第一种形态:在现有资本与负债结构比例不变的情况下,由于息税前利润的变动对所有者权益的影响。

第二种形态:在息税前利润不变的情况下,改变资本与负债间的比例,对所有者权益的影响。

12.3　资产管理

资产是指企业拥有或控制的能够给企业带来未来经济效益的经济资源。一般情况下,可将企业的资产按其流动性分为流动资产和固定资产。

12.3.1　流动资产管理

流动资产是指可以在一年或超过一年的一个营业周期内变现或耗用的资产。其主要项目是:现金、应收账款和存货。流动资产在企业再生产过程中不断投入和收回,很难评价其投资报酬率。从这一点上看,对流动资产进行管理的基本任务是:努力以最低的成本满足生产经营周转的正常需要,提高流动资产的利用效率。

流动资产具有如下两个特点:第一,周转速度快,变现能力强;第二,获得能力强,投资风险相对较小。

1）现金管理

现金是企业占用在各种货币形态上的资产,是企业可以立即投入流通的交换媒介。属于广义现金的内容包括:库存现金、各种形式的银行存款和银行本票、银行汇票等。

作为变现能力最强的资产,现金是满足正常经营开支、清偿债务本息、履行纳税义务的重要保证。同时,现金又是一种盈利率很低的资产,持有量过多,势必给企业造成较大的机会损失,降低资产的获利能力。因此,必须在现金的流动性与收益性之间作出合理地选择。

2）应收账款的管理

应收账款是企业因对外销售产品、材料、供应劳务等而应向购货或接受劳务单位收取的款项。主要包括应收账款、其他应收款、应收票据等。在市场经济条件下,商品价值与使用价值的相对分离是应收账款产生的主要原因。

应收账款管理的基本目标是:在发挥应收账款强化竞争、扩大销售功能效应的同时,尽可能降低投资的机会成本、坏账损失与管理成本,最大限度地提高应收账款投资的效益。

3）存货管理

存货是指企业在生产经营过程中为生产或销售而储备的物资,包括商品、材料、燃料、低值易耗品、在产品、半成品、产成品、包装物等。

一般来说,存货有利于生产过程的顺利进行,节约采购费用与生产时间。但存货必然占用更多的资金,付出更大的持有成本、存货的储存与管理费用。因此,如何在存货的成本与收益之间进行利弊权衡,实现两者的最佳组合,成为存货管理的基本目标。

12.3.2　固定资产管理

1）固定资产的概念

固定资产是使用期限较长、单位价值较高、并且在使用过程中保持原有实物形态的资产,主要包括房屋及建筑物、机器设备、运输设备和其他与生产经营有关的设备、工具器具等。

2）固定资产的特征

固定资产具有如下特征:
①投资时间长,技术含量高。
②收益能力高,风险较大。
③价值的双重存在。
④投资的集中性和回收的分散性。

3）固定资产管理的任务

固定资产是企业资产中很重要的一部分,它的数额表示企业的生产能力和扩张情况,因此,必须加强对固定资产的管理。固定资产管理的任务有:认真保管,加强维修,控制支出,提高利用率,合理折旧。

4）固定资产使用效率管理

固定资产使用效率的提高,取决于固定资产是否全部投入使用,投入使用的固定资产是否满负荷运行。在市场经济条件下,要使固定资产使用效率最大,还取决于固定资产提供的产品和劳务在市场上是否有销路。

12.4　利润管理

12.4.1　利润的概念

利润是企业在一定时期内全部收入抵减全部支出后的余额(若为负数则为亏损)。利润是生产经营活动的最终成果。利润是企业经营所追求的目标,是企业投资人和债权人进行投资决策和信贷决策的重要依据,是企业分配的基础。

12.4.2　利润的构成

企业的利润就其构成来看,既有通过生产经营活动而获得的,也有通过投资活动而获得的,还包括那些与生产经营活动无直接关系的事项所引起的。根据我国会计准则规定,企业的利润一般包括营业利润、投资净收益、营业外收支净额3部分。即

利润总额＝营业利润＋投资净收益＋营业外收支净额

1）营业利润

营业利润是企业利润的主要来源,由主营业务利润和其他业务利润组成。

主营业务利润是企业经营活动中主营业务所产生的利润。其他业务利润是指企业经营主营业务以外的其他业务活动所产生的利润。

营业利润比较恰当地反映了企业的经营业绩。

2）投资净收益

投资净收益是指企业对外投资所得的收益减去对外投资所发生的损失后的净额,是企业利润总额的组成部分。

3）营业外收支净额

营业外收入减去营业外支出称为营业外收支净额。营业外收支虽与企业的生产

经营活动没有直接关系,但同样带来收入或形成企业的支出,也是增加利润或发生亏损的因素。

12.4.3　利润的预测、计划和控制

1)利润预测

利润预测,就是在销售和费用预测的基础上,通过对销售数量、价格水平、成本费用状况进行分析与预测,测算出企业未来时期的利润水平。利润预测的方法很多,最常用的是量本利分析法。

2)利润计划

利润计划,就是在利润预测的基础上所编制的,对利润预测和经营决策结果的具体反映,是财务计划的一个重要组成部分。企业应根据所编制的利润计划组织生产经营活动,扩大销售,控制成本费用,尽可能完成计划指标,实现企业的经营目标。

3)利润控制

利润控制,就是根据利润计划的要求,对影响目标利润实现的各种因素进行有效的管理。具体来说主要包括以下工作:

①努力挖掘潜力,降低成本费用,提高产品质量,增强竞争力。
②以市场为导向,努力开发新产品,满足市场需求。
③建立责任制,将责权利结合起来,对利润进行合理的管理。
④充分有效地运用企业的各类资产,严格控制营业外支出,尽量减少各种损失。

12.4.4　利润的分配

利润分配是指企业按照国家的有关法律法规和企业章程,对所实现的净利润在企业与投资者之间、利润分配各项目之间和投资者之间进行分配。

按照税法的规定,企业取得利润后,先要向国家缴纳所得税,剩余部分为净利润,然后再进行分配。对企业的净利润,应按下列顺序进行分配:被没收财产损失、支付各项税收的滞纳金和罚款;弥补以前年度亏损;提取法定盈余公积金;提取公益金;提取任意盈余公积金;向投资者分配利润。

12.4.5　股利政策

股利政策是股份制企业对股利分配所采取的政策。股利政策主要是权衡公司与投资者之间、股东财富最大化与提供足够的资金以保证企业扩大再生产之间、企业股票在市场上的吸引力与企业财务负担之间的各种利弊,然后寻求股利与留存利润之间的比例关系。

因为"留存收益＝税后利润－股利",这使得企业在股利问题上存在着两难选择,

如果企业设计的股利很多,势必增加企业股票在证券市场上的吸引力,能使企业顺利地在市场上筹集到所需资金,但这样会减少留存收益,加重企业的财务负担,对企业的货币资金周转产生压力;若企业设计的股利较低,就会出现与之相反的结果。因此,股利政策只可能是企业股票在市场上的吸引力与企业财务负担之间的一种均衡,更具体地说就是探寻股利与留存收益之间比例关系的问题。

12.5 财务分析

12.5.1 财务分析的概念

企业的财务分析是以财务报表和其他资料为依据,采用专门的方法,系统分析和评价企业过去和现在的经营成果、财务状况及其变动情况。

企业的财务分析同时肩负着双重任务:一方面剖析和洞察自身财务状况与财务实力,分析判断外部利害相关者财务状况与财务实力,从而为企业的经营决策提供信息支持;另一方面从价值形态方面对业务部门提供咨询服务。

12.5.2 财务分析的内容

财务分析主要是依据企业或外部利益相关者的财务报告资料进行的。投资主体的多元化决定了企业财务信息流向的多层次性,不同的投资主体,由于利益倾向的差异,在对企业经营理财状况进行分析、评价时,必然会有着不同的侧重点。

从企业的所有者或股东的角度看,作为出资人,他们按照各自产权享有份额比例,也成了经营风险的终极承担者。因此,他们高度关心其产权的保值与增殖状况,即对资本的回报率产生强烈要求。

从企业的债权人与商业信用客户来看,他们与企业的所有者不同,债权人具有利息固定、支付优先,当然也不能参与企业剩余收益的分享这样一些特点。这就决定了债权人势必将对其投资的安全性首先予以关注。

从政府经济管理机构来看,政府除了关注其产生的社会效益外,也期望能够同时带来稳定增长的财政收入,并通过综合分析,对企业的发展后劲以及对社会的贡献程度进行评价。当然,也可以检查其行为的合法性。

作为企业的经营者,无论从哪个方面的要求来考虑,要实现所有者财富最大化这一根本目标,必须对企业经营理财的各方面,包括营运能力、偿债能力、盈利能力以及社会贡献能力的全部信息予以详尽的了解和掌握,及时发现问题,并采取措施。

总之,企业财务分析的内容可归纳为 4 个方面:营运能力分析、偿债能力分析、盈利能力分析和社会贡献能力分析。

12.5.3　营运能力分析

1）营运能力的概念

营运能力是社会生产力在企业中的微观表现,是企业各项经济资源,包括人力资源、生产资料、财务资源、技术信息资源和管理资源等,基于环境约束与价值增值目标,通过配置组合与相互作用而生成的推动企业运行的物质能量。营运能力不仅决定着企业的偿债能力与获利能力,而且是整个财务分析工作的核心点所在。

2）营运能力分析指标

（1）流动资产周转率

流动资产周转率,即销售收入与流动资产平均余额的比值,是一定时期内流动资产可周转的次数。

（2）存货周转率

存货周转率是销售成本与平均存货之比。存货周转率是衡量和评价企业购入存货、投入生产、销售收回等各环节管理状况的综合性指标。

（3）应收账款周转率

应收账款周转率是指商品赊销收入净额与应收账款平均余额的比值。应收账款周转率反映年度内应收账款转变为现金的平均次数,或其流动程度的大小。

（4）营业周期

营业周期是指从取得存货开始到销售存货并收回现金为止的时间。其长短计算公式为:营业周期=存货周转天数+应收账款周转天数。营业周期长短说明资金周转速度。

（5）资产周转率

资产周转率,也称总资产周转率,它是销售收入净额与平均资产总额的比值。企业的总资产营运能力集中反映在总资产的销售能力即总资产的周转率上。

各项资产的周转指标用于衡量企业运用资产赚取收入的能力,将该类指标与反映盈利能力的指标结合在一起使用,可以全面评价企业的盈利能力。

12.5.4　偿债能力分析

1）偿债能力的概念

偿债能力是企业对债务清偿的承受能力或保证程度。具体来说就是企业对各种到期债务偿付的能力。如果到期不能偿付债务,则表示企业偿债能力不足,财务状况不佳,情况严重时,还将危及企业的生存。

2）偿债能力分析指标

按照债务偿付期限的不同,企业的偿债能力可分为短期偿债能力和长期偿债能力。

（1）短期偿债能力分析

短期偿债能力是指企业流动资产对流动负债及时足额偿还的保证程度，是企业当前的财务能力，特别是流动资产的变现能力。因为流动资产在短期内可以转变为现金或存款用于偿还流动负债，所以这种转变通常与企业盈利能力的大小没有直接关系。

短期偿债能力的衡量指标主要有流动比率、速动比率和现金比率 3 项。

①流动比率。流动比率是流动资产与流动负债的比值。这一指标主要用于揭示流动资产与流动负债的对应程度，考察短期债务偿还的安全性。一般说来流动比率越高，企业的短期偿债能力就越强。理论上讲，只要流动比率大于 1，企业便具有短期债务的偿还能力。

②速动比率。速动比率是指企业的速动资产与流动负债的比值。速动资产是指流动资产减去变现能力较差且不稳定的存货、待摊费用、待处理流动资产损失后的余额，即包括现金、各种银行存款、可即时变现的短期投资和应收账款。由于剔除了存货等变现能力较弱且不稳定的资产，因此，速动比率比流动比率能更加准确、可靠地评价企业资产的流动性及其偿还短期债务的能力。

传统经验认为，速动比率为 1 时，是安全边际。如果速动比率小于 1，企业会面临较大的偿债风险；如果速动比率大于 1，尽管安全性很高，但却因企业现金及应收账款资金占用过多，而增加企业的机会成本。

③现金比率。现金比率是指现金（各种货币资金）和短期有价证券与流动负债的比值。

在企业的流动资产中，现金及短期有价证券的变现能力最强，它可以百分之百地保证相等数额的短期负债的偿还，较之流动比率或速动比率，以现金比率来衡量企业短期债务的偿还能力更为保险。

（2）长期偿债能力分析

①资产负债率。资产负债率是负债总额与资产总额的比值，即资产总额中有多大比例是通过负债筹资形成的。这一指标主要反映资产与负债的依存关系，即负债偿还的物资保证。负债比率高，意味着企业是在较大程度上依靠债权人提供的资金维持其生产经营活动的，一旦缺乏债务本息的偿付能力，企业就可能陷入破产清算的境地。从长期偿债能力角度来看，该指标越低，债务偿还的稳定性、安全性越大。

在运用这个指标进行分析时，站的角度不同，得出的分析结果也会不同。债权人最关心的是其资产的安全性，也就是能否按期收回本息，他们希望企业的这一指标越低越好；而股东所关心的是全部资本利润率是否超过借入款项的利息率，由财务杠杆原理可知，若资本利润率高于借款利息率，股东就希望该指标越高越好；从经营者的角度看，该指标过高或过低都是不利的。因此，企业在利用资产负债率制定借入资本决策时，必须充分估计预期的利润和增加的风险，在两者之间权衡利害得失，作出正确的决策。

②产权比率。产权比率是负债总额与主权资本的比值，是企业财务结构是否稳健的重要标志，也是衡量企业长期偿债能力的指标之一。

所有者权益就是企业的主权资本，它等于实收资本、资本公积、留存收益之和。

　　该项指标体现企业负债与股东提供的资本的对应关系,即企业清算时债权人权益的保障程度。企业所拥有的经济资源,从自然属性上反映为各项资产的占用,而从社会属性上看则体现为权益的归属,包括债权人的权益与所有者的权益。产权比率反映企业的财务结构是否稳定,一般说来,所有者权益应大于借入资本,即产权比率越低,企业偿还债务的资本保证程度就越高,债权人遭受风险损失的可能性就越小。

　　但也不能一概而论,产权比率高,是高风险、高报酬的财务结构;产权比率低,是低风险、低报酬的财务结构。若产权比率过低,尽管有利于企业长期偿债能力的增强,但往往会对盈利能力产生不利的影响,即不能充分发挥负债的财务杠杆效应。

　　③已获利息倍数。已获利息倍数,又称利息保障倍数,是企业息税前利润与债务利息的比值,反映了企业盈利能力对债务偿付的保证程度。

　　企业筹集负债资金除了负债可以弥补主权资本无法满足企业生产经营对资金的需要外,另一个重要的目的在于发挥负债的财务杠杆作用,即提高主权资本的收益水平。负债融资能否发挥财务杠杆效益的前提是,所获得的息税前利润是否能够补偿债务利息费用。如果息税前利润不能补偿债务利息,企业不仅无法盈利,而且将导致企业难以偿付到期的债务本息。可见已获利息倍数不仅反映了企业盈利能力的大小,而且反映了盈利能力对到期债务偿还的保证程度。所以该指标既是企业举债经营的依据,也是衡量企业长期偿债能力大小的重要标志。

12.5.5　盈利能力分析

1)盈利能力的概念

　　盈利能力实际上就是指企业的资金增值能力,它通常体现为企业收益数额的大小与水平的高低。一般来说,企业盈利能力的大小是由其经常性的经营理财业绩决定的。那些非经常性的事项以及其他特殊事项,虽然也会对企业的损益产生某些影响,但不能反映出企业真实水平的盈利能力。如偶然性的证券投机所得、重大事故或法律更改等特别事项的影响等。因此,在分析企业的盈利能力时,应尽可能剔除那些非正常性因素对企业盈利能力的虚假影响。

2)盈利能力分析指标

（1）销售净利率

　　销售净利率,是指净利润与销售收入的百分比。该指标反映销售收入的收益水平。从销售净利率的指标关系看,销售净利率与净利润额成正比,与销售收入成反比关系。企业在增加销售收入的同时,必须相应地获得更多的净利润,才能使销售净利率保持不变或有所提高。

（2）资产净利率

　　资产净利率,就是净利润与资产平均占用额的比值。企业的各项经济活动,无不是围绕着通过取得和运用资产来实现所有者权益财富最大化这一基本目标进行的。该指标是把企业一定时期的净利润与资产相比,表明企业资产利用的综合效益。指标数值越高,表明资产的利用效率越高,说明企业在增加收入和节约资金使用等方面取得了较好的成效。资产净利率是一个综合指标,影响其高低的因素主要有:产品价格、单位成本、产品的销售量、资金占用量等。

(3)净资产收益率

净资产收益率,是净利润与平均净资产的比率,也叫净值报酬率或权益净利率。企业财务活动的最终目标是所有者财富的最大化,从静态角度看,首先就是最大限度地提高主权资本的净利率,因而,主权资本净利率不仅是企业盈利能力指标的核心,也是整个财务指标体系的核心,是综合性最强、最具有代表性的指标。

总之,在对企业经营理财状况进行分析考察时,不应片面或孤立地就其中某一项或某几项指标数值的变化得出结论,而必须将各项指标有机地结合起来,通过对连续若干会计期间的指标变动进行分析,予以全面系统地把握。

12.5.6 社会贡献能力分析

1)社会贡献能力的概念

现代企业或多或少、自觉与不自觉地都要承担许多社会责任,也要为社会作出一定的贡献。企业在追求自身盈利能力不断增长的过程中,应该树立社会效益的观念,努力提高为社会作出应有贡献的能力。这种能力就叫社会贡献能力。

2)社会贡献能力分析指标

在现代社会,企业对社会的贡献主要体现在:一是依法纳税,这是获得企业法人资格及合法权利的前提;二是履行法定的社会责任。具体的评价指标有两个:

(1)社会贡献率

社会贡献率是企业社会贡献总额与平均资产总额的比值。社会贡献总额包括工资(含奖金、津贴等工资性收入)、利息支出净额、已交的各项税款等。

(2)社会积累率

社会积累率是企业上交的各项财政收入与企业社会贡献总额的比值。上交的财政收入包括各项税款、如增值税、所得税、产品销售税金及附加、其他税款等。

[本章小结]

企业的财务管理是组织企业资金和处理企业同各方面财务关系的管理工作。财务管理具有价值管理、多样职能、内容广泛、综合管理等特性。

财务管理主体必须保持一些基本的财务观念,如时间价值观念和风险收益均衡观念。

资金筹集就是通过内部积累或外部集资、借贷筹措创建阶段或日常生产经营活动阶段需要的大量资金。企业的筹资渠道主要有:①国家财政奖金;②银行信贷资金;③非银行金融机构资金;④其他企业资金;⑤居民个人资金;⑥企业自留资金;⑦外商资金等。筹集长期资金的方式主要有:发行普通股、留存收益、企业债券、长期借款和融资租赁等;筹集短期资金的方式主要有短期借款和商业信用等。

　　资金成本是为筹集和使用资金而付出的代价,可以用绝对数表示,也可以用相对数表示。它的作用有:比较筹资方式、选择筹资方案的依据;评价投资项目、比较投资方案和追加投资决策的主要经济标准;评价企业经营成果的依据。资金成本按计算对象分为个别资金成本和综合资金成本。个别资金成本是指按各种长期资金的具体筹资方式来确定的资金成本率;综合资金成本则是对个别资金成本按比重加权来计算的企业资金成本,它是从总体上计算的资金成本率。降低资金成本的途径有:①合理安排筹资期限;②合理利率预期;③提高企业信誉;④积极利用负债经营;⑤提高筹资效率;⑥积极利用股票增殖机制。

　　广义的资金结构是指企业各种资金的构成及其比例关系。由于短期债务资本占用时间短、筹资风险小,对企业资金结构影响小,而长期资金是企业资本中的主要部分,所以通常情况下,企业的资金结构指的是长期债务资金和主权资本(权益资本)的比例关系。

　　一般情况下,可将企业的资产按其流动性分为流动资产和非流动资产。

　　流动资产是指可以在一年或超过一年的一个营业周期内变现或耗用的资产。其主要项目是:现金、应收账款和存货。

　　固定资产是使用期限较长、单位价值较高、并且在使用过程中保持原有实物形态的资产,主要包括房屋及建筑物、机器设备、运输设备和其他与生产经营有关的设备、工具器具等。固定资产管理的任务是:认真保管;加强维修;控制支出;提高利用;合理折旧等。固定资产使用效率的提高,取决于固定资产是否全部投入使用,投入使用的固定资产是否满负荷运行。在市场经济条件下,要使固定资产使用效率最大,还取决于固定资产提供的产品和劳务在市场上是否有销路。

　　利润是企业在一定时期内全部收入抵减全部支出后的余额(若为负数则为亏损)。企业的利润就其构成来看,既有通过生产经营活动而获得的,也有通过投资活动而获得的,还包括那些与生产经营活动无直接关系的事项所引起的。根据我国会计准则规定,企业的利润一般包括营业利润、投资净收益、营业外收支净额 3 部分,即利润总额=营业利润+投资净收益+营业外收支净额。

　　利润预测就是在销售和费用预测的基础上,通过对销售数量、价格水平、成本费用状况进行分析与预测,测算出企业未来时期的利润水平;利润计划就是在利润预测的基础上所编制的,对利润预测和经营决策结果的具体反映,是财务计划的一个重要组成部分;利润控制就是根据利润计划的要求,对影响目标利润实现的各种因素进行有效的管理;利润分配是指企业按照国家的有关法律法规和企业章程,对所实现的净利润在企业与投资者之间、利润分配各项目之间和投资者之间进行分配。

　　股利政策是股份制企业对股利分配所采取的政策。股利政策主要是权衡公司与投资者之间、股东财富最大化与提供足够的资金以保证企业扩大再生产之间、企业股票在市场上的吸引力与企业财务负担之间的各种利弊,然后寻求股利与留存利润之间的比例关系。

　　企业的财务分析是以财务报表和其他资料为依据,采用专门的方法,系统分析和评价企业过去和现在的经营成果、财务状况及其变动情况。企业的财务分析同时肩负着双重任务:一方面剖析和洞察自身财务状况与财务实力,分析判断外部利害相关者财务状况与财务实力,从而为企业的经营决策提供信息支持;另一方面从价值形态方面对业务部门提供咨询服务。综合起来看,企业财务分析的内容可归纳为 4 个方面:营运能力分析、偿债能力分析、盈利能力分析和社会贡献能力分析。

[思考题]

1. 什么是财务和财务管理?
2. 财务管理应该着重树立哪两种观念?
3. 企业可以通过哪些渠道、采用哪些方式筹集资金?
4. 什么叫资金成本和资金结构?
5. 企业通过筹集资金对资本结构进行调整的过程中,如何发挥财务杠杆的作用?
6. 流动资产管理和固定资产管理分别包括哪些部分?
7. 企业利润总额包括哪些部分?
8. 企业财务分析有哪些内容?
9. 对企业的偿债能力进行分析时,主要使用哪些指标?
10. 如何反映企业的盈利能力?

[实训练习]

到附近的企业去了解两个不同类型企业的资金筹措和使用情况,并写出分析报告。

[案　例]　　　　　　　I 公司的资金筹措

在竞争日益激烈的移动通信市场,I 公司成立 10 年来,资产由 13.4 亿元增加到 2 050 亿元,10 年增殖 150 多倍,手机用户总数逼近 1 亿户大关。

"I 公司从诞生之日起,就担负着打破电信垄断坚冰的重任。要完成这一历史使命,就必须成为与对手旗鼓相当并独具特色的竞争主体。"信息产业部一位负责人说。

但是,要建设覆盖全国的移动通信网和数据固定业务网,对 2000 年以前的 I 来说,可以算是一项难以企及的目标。当时,23 亿元的净资产只是杯水车薪。国家投资和 I 集团 15 家股东投资极其有限,国内资本市场也无法满足 I 的资本需求。

尽管 I 董事长提出了"建立新机制、建设新网络、采用高技术、实现高增长、发展综合业务"的"两新两高一综合"发展战略,但资金短缺却是 I 发展道路上的致命"瓶颈"。

"融资目光不能仅限于境内,要紧紧抓住国际资本市场看好中国电信业的非常机遇,争取在中国香港、纽约挂牌上市。"I 董事长说。

综合业务的品牌优势和移动通信业务的高速成长性,成为 I 上市的最大卖点。按照"整体上市,分步实施"的原则,I 选择了 12 个省市的资产,在 2000 年 6 月 21、22 日,分别在中国香港、纽约成功上市,融资 56.5 亿美元;2002 年 10 月,IA 股在上海证券交易所成功上市,融资 115 亿元;随后经过两次注资,在 2003 年 12 月,实现了公司核心业务整体上市。

　　上市只是一个短暂的过程,而上市带给 I 观念和机制的变化却是长久的、根本的。如果说,上市前的 I 只简单追求市场规模和企业规模的扩大,上市后的 I 追求的则是企业价值最大化和股东利益最大化。

　　为了公正考核,I 的绩效考核体系细分为收支系数、资产报酬率、收入利润增长贡献率等多个指标。各分公司的薪酬按照绩效考核得分确定。绩效考核确定经济收入,也是荣誉的象征。在绩效考核体系中,I 的每一位员工都受到激励和制约。

案例问题

1. I 是如何有效地解决资金短缺问题的?

2. 分析 I 的理财观念和财务目标。

第 13 章
企业技术经济分析

【学习目标】

理解技术经济分析理论,掌握技术经济分析的方法,学会以经济效益作为标准对这些方案进行评价和比较,形成选择技术上先进、经济上合理的满意方案的综合分析能力。

13.1　企业技术经济分析概述

现代管理要讲究经济效益,技术经济分析是研究经济效益的一种科学管理方法。

13.1.1　技术与经济的关系

技术与经济是人类社会进行物质生产所不可缺少的两个基本方面。技术一般来说可以理解为人类改造自然、变革自然的手段和方法。经济是个多义词,在技术经济分析中主要指人、财、物、时间、信息等资源的相对节约。它们之间存在着密切的联系。

随着科学技术的发展,围绕某一技术问题可能采用的技术方案越来越多,怎样以经济效益作为标准对这些方案进行评价和比较,从而选择技术上先进、经济上合理的满意方案,是一个非常具有现实意义的问题。

13.1.2　技术经济比较原理

对技术方案在技术和经济两方面的各种优缺点进行分析时,包括定性分析和定量分析两个基本的方面。这是技术经济计算、比较和论证共同的地方。在进行技术经济分析时,要全面、客观,不仅要分析本部门、本方案的优缺点,而且要分析该方案对其他部门和地区有利和不利的影响,既要分析目前的优缺点,还要分析长期的影响。要把定性分析和定量分析结合起来,并尽量采用各种方法使定性因素可量化,以便进行定量的分析。

13.1.3　技术经济决策

技术经济决策是为达到某一经营目标,从技术和经济两个方面进行多方案优选并决定取舍的决策过程。技术经济决策一般包括下面 3 个因素:

①要有一个明确的目标,例如所选方案成本最低、利润最大。

②每个行动方案要有一定数量的可能结果,或不以决策者主观意志为转移的客观状态,如气候条件、销路好坏、市场竞争、厂址选择等。

③能计算每个行动方案与客观状态相结合所引起的收益或损失。

13.2　投资、成本及时间因素计算

在建立或使用方案前,应该先计算出投资和成本,才能进行方案的比较和优选。由于方案优选是在实际发生前,因此对投资及成本很难做到详细计算,一般只能借助一些相关因素及有关定额进行概略计算。投资项目使用年限较长,通常还应计算出资金的时间价值。

13.2.1 投资概略计算

1)直接计算法

若已知设备类型、数量和单价、厂房建筑面积及造价,就可根据这些因素来进行计算。

设备投资额:

$$I_{\mathrm{m}} = \sum_{i=1}^{n} \left[Q_{\mathrm{m}i} \times P_i \times (1 + l_i) \right] \tag{13.1}$$

式中　I_{m}——机器设备投资额;

　　　$Q_{\mathrm{m}i}$——第 i 种设备数量;

　　　P_i——第 i 种设备单价;

　　　l_i——第 i 种设备单位运输安装费系数;

　　　n——设备种类。

厂房建筑物投资额:

$$I_{\mathrm{f}} = M \times S \tag{13.2}$$

式中　I_{f}——厂房建筑物投资额;

　　　M——厂房建筑物面积;

　　　S——单位面积造价。

具体计算时,除了直接计算上面两项投资外,还应加上相关投资项目的投资 I_{p},则总投资为:

$$I = I_{\mathrm{m}} + I_{\mathrm{f}} + I_{\mathrm{p}} \tag{13.3}$$

式中　I——总投资额;

　　　I_{m}——设备投资额;

　　　I_{f}——厂房建筑物投资额;

　　　I_{p}——相关投资项目的投资。

2)生产规模指数法

企业产量达到设计能力时,所有的设备不可能都达到满负荷状态,所以企业设计规模的扩大,其投资增加的比率低于产量增长的比率。这样,当建设规模扩大时,应用一个适当的指数去修正规模的倍数,使设备投资符合实际水平。

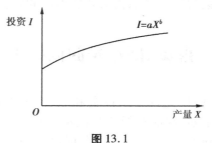

图 13.1

图 13.1 中 a 是起始规模投资额。若已知同类设备投资指标和选定的指数,也可

概略地估算出不同规模企业的设备投资额：

$$I_2 = I_1 \left(\frac{X_2}{X_1} \right)^b \tag{13.4}$$

式中　X_1, X_2——分别为甲企业和乙企业的生产能力；

　　　I_1, I_2——分别为甲企业的投资和乙企业的投资估算数；

　　　b——指数，是投资和生产规模的比例，一般取 0.6。

　　计算出设备投资后，可用定额比例法或工程系数法来计算全部投资额。比例法就是用设备安装费用和土建费用与设备投资成比例的方法进行计算；工程系数法是用已知设备投资乘上选定的工程系数求得全部投资。

$$I = \alpha \cdot I_m \tag{13.5}$$

式中　α——工程系数；

　　　I_m——设备投资额。

13.2.2　成本概略计算

成本概略计算可按材料、工资、折旧及管理 4 项费用计算。

1）材料费用

$$M = (1 + \varepsilon) \left[\sum_{i=1}^{n} G_i P_i + \sum_{j=1}^{m} P_j \right] \tag{13.6}$$

式中　ε——单位产品中运杂费与材料及外购件价值的比例；

　　　G_i——单位产品 i 种材料的消耗定额；

　　　P_i——i 种材料的单价；

　　　n——材料种类数；

　　　P_j——单位产品中第 j 种外购件价格；

　　　m——外购件种类数。

2）工资

$$L = st(1 + \alpha) \tag{13.7}$$

式中　s——平均小时工资率；

　　　t——时间定额；

　　　α——工资附加费率。

3）折旧费

$$A = a_b \cdot I_{mo} / T_{opt} \tag{13.8}$$

式中　a_b——折旧率，即 1-预计净残值率；

　　　I_{mo}——设备原值；

　　　T_{opt}——设备最佳使用寿命，此处为该设备预计使用年限内可完成的总工作量，
　　　　　　　即可生产的产品总量。

4)管理费用

$$H = Lh \qquad (13.9)$$

式中　L——工资；

　　　h——管理费用与工资的比例。

据此，单位产品制造成本为：

$$C = M + L + A + H \qquad (13.10)$$

年产量乘以单位产品成本就得企业生产该产品的总成本。

13.2.3　时间因素（资金的时间价值）的计算

1）资金时间价值的概念

资金的时间价值就是指资金在生产和流通过程中，随着时间的推移而形成的增殖。

在西方通常认为：资金的时间价值就是由于放弃现在使用资金的机会，所得到的按放弃时间长短计算的报酬（机会成本）。

2）资金时间价值的特点

资金时间价值的特点主要表现为：其价值的增值；在其被当作投资资本的运用过程中实现的；其价值量的规定性与时间的长短呈同方向变动的关系。

3）资金时间价值的表现形式

资金时间价值的表现形式主要是利息。利息的计算制度包括两种：一种是单利制度；另一种是复利制度。资金的时间值又可分为现值与终值。

4）资金时间值的有关计算

（1）单利的计算

①单利终值的计算公式为：

$$f = p(1 + it) \qquad (13.11)$$

②单利现值的计算公式为：

$$p = \frac{f}{(1 + it)} \qquad (13.12)$$

式中　f——终值；

　　　p——本金或现值；

　　　i——利息率；

　　　t——计息期。

（2）复利的计算

①复利终值的计算公式为：

$$f = p(1 + i)^n \qquad (13.13)$$

式中　f——终值；

p——本金或现值；

i——利息率；

n——计息期。

②复利现值的计算

复利现值是将未来某一时点的资金按复利折算到现在的价值。将这一折算的过程称为折现或贴现。在贴现中所使用的利率称为贴现率。

其计算公式为：

$$p = \frac{f}{(1+i)^n}$$ （13.14）

由于复利计息更符合资金在社会再生产过程中运动的实际情况，因此在技术经济分析中，一般采用复利计息。

（3）年金的计算

如果在一定时间内，每隔相同的时间（如一年或一个月）就发生相同数额的收款（或付款），则该等额收付的系列款项称为年金。如，分期等额形成的各种偿债基金、折旧费、养老金、保险金、租金；定期发放的固定资金、债券利息以及等额收回的投资额以及住房抵押贷款的还款方式。

①普通年金终值的计算。"A"相当于"零存整取"业务中的零存数，年金终值相当于"整取数"，它等于不同时点上发生的收（付）款分别换算为第 n 年的终值后再求和。年金与年金终值的关系是：年金先发生，且多次发生；年金终值后发生，只发生一次。

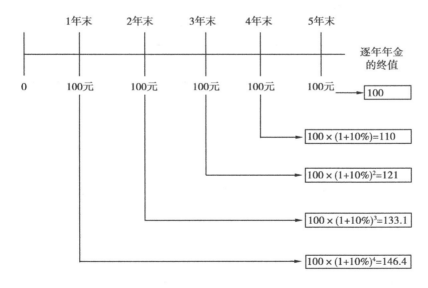

图13.2

年金终值＝（100+110+121+133.1+146.4）元＝610.5 元

计算公式：

$$F_A = A \sum_{t=0}^{n-1} (1+i)^t$$ （13.15）

或
$$F_A = A \frac{(1+i)^n - 1}{i} \qquad (13.16)$$

例 13.1 某企业连续 10 年于年末存款 10 万元,年复利利率为 10% ,则第 10 年末可一次性取出本利和:

$$F_A = A \frac{(1+i)^n - 1}{i} = 10 \times \frac{(1+10\%)^{10} - 1}{10\%} 万元 = 159.374 万元$$

②普通年金现值的计算。普通年金现值也称年金现值。如果年金相当于"整存零取储蓄存款"业务中"零取"的话,那么,年金现值就相当于该业务的"整存数",它等于不同时点上发生的收款(或付款)分别换算为 0 年的现值再求和,年金与年金现值的关系是:年金发生在后,而且多次发生;年金现值发生在先,只发生一次。

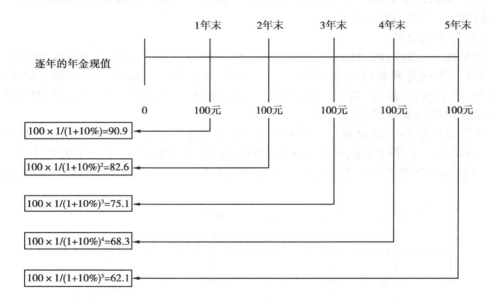

图 13.3

年金现值 = (90.9+82.6+75.1+68.3+62.1)元 = 379 元

年金现值记作 P_A 。

由已知年金 A ,求年金现值 P_A 的公式为:

$$P_A = A \sum_{i=1}^{n} \frac{1}{(1+i)^n} \qquad (13.17)$$

或
$$P_A = A \frac{1 - (1+i)^{-n}}{i} \qquad (13.18)$$

例 13.2 年利率为 10% ,企业打算连续 8 年在每年年末取出 100 000 元,最初一次性存入:

$$P_A = 100\ 000 \times \frac{1 - (1+10\%)^{-8}}{10\%} 元 = 533\ 493 元$$

13.3　方案评价的原则与比较条件

13.3.1　方案评价的基本原则

1）技术与经济效益相结合

技术经济分析是以方案为对象的,评价方案是以经济性为核心的。因此,评价方案时既要考虑技术上的先进性,又要分析经济上的合理性。同时,还要注意符合国家制定的技术政策。

2）宏观经济效益与微观经济效益相结合

宏观经济效益是涉及整个国民经济以及全社会经济利益的问题,这带有长远性和全局性的特征。微观经济效益是指涉及某一项具体工程建设项目、一个企业、一项科研项目中的具体的经济效益。在进行评价时,要把两者有机地结合起来。

3）定量效益与定性效益相结合

定量技术经济效益是可以用数量直接表示的,定性技术经济效益是不能用数量直接表示的。由于使用价值存在着可以用数量表示的方面和不能用数量表示的方面,因此,在评价技术方案的经济效益时,要定量与定性相结合,进行综合选优。

13.3.2　方案评价的比较条件

1）满足需要上的可比性

任何技术方案,其主要的目的是满足一定的需要。就技术方案而言,一般说来都以其产品的数量、品种和质量等技术经济指标来满足社会的需要。因此,对满足相同需要的不同技术方案进行比较时,首先要求不同方案的产品数量、品种、质量等指标具有可比性。

2）消耗费用上的可比性

由于技术方案有其各自的技术特征和经济特征,因此,不同的技术方案在各方面的消耗也是不同的,在比较时不仅要考虑方案本身的消耗费用,而且还要考虑到与方案本身有关的其他方面的消耗费用。

3）价格指标上的可比性

方案中的消耗与收益都应按价值计算。对于社会产品来说,通常用价格来计算。价格与其价值背离太大时,当然也不能正确地反映经济效益。因此,只有实际价格与价值相差不大时,才可以直接采用实际价格。

4)时间上的可比性

技术方案的经济效益除了有数量的概念以外,还具有时间的概念。例如,有两个方案的产量、质量、投资、成本都相同,但时间上有差别,或一个投资早,一个投资晚;或一个投产早,一个投产晚;或一个是一次性贷款,另一个是分期贷款等。由于资金与时间有关系,这两个方案的经济效益就会不同。因此,不能直接比较,应该考虑时间因素,考虑资金的时间价值。

13.4 技术经济分析方法

13.4.1 短期经营决策——盈亏平衡点分析法

盈亏平衡点是亏损与盈利的分界点,在坐标图上是成本函数与收入函数的交叉点。在平衡点上,收入等于成本,利用平衡原理,可根据一定的约束条件确定最佳方案。

盈亏平衡分析主要考虑的相关因素包括:固定成本总额(a)、单位变动成本(b)、销售量(x)、单价(p)、销售收入(px)、营业利润(P)等。

它们之间基本的关系可以表达为:

营业利润=销售收入-销售成本

= 销售收入-(固定成本+变动成本)

= 单价×销售量-单位变动成本×销售量-固定成本

= (单价-单位变动成本)×销售量-固定成本

则

$$P = (p - b)x - a \tag{13.19}$$

边际贡献 = 销售收入 - 变动成本

$$= px - bx$$

= 单位边际贡献 × 销售量 $= (p - b)x$

$$= 销售收入 × 边际贡献率 = px \times \frac{(p - b)}{p} = px \times \left(1 - \frac{b}{p}\right)$$

$$\tag{13.20}$$

盈亏平衡点分析法是研究当企业的某一技术投资项目恰好处于保本状态时量本利关系的一种定量分析方法。它是盈亏平衡分析的最基本的内容,也是确定企业技术项目经营安全程度和进行保利分析的基础。盈亏平衡分析的内容包括:确立保本点和评价企业经营安全程度。

1)盈亏平衡的概念及其确定

保本点是指能使企业某一技术投资项目达到保本状态时的业务量。即在该业务量水平下,该项目的收入正好等于全部成本;超过这个业务量水平,该项目就有盈利;反之,低于这个业务量水平,就会发生亏损。保本点又称为盈亏临界点、盈亏平衡点、损益两平点等。

基本等式:其原理是,当利润为零时,项目投资恰好保本。

$$保本量(x_0) = \frac{固定成本}{单价 - 单位变动成本} = \frac{a}{p - b} \qquad (13.21)$$

$$保本额(y_0) = 单价 × 保本量 = px_0 \qquad (13.22)$$

边际贡献法:其原理是,当边际贡献等于固定成本时,项目投资恰好保本。

$$保本量(x_0) = \frac{固定成本}{单位边际贡献} = \frac{固定成本}{单价 - 单位变动成本} \qquad (13.23)$$

$$保本额(y_0) = 单价 × 保本量 = \frac{固定成本}{1 - 变动成本率} = \frac{固定成本}{边际贡献率} \qquad (13.24)$$

2)技术投资项目经营安全程度评价

$$安全边际量 = 实际或预计销售量 - 保本量 = x_1 - x_0 \qquad (13.25)$$

$$安全边际额 = 实际或预计销售额 - 保本额 = y_1 - y_0 \qquad (13.26)$$

$$安全边际率 = \frac{安全边际量(额)}{实际或预计销售量(额)} × 100\% \qquad (13.27)$$

表 13.1　经营安全性评价标准

安全边际率	10% 以下	10% ~20%	20% ~30%	30% ~40%	40% 以上
安全程度	危险	值得注意	较安全	安全	很安全

13.4.2　方案比较法

方案比较法的一般工作程序是:①确定目标,建立各种可行的技术方案;②分析各方案的优缺点;③对各方案进行计算分析;④对各方案进行综合评价,选择合理方案。

1)投资回收期法

投资回收期是从方案实施之日起,用各年的净收入将全部投资收回所需要的期限。具体来说就是指一定量投资按项目投产后每年收回的净现金流量计算,所能收回全部投资的时间。这是依据投资回收期的长短作为方案决策的一种方法。显然,利用这一方法进行决策的标准是投资回收期的长短,投资回收期最短的方案是最佳的。其一般公式为:

$$P_t = \frac{K}{I} \qquad (13.28)$$

式中　P_t——投资回收期;

K——一次性投资额;

I——各年的净现金流量。

投资回收期法的优点是简便易懂、概念清晰,能反映项目的风险大小。但这一方法存在较大的缺陷,主要体现在没有考虑资金时间价值的要求,经济观点不强。并且没有考虑投资方案总的使用年限和全部收益,难以对不同方案的比较做出正确判断。因此,投资回收期法一般只用于小额投资决策,而且使用该指标时应与其他指标相结合。

2)净现值法

净现值法是计算投资方案现金收入现值与现金支出现值的差额,即投资方案净现金流量现值,以此作为进行投资决策的依据。净现值是建立在统一时间基础上,对投资方案收入与支出进行相抵后得到的结果,表明方案的经济效益。分析原则是净现值大于0,即投资方案收支相抵后有利润,是可取的方案,且净现值越大,经济效益越好;如果净现值等于或小于0,表示投资方案恰好保本或收不抵支,出现亏损,是应该否决的方案。

净现值的计算公式如下:

$$NPV = \sum_{t=0}^{n} \frac{NCF_t}{(1+i)^t} \tag{13.29}$$

式中　　NPV——净现值;

n——投资项目年数;

i——选定的贴现率;

NCF_t——t年的净现金流量。

一般来说,净现值的数值为正,表明该方案可行。若在对多个方案进行评价时,净现值最大者为最优。

净现值法的优点在于,它将投资方案的净现金流量按选定的贴现率折算为现值进行比较,考虑了资金的时间价值的要求,并且反映了投资方案使用期内可提供的全部经济效益。

3)现值指数法

现值指数法是将投资项目未来报酬总现值与投资额总现值进行比较所得的比率,这是一个相对指标,表明每投资一元钱带来的报酬。现值指数法反映的是投资方案获利能力的相对指标,其分析比较的原则是:现值指数大于1的方案是可行的方案。其计算公式为:

$$PI = \frac{\sum_{t=0}^{n} \frac{NCF_t}{(1+i)^t}}{(NCF_0)} \tag{13.30}$$

式中　　PI——现值指数;

NCF_0——投资额总现值。

现值指数法重视资金时间价值的基本要求,反映投资方案获利的相对水平,便于不同投资方案的比较。

4)内部报酬率法

内部报酬率法又称内部收益率法。内部收益率是指能使一个投资项目未来投资报酬的总现值,恰好等于该投资项目投资额现值时的投资利润率,或使历年的净现值之和为零时的利润率,所以内部收益率也就是项目本身可以达到的报酬率。用这个利润率与社会平均利润率进行比较,如果大于社会平均利润率时,则该项目的经济效益好,方案可取;反之,小于社会平均利润率时,经济效益差,方案不可取。

其计算公式为:

$$NPV = \sum_{t=0}^{n} \frac{NCF_t}{(1 + IRR)^t} = 0 \qquad (13.31)$$

式中　NCF_t——投资项目各年的净现金流量;

　　　IRR——这里所要计算的内部报酬率。

内部报酬率法反映了资金时间价值的要求,可以使投资方案能直接与资金成本、社会平均利润率等进行比较,是一种较好的技术经济分析方法。

13.4.3　系统分析法

系统分析法是从整体出发来分析和处理事物的一种方法,也称系统方法。应用到研究拟定和评价技术经济方案时,它是一种很有效的方法。

系统分析法的基本原理是:首先将分析对象视为一个系统,并为之建立一种数学模型,再按照这种模型进行数学分析和经验判断,以便于在决策中选出满意方案。其中系统观念是分析问题的核心。

系统是由相互作用和相互依赖的若干组成部分有机结合成的、具有特定功能的有机整体,而这个系统本身又从属于一个更大的系统。如一台机器、一项工程、一条生产线、一个企业、一个经济体等都可以看做一个系统。

系统分析法的步骤是:确定目标和指标;确定影响因素并形成方案,以及建立方案的模型;模型的优化计算;综合评价与决策。在这一过程中,模型优化和评价是系统分析的中心环节,这些环节往往需要数学模型。

系统分析法所遵循的原则包括 3 个方面:整体性原则、动态性原则和定量分析原则。通常这样来表述:保证整体利益兼顾局部利益,当前利益与长远利益相结合,内部条件与外部环境相结合,定量分析与定性分析相结合。

进行系统分析的最终目的是为了决策。虽然各系统存在着很大的差别,在对不同系统进行决策时所遇到的具体情况又各不相同,但只要对系统进行决策,就要回答以下 6 个问题:做什么、为什么、谁去做、什么地点、何时做、怎么做。

[本章小结]

技术经济分析是研究经济效益的一种科学管理方法。技术与经济是人类社会进行物质生产所不可缺少的两个基本方面。随着科学技术的发展,围绕某一技术问题可能采用的技术方案越来越多,怎样以经济效益作为标准对这些方案进行评价和比较,从而选择技术上先进、经济上合理的满意方案,是一个非常具有现实意义的问题。

对技术方案在技术和经济两方面的各种优缺点进行分析时,包括定性分析和定量分析两个基本的方面。

技术经济决策是为达到某一经营目标,从技术和经济两个方面进行多方案优选并决定取舍的决策过程。

在建立或使用方案前,应该先计算出投资和成本,才能进行方案的比较和优选。由于方案优选是在实际发生前,所以对投资及成本很难做到详细计算,一般只能借助一些相关因素及有关定额进行概略计算。投资项目使用年限较长,通常还应计算出资金的时间价值。

投资概略计算有直接计算法与生产规模指数法两种。

成本概略计算可先按材料、工资、折旧及管理四项费用计算,再合计为单位产品制造成本,再乘以年产量出企业生产该产品的总成本。

资金的时间价值就是指资金在生产和流通过程中,随着时间的推移而形成的增值。其特点主要表现为:其价值的增值;在其被当作投资资本的运用过程中实现的;其价值量的规定性与时间的长短呈同方向变动的关系。资金时间价值的表现形式主要是利息。利息的计算制度包括两种:一种是单利制度,另一种是复利制度。资金的时间值又可分为现值与终值。

方案评价的基本原则有:技术与经济效益相结合;宏观经济效益与微观经济效益相结合;定量效益与定性效益相结合。方案评价的比较条件是:满足需要上的可比性,消耗费用上的可比性,价格指标上的可比性和时间上的可比性。

短期经营决策常常采用盈亏平衡点分析法,它的内容包括确立保本点和评价企业经营安全程度。长期经营决策可采用方案比较法中的投资回收期法、净现值法、现值指数法、内部报酬率法,还可采用系统分析法。

系统分析法是从整体出发来分析和处理事物的一种方法,也称系统方法。应用到研究拟定和评价技术经济方案时,它是一种很有效的方法。

[思考题]

1. 什么叫技术经济分析?
2. 谈谈技术经济比较原理。
3. 什么叫技术经济决策?
4. 怎样进行成本概略计算?
5. 什么叫资金时间值? 怎样计算资金时间值?
6. 方案评价的基本原则和比较条件各有哪些?
7. 什么叫盈亏平衡点分析法? 它可以用来干什么?
8. 什么叫投资回收期法、净现值法、现值指数法、内部报酬率法?
9. 系统分析法是怎么一回事?

[实训练习]

1. 联系实际说明企业在项目投资决策过程中坚持技术经济评价原则的重要性。
2. 某企业向银行借款500万元,借款的年利率为7%,期限为5年,到期一次性还本付息。试计算该企业5年后还款的本利和。

3. 为了在 8 年后得到资金 2 000 万元，按年利率 8% 计算，现在必须存入银行多少本金？

4. 某企业每年末将 10 万元资金划拨为技术改造资金，专户存储，存款的年利率为 5%，问到第十年末企业可用于技术改造的资金总量是多少？

5. 某工程计划 5 年建成，由银行贷款，每年投资 2 000 万元，年利率 8%，试计算第 5 年末累计的本利和。

6. 某企业对一投资方案进行评价，预计该方案的现金流量如表 13.2 所示。

表 13.2　投资项目现金流量表　　　　　单位:元

t/年	0	1	2	3
现金流量	−100 000	40 000	35 000	79 500

要求：

①若该企业必要的投资报酬率为 12%，试评价该方案是否可行。

②计算该方案的内部报酬率。

7. 某企业 2016 年预计销售 A 产品 50 000 件，若该产品变动成本率为 50%，安全边际率为 20%，单位边际贡献为 15 元。

要求：（1）预计 2016 年该企业的保本销售额。

　　　　（2）预计 2016 年该企业可获多少税前利润？

[案　例]　　　　　**E 炼油厂的经济账**

E 炼油厂现有职工 5 800 人，固定资产 9.67 亿元，2013 年工业总产值 31.44 亿元，年利税 7.4 亿元。该厂拥有常减压蒸馏等 16 套生产装置，年加工原油 660 万吨，生产汽油、柴油、煤油、润滑油、石蜡等 60 多种产品，是目前我国最大的炼油厂之一。该厂非常重视环保工作，每年用于环保方面的投资费用达 350 万元。全厂有专职环保人员 130 名，其中环境管理人员 10 名。

清洁生产背景

E 炼油厂虽然在环境保护方面做了大量的工作，但是在生产中仍然产生大量的工业废物，被列入"全国三千家重点污染企业"。2013 年，该厂排放废水 790 万吨，废气 52 亿标准立方米，废渣 3 300 吨，废物处理费用 180 万元。可见，该厂环保工作的潜力还很大，任务还很重。当前，在社会公众对环境要求日益提高、废物处理费用不断昂贵的形势下，实施清洁生产，从根本上减少以至消除废物的产生，是一件经济合算、具有战略眼光的事情。

清洁生产

2014 年，在世界银行、国家环保局、中国环境科学研究院、B 市环保局、总公司等有关部门的大力支持下，E 炼油厂开始了清洁生产。

该厂成立了以厂领导为首的"清洁生产领导小组"，以酮苯脱蜡车间为重点推行清洁生产。在全国搜集资料和现场考察的基础上，针对废物生产的原因，提出 32 项废物削减方案。其中 15 项低费或无费的简易方案立即组织实施，削减废水排放量 5.2 万吨/年，占该车间废水总量的 12.6%，削减废水中的 COD 32 吨/年，占该车间外排废水 COD 总量的 14.7%。从而节约处理费用 2.3 万元,获得了一定的经济效益和环境效益。另有 6 项方案拟于近期内组织实施。有 3 项方案已经过经济、技术、环境方面的可行性分析,推荐给有关部门组织实施,这 3 项方案实施后将大大地削减废物的产生量,改善该车间的环保状况。其他 8 项方案有待于进一步评估。

清洁生产技术

1. 溶剂回收单元采用惰性气体气提。本工艺取代原有的蒸气气提工艺,从而在生产过程中避免了(蒸汽)的加入,从根本上消除废水的产生,并减少蒸汽消耗量。

2. 回收安全气中的溶剂。由于有机吸附对溶剂的吸附能力高于水的吸附能力,采用有机吸附剂的回收率,从而降低溶剂消耗,保护大气环境。

3. 安全气循环使用。将安全气引入储罐,实现安全气的循环使用,从而降低溶剂消耗,并从根本上消除安全气废气的产生,保护大气环境。

效益

上述 3 项方案实施后,不仅有利于提高企业的技术水平,而且能降低溶剂消耗,从根本上消除废物的产生,保护环境,并提高经济效益,达到清洁生产的目的。通过消除废气排放,可以改善工作条件,保护职工的身体健康,并改善企业与附近居民的关系,提高企业形象。这 3 项方案实施后,预计可降低溶剂消耗 50 余吨,减少蒸汽消耗 4.4 万吨,削减废水中 COD90 余吨,综合经济效益达 300 多万元/年,并消除该车间最主要的几个污染源。

经济指标

方案 1,总投资 300 万元,偿还期 1.85 年,内部投资收益率 53.4%。

方案 2,总投资 25 万元,偿还期 1.79 年,内部投资收益率 55.3%。

方案 3,总投资 4 万元,偿还期 1.57 年,内部投资收益率 63.0%。

案例问题

1. E 炼油厂是如何体现技术与经济关系的?

2. E 炼油厂的清洁生产反映了哪些技术经济分析的要求?

物　力　篇

第 14 章
企业设备管理

【学习目标】

　　了解设备的概念、分类与设备管理的概念、意义、任务、方针,明确设备日常管理工作的内容与设备维护保养的作业内容,熟悉选择设备的影响因素与设备检查修理的管理制度,掌握设备投资效果的评价方法、设备检查修理的具体方法与改造更新的方法。

14.1　企业设备管理概述

14.1.1　设备的概念与分类

1)设备的概念

设备是为某一目的而配置的成套建筑或器材,是企业固定资产的重要组成部分,是企业生产的物质技术基础。设备的数量和性能,从一定意义上讲,决定着企业的生产面貌,是衡量社会生产规模和现代化水平的一个重要标志。

2)设备的分类

从功能上可将设备划分为:

①生产设备:用于直接改变原材料属性、形态或功能的各种机器设备或装置,如各种机床、反应塔、融炼炉等。

②动力设备:用于生产电力、热力、风力或其他动力的各种设备,如蒸汽锅炉、发电机、空气压缩机等。

③传导设备:用于传送电力、热力、风力或其他动力和固体、液体、气体的各种设备,如电力网、输电线路、传送带、上下水道,蒸气、煤气、石油的传导管道等。

④运输设备:用于载人和运货的各种运输工具,如汽车、拖车、电瓶车、传送带等。

⑤仪器仪表:用于测量、绘图、实验等用的有一定准则的器具,如水表、电表、煤气表等。

14.1.2　设备管理的概念与意义

1)设备管理的概念

设备管理是指围绕设备开展的一系列管理工作,包括对设备运动全过程的管理。

设备管理存在着对设备两种运动形态的管理:一种是对设备的物质运动形态的管理。包括从设备的选购、进厂验收、安装、调试、使用、维修、更新、改造,一直到设备报废为止的管理,这称之为设备的技术管理。另一种是对设备的价值运动形态的管理。包括设备的最初投资(如自制设备的开发研制费、生产制造等费用;若是从市场上购买的设备则是一次购置费用)、维修费用、折旧费、更新改造费用以及处理报废设备所得残值的销账等,这称之为设备的经济管理。为了保障两种运动形态的正常运行,不可缺少对设备的日常管理工作,如设备的分类、编号、登记、保管、调拨和技术资料管理等,以及维修等计划和组织工作。

2)设备管理的意义

（1）加强设备管理,有利于保证正常的生产秩序

现代企业主要的生产活动都是由机器设备直接完成的。正确使用设备,精心保养、修理设备,使设备经常处于良好状态,能够为企业建立正常的生产秩序,创造有利的条件。

（2）加强设备管理,有利于企业提高经济效益

产品的数量和质量、原材料和能源的消耗,在很大程度上受设备技术状况的影响。及时对设备进行技术改造与更新,能够保证企业提高技术水平,增加产量,提高质量,降低消耗,降低成本,提高经济效益。

（3）加强设备管理,有利于企业生产现代化

当今,技术更新的周期日益缩短,机器设备日趋大型化、机电一体化、精密化、自动化,设备投资也越来越大,正确地选择设备和评价设备的投资,在设备管理工作中十分重要;用比较经济的办法,加速机器设备的现代化,提高设备管理的水平,对于促使企业现代化有着重要的作用。

14.1.3 设备管理的任务和方针

1)设备管理的主要任务

为了适应社会主义市场经济的要求,继续改革企业设备管理体制,建立相适应的设备管理现代化体系,使企业不断提高设备综合效率,不断降低设备寿命周期费用,促进企业提高经济效益和技术装备水平。

2)设备管理的方针

依靠技术进步,促进生产发展和加强预防工作。这个方针体现了设备管理工作的战略指导思想。它指出企业设备管理不仅要做好本身的业务管理工作,而且要为提高企业的竞争能力和应变能力,促进生产发展,获取经济效益服务。

为有效地贯彻设备管理的方针,必须坚持"五个结合",即设计、制造与使用相结合;维护与计划检修相结合;修理、改造与更新相结合;专业管理与群众管理相结合;技术管理与经济管理相结合。

14.2 设备的选择与评价

14.2.1 设备的选择

设备选择是企业设备管理的第一个环节。新建企业选择设备,老企业购置新设备和自行设计、制造专用设备,以及从国外引进技术装备等,都有一个如何正确地选

择设备的问题。

选择设备应综合地考虑,选择技术上先进、经济上合理、生产上适用的设备。主要应考虑以下一些具体因素:

①设备的生产效率。

②设备的投资效果。

③产品质量的保证程度。

④能源和原材料的消耗。

⑤生产安全性。

⑥设备的成套性。

⑦设备的灵活性。

⑧对环境的影响。

⑨维修的难易程度。

必须指出,实际上还没有能兼顾以上各点十全十美的设备。以上多方面的因素有时是互相矛盾、互相制约的。因此,企业在选择设备时,必须统筹兼顾,根据各自的生产技术要求,全面地权衡利弊关系,以比较有利的综合方案来选择设备。

14.2.2　设备的经济评价

1)投资回收期法

设备投资回收期法,一般用来计算设备投资效果。回收期越短,说明投资效果越好。其计算公式如下:

$$T = \frac{C}{M} \tag{14.1}$$

式中　T——设备投资回收期(年);

　　　C——设备投资费(元);

　　　M——年回收额(元/年),有两种:一种是折旧加利润(毛收益),一种只是利润(纯收益)。

2)费用效率分析法

费用效率是指设备寿命周期费用所得的效果。计算公式如下:

$$R = \frac{S}{F} \tag{14.2}$$

式中　R——费用效率;

　　　S——设备综合效率;

　　　F——设备寿命周期费用。

设备寿命周期费用是指设备整个寿命,也就是设备一生的总费用。它由两部分组成:设备设置费和设备维持费。前者又称原始费,其特点是一次支出或集中在短时期内支出的费用。如果是自制设备则包括研究、设计、制造、安装调试等费用;若是外购设备主要包括设备价格、运输费、安装调试费等。后者又称使用费,是指在设备整个寿命周期内,为了保证设备正常运行而定期支付的费用。主要包括能源消耗费、维修费以及固定资产税、保险费、操作工人工资等。

设备综合效率是指在满足安全、劳动情绪的要求,并达到规定的质量、成本、交货期的条件下所得到的产量。

费用效率是指设备综合效率与设备寿命周期费用的比值。费用效率越高,设备越佳。在比较两种以上设备时,当设备综合效率相等,则设备寿命周期费用越低,费用效率越高;当设备寿命周期费用相等,则设备综合效率越高,费用效率越高。

3)年费法

年费法是将设备的设置费依据设备的寿命周期,按复利利率计算,换算成相当于每年的费用支出后,加上每年的维持费,得出不同设备的年总费用,据此进行比较、分析,选择最佳设备的方法。

年费计算公式如下:

$$F = A + B \tag{14.3}$$

式中　F——年费;

　　　A——年设置费,$A = C \times r$;

　　　B——年维持费;

　　　C——设置费总额(即最初一次投资费);

　　　r——资金回收系数,$r = \dfrac{i(1+i)^n}{(1+i)^n - 1}$,亦可从资金回收系数表中查出;

　　　i——年利率;

　　　n——设备的寿命周期。

4)设备租赁的经济分析法

由于科学技术的迅速发展,设备更新的速度普遍加快,为了避免承担技术落后的风险,可以采用设备租赁的方法。

设备租赁的好处是:可以减少设备投资,减少固定资金占有;可以避免技术落后的风险;可以缩短企业建设投产时间;可以免受通货膨胀之害,因为规定租金在前,支付租金在后,并且在整个租期内租金固定不变,因此,用户使用租赁设备,不受通货膨胀影响。

但是,不能认为在任何条件下,租赁设备都比购置设备合算,因此,需要经济分析。

进行经济分析可以采用现金流量法。所谓现金流量就是现金流出(即每一项目年所发生的所有资金支出)与现金流入(即每一项目年所有资金收入)之和。其计算公式如下:

租赁设备方案的现金流量计算公式:

$$NCF = (Y - F - L_1) \times (1 - i) \tag{14.4}$$

购置设备方案的现金流量计算公式:

$$NCF = (Y - F - C_0) - (Y - F - L_2) \times i \tag{14.5}$$

式中　NCF——现金流量;

　　　Y——销售收入;

　　　F——作业成本;

C_0——已发生的设备购置费；

L_1——租赁费；

L_2——折旧费；

i——所得税税率。

将上述两方案的现金流量计算结果相比较,现金流量大的方案就是应采纳的方案。

14.3　设备的维护与检修

14.3.1　设备的维护

1)设备的磨损与故障

（1）设备磨损规律

设备在日常的使用过程中,零部件和附属设施要发生磨损,这会直接影响到设备的精度、工作性能、生产效率和安全。加强设备的维护保养和修理,就可以减少设备零部件的磨损,延长设备的使用寿命。设备的磨损有两种:一种是有形磨损（也叫物质磨损）,另一种是无形磨损（也叫精神磨损）。这里主要研究设备的有形磨损问题。

设备由于使用而发生的磨损,首先发生在设备的机械零件之间。因为设备是由许许多多不同零件组成,在设备运转情况下,零件与零件之间会产生机械磨损。在设备运转过程中,设备的磨损大致可以分为 3 个阶段:

①初期磨损阶段。在这一阶段中,主要由于相对运动的零件表面上的高低不平处以及氧化层、脱炭层,因零件的运转,在受力情况下迅速磨损,以及不同形状零件抱合作用所发生的磨损。这一阶段的磨损速度较快,但时间较短。

②正常磨损阶段。在这一阶段中,机器零件表面突出的高点逐渐被磨平,但还有一定的不平度,这时磨损速度便稳定下来,磨损值的增加较为缓慢。在合理正确的使用条件下,机械零件表面之间有最好的耐磨能力,设备可以创造出最高的生产率,容易保持最佳的技术状态,生产出来的产品质量最有保证。

③剧烈磨损阶段。在这个阶段中,零件的正常磨损被破坏,磨损急剧增加,设备的性能、精度迅速降低。如不停止使用,及时进行修理,就会产生生产事故和设备事故。因此,在设备进入剧烈磨损阶段之前,就要进行修理。

设备磨损,是设备运转客观必然规律。针对磨损规律,分别采取有效措施,就能保证设备经常处于良好的技术状态。

（2）设备故障规律

设备故障规律,是设备在寿命周期内故障发生变化的规律。设备故障的发展变化过程可分成 3 个时期:

①初期故障期。这段时间内,故障发生的原因多数是由于设备设计、制造的缺陷;零件抱合关系不好;搬运、安装时马虎;操作者不适应等。因此,对策是慎重地搬

运、安装严格验收、试运转。重点工作是细致地研究操作方法,并将设计、制造中的缺陷反馈给设备制造厂。

②偶发故障期。这段时期处于设备正常运转时期,故障率最低。故障的发生,经常是由于操作者疏忽和错误。因此,重点工作是加强操作管理,做好日常维护保养。

③磨损故障期。这是由磨损、腐蚀引起的故障。为了降低这个时期的故障率,就要在零件达到使用期限以前加以修理。因此,重点工作是进行预防性维修和改善维修。

设备故障率的发展变化曲线的形状,很像一个澡盆的断面,因此也叫"澡盆理论"。按照这种理论,就可针对不同时期的故障,采取相应的对策。

2)设备的维护与保养

设备的维护与保养,又简称维护或保养,是设备自身运动的客观要求。设备维护与保养的目的,是及时地处理设备在运行中由于技术状态的发展变化而引起的大量、常见的问题,随时改善设备的使用状况,保证设备正常运行,延长使用寿命。

设备维护与保养的内容,主要是清洁、润滑、紧固、调整、防腐、整齐、安全。

根据设备维护与保养工作量的大小、难易程度,可把设备维护与保养划分为几个类别,并规定其相应的作业范围。例如,对金属切削机床,一般划分为三级:

(1)例行保养(日常保养)

例行保养的主要内容是进行清洁、润滑、紧固已松动的螺丝,检查零部件的完整情况。例行保养项目和部位较少,大多数在设备外部,可由操作工人承担,在交接班中作为检查的内容。

(2)一级保养

一级保养的主要内容是:

①根据设备使用情况,对部分零部件进行拆卸、清洗。

②对设备某些配合间隙进行适当的调整。

③清除设备表面黄袍、油污,检查调整润滑油路,保证畅通不泄漏。

④清扫电器箱、电动机、电器装置,做到固定整齐,安全防护装置牢靠。

⑤清洗附件和冷却装置。

一级保养须在专职检修工人指导下,由操作工人承担。

(3)二级保养

二级保养的主要内容是:

①根据设备使用情况,对设备进行部分解体检查和清洗。

②对各传动箱、液压箱、冷却箱清洗换油,油质油量要符合要求,保证正常润滑。

③修复或更换易损件。

④检修电器箱、电动机,整修线路。

⑤检查、调整,修复精度,校正水平。

二级保养必须由专职检修工人承担,操作工人协助。

以上所述三级保养制的具体作业内容和类别划分,在各个企业中并不完全一致。

14.3.2　设备的检查与修理

1) 设备的检查

（1）设备检查的概念

设备的检查是对机器设备的运行情况、工作精度、磨损程度进行检查和校验。检查是设备维修中的一个重要环节。通过检查可以全面地掌握机器设备的技术状况变化和磨损情况，及时查明和消除设备的隐患；针对检查发现的问题，提出改进设备维护工作的措施；有目的地做好修理前的各项准备工作，以提高修理质量和缩短修理时间。

（2）设备检查的种类

①按检查时间间隔可分为：每日检查与定期检查。

②按检查性能可分为：机能检查与精度检查。

（3）设备检查的发展

在检查的基础上，已发展的设备检测技术，或称之诊断技术，是设备维修和设备管理方面的新兴工程技术。

2) 设备的修理

（1）设备修理的概念

设备的修理是指修复由于正常的或者不正常的原因而引起的设备损坏，通过修理和更换已经磨损、腐蚀的零部件，使设备的效能得到恢复。设备的修理是生产过程中不可缺少的部分，特别是设备到了晚年期，修理工作更加重要。设备的修理与设备的维护保养两者工作内容不同，作用不同，不能互相代替；两者应该互相配合，互相促进。

（2）设备修理的种类

在不同的企业里，由于设备的性质、功能不同，修理类别的划分也有所不同。一般地说，可以分为小修、中修和大修。

①小修是对设备进行局部的修理，工作量较小。它不全部拆卸机器，只需更换部分磨损较快的易损零件，局部调整设备机构，以保证设备能够用到下一次计划修理时间。

②中修是要更换和修复设备的主要零部件和较多的磨损件。同时需检查整个机械系统，紧固所有机件，消除扩大了的各种间隙，换油和调整设备，校正设备的基准，以保证设备能恢复和达到应有的标准和技术要求。

③大修是对设备进行全面的修理。需将设备全面解体，根据技术准备书，更换或修复所有的磨损零部件，校正和调整整个设备，以全面恢复原有的精度、性能和生产效率，使其达到规定标准，配齐安全装置和必要的附件。

（3）设备修理的方法

根据确定修理日期的方法来分，有 3 种：

①标准修理法。这种方法是根据设备零件的使用寿命，在修理计划中明确规定修理日期、内容和工作量。经过规定的时间间隔，不管设备实际技术状况如何，进行强制修理，零件也需强制更换，修理时按事先拟定的标准工艺进行。

②定期修理法。它是根据设备的实际使用情况和磨损程度的资料，大体规定出

修理工作的日期、修理内容和工作量。而具体的修理日期、内容和工作量,则在每次修理前的检查中再详细确定。

③检查后修理法。它是根据设备零件、部件的磨损资料,事先只规定设备检查次数和时间,而每次的修理期限、类别和内容,均根据检查后的结果来确定。

根据修理组织的方法来分,有4种:

这些方法是比较先进的加快设备修理速度的方法。

①部件修理法。它是将需要修理的设备部件拆下来,换上事先准备好的储备部件。

②分部修理法。它是把整个设备分成几个独立的部分,依顺序进行修理,每次只修理其中的一部分。

③项目修理法。它是指为了提高设备某项目的性能,对影响该项目的一系列有关零部件进行调整、修理和更换。

④同步修理法。它是将在工艺上相互紧密联系而又需要修理的数台设备,在同一时间内安排修理,实现修理同步化,以减少分散修理的停歇时间。

(4)设备修理的组织形式

①集中的组织形式。这种组织形式,是把企业供修理用的主要设备、工具、备用配件和修理工人集中起来,由厂部组织和领导。厂内设立机械动力部门,在其下面附设修理车间,负责整个企业的设备修理工作。

②分散的组织形式。这是将全厂设备的一般修理工作,交各生产车间承担,由生产车间的机修工段(组)负责修理。机修车间只负责大型、精密、稀有、关键设备的修理和需要专用工装才能进行的修理。

③集中修理与分散修理相结合的组织形式。这是将设备的大修,或者包括中修,交给机修车间负责,设备的中修和小修,或者仅只有小修,交生产车间负责。这种组织形式兼有集中和分散的优点。目前,多数企业采用这种形式。

14.3.3 设备维护和修理的管理制度

设备维护和修理的管理制度,是指为了使设备的维护(保养)、检查、修理等工作有秩序地协调进行,以保证取得最优的技术经济效果而采取的一系列组织技术措施的总称。现介绍两种有代表性的设备维修管理制度。

1)计划预防修理制度

计划预防修理制度,是一项有计划地维护、检查和修理设备,保证设备经常处于完好状态的技术组织措施。它包括了对设备的一整套预防和修理措施,即日常维护,定期检查,精度检查,小修、中修、大修。

计划预防修理制度是我国从20世纪50年代学习前苏联开始普遍推行的一种比较科学的设备维修制度。这个制度是根据设备的一般磨损规律和技术状态,有计划进行维修,在故障发生之前,有计划地修复和更换磨损零部件,以保证设备经常处于完好的技术状态。计划预防修理制度最基本的特点是预防性通过计划来实现。为了有计划地进行修理,通过试验、统计和技术经济分析为各种类型设备制定修理工作定额,作为编制设备修理计划、组织修理业务的依据。

修理复杂系数是用来表示不同设备修理复杂程度和修理工作量的假定单位。修理复杂系数越大,表示修理的工作量越大。机器设备的修理复杂系数,通常是选择中心高为200 mm,顶尖距1 000 mm的C620车床作为标准机床,将其修理复杂系数定为10。其他设备都与该标准机床比较而确定:比C620复杂的设备,其修理复杂系数大于10;反之小于10。设备修理复杂系数用"R"表示。一台设备,通常有机械部分和电器部分。机械部分复杂系数用"JR"表示,电器部分复杂系数用"DR"表示。

2)全面生产维修制

全面生产维修制是指企业全员参加的,以提高设备费用效率为目标,以设备一生为对象的生产维修制。它是日本在20世纪70年代创立的。日本在学习美国生产维修制度的基础上,吸收了英国设备综合工程学的观点,结合日本企业管理的传统,逐步建立发展起来了这套设备维修管理制度。

全面生产维修制度包含三方面的含义,即全效率、全系统和全员,简称"三全"。"全效率"是指用最少的设备寿命周期费用的支出,保证全面地完成产品产量高、质量好、成本低、按合同保证交货期、安全生产、操作工人情绪饱满等六方面的任务。"全系统"(或称"全过程")是指设备维修方式完整、系统,以设备从研究、设计、制造、使用、维修,直到报废为止的全过程作为管理、研究的对象。"全员"是指与设备全过程管理有关的人员都参与设备管理。

全面生产维修制的主要内容如下:

(1)采用比较完整的维修方式

全面生产维修制的维修方式,是根据不同设备在生产中的不同地位和作用,以及不同的需要,采用多种不同的维修方式,既保证设备的正常运转,又保证降低设备寿命周期费用。

①事后维修。是在设备发生故障后再进行修理。一般是对利用率较低、有代用设备、出了故障不影响生产计划的完成、容易修理、价格便宜的那些非关键设备实行事后修理。这是从全面经济效益的提高出发,防止不分主次设备,一律实行定期计划修理而造成浪费。

②预防维修。包括日常维护、预防性检查、定期的预防性计划修理(根据日常、定期检查所取得的有关信息,在设备发生故障前,进行有计划的预防性管理)。

③改善维修。是为了从根本上防止设备故障的发生,设备使用厂在改造老设备时,采取措施提高设备的素质。

④维修预防。是指设备制造厂在设计、制造新设备时,为了从根本上防止发生故障,采取措施提高设备的可靠性和维修性。

(2)确定重点设备以加强管理

在设备使用中,依据对生产的影响程度,采用评分的办法,选出重点设备,加强管理。确定重点设备的依据一般是:生产中的重要性,对产品质量、生产成本、合同交货期、安全和环境卫生的影响程度。并根据生产发展的变化情况,每年对重点设备进行一次调整。

对重点设备要进行预防性的定期检查和日常检查,将其作为以预防维修为中心的管理对象。其定期检查由专职维修人员负责,日常检查(包括所有设备)均由操作人员负责。对重点设备在必要的情况下,还要进行专题检查,针对一些特殊项目,不定期地进行精密细致的检查、测定和分析。

（3）实行生产维修目标管理

生产维修目标管理，主要是确定生产维修目标工作的方向、目的，以及要达到的具体程度，并衡量工作效果和分析总结工作经验。其程序包括：制定阶段、实施阶段和总结阶段。其中，十分重要的是要为从公司到生产维修小组规定明确具体的目标。

为了充分调动参与设备管理人员的积极性，采取的方式是开展全面生产维修小组自主活动。这种小组和全面质量管理小组一样，是车间或管理职能部门自发组成的，以改善设备维修工作为中心，主动推行消灭设备故障的各项措施，目的是提高设备的综合效率。

（4）重视维修记录及其分析研究

维修记录及其分析研究主要包括以下内容：完整地收集和记录设备维修实施情况的原始资料；对原始资料进行分析研究，包括各种故障原因分析、平均故障间隔时间分析等；绘制各种比较醒目的图表，编写维修月报，制定各种标准化资料，包括设备检查标准、维修作业标准等。

（5）树立良好的工作作风

这就是开展整理、整顿、清洁、教养（或素养，指文明礼貌、遵守公共道德和规章制度）活动。该活动的核心是要养成文明生产和科学生产的良好风气与习惯，这是搞好全面生产维修制的重要保证。

（6）评价管理与维修工作的成果

推行全面生产维修制的目标是实现综合效率，而最终成果的评价则限于可以定量计算的某些成果。其评价指标主要有技术成果和经济成果两个方面。

14.4　设备的改造与更新

14.4.1　设备改造与设备更新的概念

设备改造，是指对原设备进行技术改革，以改善和提高设备的性能、精度及生产效率。

设备更新，是指用新的、效率更高的设备代替原有陈旧的、效率低的设备。

14.4.2　设备磨损与设备寿命的理论

设备磨损与设备寿命的理论，是设备改造与更新的重要理论指导。

1）设备磨损的类别

（1）有形磨损（物质磨损）

有形磨损是指使用磨损与自然磨损。有形磨损造成设备的技术性能劣化。

（2）无形磨损

无形磨损（精神磨损）一般在两种情况下产生：

①机器设备的技术结构、性能没有变化,但由于设备制造厂劳动生产率的提高,因而新设备的再生产费用下降了,随着新设备的推广使用,使原有同种设备发生贬值。

②由于新的具有更高生产能力和经济效益设备的出现和推广,使原有设备的经济效能相对降低,同样使原有设备发生贬值。

无形磨损造成设备的经济劣化,这时就必须对原有设备进行改造或更新。

2)设备寿命

设备的寿命可分为物质寿命、经济寿命和技术寿命。

(1)设备的物质寿命

由于物质磨损原因决定的设备使用寿命,即设备从开始投入使用,由于物质磨损使设备老化、损坏,直至报废为止所经历的时间。一般来说,设备的物质寿命较长。延长设备物质寿命的措施是修理。

(2)设备的经济寿命

在设备的物质寿命后期,由于设备的老化,要依靠高额的使用费用来维持设备的运行,使得继续使用显得不经济,为此有必要确定设备的经济使用期限,通常以年平均使用费用最低的使用年限为期限,叫作设备的经济寿命。

(3)设备的技术寿命

由于科学技术的迅速发展,在设备使用过程中出现了技术上更先进、经济上更合理的新型设备,而使现有设备在物质寿命尚未结束前被逐步淘汰。设备从开始使用,直至因技术落后而被淘汰为止所经历的时间,叫作设备的技术寿命。有时,也叫作设备的技术老化周期。

由上可见,在进行设备的改造、更新决策时,不能单纯只考虑设备的物质寿命,还要同时考虑到设备的经济寿命和技术寿命。

14.4.3　设备改造与更新的方法

从设备磨损与设备寿命的理论中看出,设备的改造与更新,既是科学技术迅速发展的客观要求,又是设备本身磨损决定的必然趋向。因此,只有及时地对落后陈旧的设备进行改造与更新,才能保证:提高产品质量和进行产品的升级换代;节约能源、保护环境以及改善劳动条件;促进新技术、新工艺、新材料的使用;扩大生产规模。

设备的改造与更新一般有以下几种方法:

1)设备的改装

这是为了满足增加产量或加工要求,对设备的容量、功率、体积和形状的加大或改变。例如,对设备以小拼大、以短接长、多机串联等。设备的改装,是满足生产要求所必需的。这样做能够充分利用现有条件,减少新设备的购置,节省投资。但是,单纯地改装并不能提高设备的现代化水平,不能实现企业的技术进步。

2)设备的技术改造

这是把科学技术的新成果应用于企业的现有设备,改变现有设备落后的技术面貌。例如,将旧机床改造为程控、数控机床,或在旧机床上增设精密检测装置等。这样做,提高了产品质量和生产效率,降低了消耗和成本,能够全面提高生产的经济效益。随着设备的技术改造,企业的生产技术达到一个新的水平。这是设备改造的主要内容。但是,设备的技术改造要结合产品的升级换代和生产发展需要,要充分考虑到新技术的可靠性,以及维修配件的供应条件等,避免产生后遗症。

3) 设备的原型更新

这是同型号设备的以新换旧。这类更新主要用来更换坏损、陈旧设备。这样做,有利于减少机型、减轻修理工作量。同时,也能够保证原有的产品质量,减少使用老旧设备的能源、维修费的支出。但是,它不具有技术更新性质。因此,如果大量采用这种方法更新,企业设备的平均役龄虽然很短,却不能大幅度地提高企业的经济效益;如果只进行这类更新,也会导致企业技术的停滞。当然,原型更新有时是不可避免的。因为能否有技术上先进的设备供企业进行技术更新,决定于企业的外部条件。例如,设备制造厂的技术水平等。

4) 设备的技术更新

这是指以技术上更加先进、经济上更加合理的新设备,来代替物质上无法继续使用或经济上不宜继续使用的陈旧设备。即以结构更先进、技术更完善、效率更高、性能更好、耗费能源和原材料更少、外观更新颖的设备来代替那些落后陈旧的设备。设备的更新是企业实现技术进步的重要物质技术基础。

上述设备改造与更新的 4 种方法,都有它存在的客观必要性,也有它相应的约束条件。它们之间不是互相截然对立,而是互相补充的关系。但是,其中以技术改造与技术更新为主要方法。

14.4.4　设备改造与更新的目标

在设备改造与更新时,要做全面规划,即规划设备结构的高级化、合理化,是设备改造、更新的重要目标。设备的结构,是指不同类型设备之间的比例关系。所谓高级化、合理化,是指设备构成比例的技术水平较高,比较合理,符合生产发展需要,能够提高企业的经济效益,保证企业技术进步。设备结构包括以下主要内容:

1) 役龄结构

役龄是指设备在生产中服役的年龄。平均役龄是企业全部设备役龄的算术平均数。役龄结构是不同役龄的设备在设备总数中所占的比重。

2) 新度结构

设备的新度表示设备的新颖程度,其计算公式如下:

$$r = \frac{Y_1}{Y_0} \tag{14.6}$$

式中　　r——设备新度系数,反映设备折旧提取的程度,即设备价值的转移情况;

Y_0——设备的原值；

Y_1——设备的净值，设备的原值减去累计折旧额。

3）技术水平结构

技术水平结构是指不同技术水平的设备占设备总数的比重，例如，精密机床、数控机床等各占百分之多少。

4）工艺结构

工艺结构是指承担不同加工工艺的设备占设备总数的比重。例如，工业发达国家的机器制造企业中，由于积极发展先进的锻压设备和少切削与无切削加工设备，因而在设备拥有量中，热加工设备比重高。

5）性能结构

性能结构是指具备不同性能的设备占设备总数的比重。例如，专用设备与通用设备分别占设备总数的比重。

以上是设备结构的主要内容。设备结构一定要与产品结构相适应。

[本章小结]

设备是为某一目的而配置的成套建筑或器材，是企业固定资产的重要组成部分，是现代化企业生产的物质基础。它包括生产设备、动力设备、传导设备、运输设备、仪器仪表等。

设备管理存在对设备两种运动形态的管理：一种是对设备的物质运动形态的管理，另一个是设备的价值运动形态的管理。

设备管理必须坚持：设计、制造与使用相结合；维护与计划检修相结合；修理、改造与更新相结合；专业管理与群众管理相结合；技术管理与经济管理相结合。

选择设备应考虑以下几个要素：设备的生产效率、设备的投资效果、产品质量的保证程度、能源和原材料的消耗、生产的安全性、设备的成套性、设备的灵活性、对环境的影响以及维修的难易程度等。设备的评价通常采用投资回收期法、费用效率分析法和年费法。

设备在运转过程中会发生磨损，一般分为初期磨损、正常磨损、剧烈磨损3个阶段。根据设备保养工作量的大小、难易程度，一般将保养分为例行保养、一级保养和二级保养。当设备因正常或不正常的原因而发生坏损时，通常要经过修理或更换零部件使其得到恢复。修理方法一般有标准修理法、定期修理法、检查后修理法，先进的修理法有部件修理法、分部修理法、项目修理法和同步修理法。设备维修制度有计划预防修理制度与全面生产维修制度。

设备磨损与设备寿命的理论是设备改造与更新的重要理论指导。设备的更新与改造一般有以下几种方法：设备的改装、设备的技术改造、设备的原型更新和设备的技术更新。设备改造更新的目标是设备结构的高级化与合理化。

[思考题]

1. 试述设备的概念和分类。
2. 试述设备管理的概念和内容。
3. 设备管理的意义、任务、方针各是什么？
4. 设备选择应考虑哪些因素？
5. 如何对设备进行经济评价？
6. 解释：例保、一保、二保、修理复杂系数、计划预防修理制和全面生产维修制。
7. 应该怎样对设备进行维护保养和检查修理，才能使设备保持正常运转？
8. 什么是设备改造与更新？应该怎样进行设备改造与更新？

[实训练习]

1. 去企业做一次设备选择、维护、检修、改造、更新的调查，写出调查报告。
2. 某设备更新改造方案总投资为 60 万元，该项目完成投产后平均每年收益额为 8 万元，试计算投资回收期。
3. 假设选择设备的方案有甲、乙两个，现值投资费用甲为 6 000 元、乙为 8 000 元，每年维持费用甲为 1 720 元、乙为 1 300 元，年利率为 6%，设备使用年限为 10 年，试求甲、乙两个方案哪个好（用年费用法计算）。

[案　例]　　　　　　制盖公司生产设备配置方案

NA 制盖公司是一家制造啤酒、饮料瓶盖的专业厂家。

制约瓶盖生产能力的关键设备是自动冲床和自动压模机。这两种设备自动化程度高，操作者的劳动技能对生产能力影响很小。由于市场对啤酒、饮料的需求量受季节影响很大，夏天的需求量比冬天要大得多，因此，瓶盖月需求量也不均衡。预测下年度总需求量为 8.87 亿个，最大月需求量为 1.1 亿个，为满足预测的瓶盖销售需求，有以下两种设备配置方案。

方案 1：充分利用现有 2 台自动冲床和 3 台模压机的生产能力，不增加设备，利用节假日进行生产，提高设备利用率。并适当利用淡季生产能力增加库存量和外协加工等进行调节，以平衡生产计划与销售需求，解决最大需求时的生产能力不足问题。

方案 2：增加设备，添置 1 台自动冲床和 2 台压模机，形成 3 冲 5 模的生产规模，以保证正常情况下生产能力能满足最大的月度需求量。

案例问题

1. 直观感觉，你认为哪套方案较可行？为什么？
2. 如果进行详细测算，你认为需要哪些资料？可采用哪些测算方法？

第 15 章
企业物资管理

【学习目标】

　　了解物资管理的概念、任务与物资的分类,掌握 ABC 控制方法,重点掌握物资消耗与物资储备定额的制定方法,学会物资供应计划的编制与组织实施,熟悉仓库管理业务。

15.1　企业物资管理概述

15.1.1　物资管理的概念

　　企业物资管理,是对企业物资供应、保管、合理使用等一系列工作的管理。它主要包括物资供应计划的编制,物资采购的确定,物资消耗定额的制定和管理,物资储备量的控制,仓库管理以及对物资节约使用和综合利用等的管理。

15.1.2　物资管理的任务

1)掌握物资的供需信息

　　在市场经济条件下,企业必须深入调查有关物资的需求信息。一方面要掌握生产经营中需要什么物资、需要多少、什么时候需要;另一方面要掌握消费品市场、生产资料市场物资供应的数量、质量、价格、品种,以及供应来源和供应渠道等信息。只有全面、及时、准确地掌握物资供需的信息及其变化规律,才能提高在物资工作中的自觉性,掌握主动权。

2)保证供应

　　企业的物资供应部门,要以最佳的服务水平,按质、按量、按品种、按时间,成套齐备、经济合理地满足企业生产经营中所需的各种物资,保证生产经营活动顺利地进行。

3)合理使用和节约物资

　　企业应在保证产品质量的前提下,尽量选用资源充足、价格低廉的物资和代用品,有效地利用物资和降低产品成本。同时要做到:管供、管用、管节约;制定合理的物资消耗定额;实行集中下料和限额发料;搞好物资的综合利用和修旧利废;督促一切物资使用部门,努力降低物资消耗。

4)经济合理地确定物资储备

　　企业在进行库存决策中,应根据物资的供需情况和运输条件,全面地分析哪些物资要库存,哪些物资不要库存。对于需要库存的物资,要运用科学的方法,制定合理的储备定额。

5)加速流动资金周转

　　物资流通的时间,主要由产需衔接时间和运输时间所决定。流通时间越短,占用资金就越少,从而物资作为生产资料的功能也越大。因此,企业应根据就地就近原则,避免远距离运输,千方百计地缩短流通时间,加速物资周转,节约流动资金。

6)实行物资管理岗位责任制

物资的选购、搬运、保管储存、发放和使用等,都要制定工作岗位责任制,并根据工作成绩与失误予以奖罚,以调动员工的积极性。

15.1.3 物资的分类

为了便于加强物资管理,合理组织采购和供应,严格控制资金占用,提高经济效益,必须对企业的各种物资进行科学合理的分类。

1)按物资在生产中的作用分类

①主要原料和材料:指经过加工后构成产品主要实体的原料和材料,如炼铁用的铁矿石,机械制造用的钢材,纺织用的棉毛麻丝和人造纤维,制糖用的甘蔗和甜菜等。

②辅助材料:指用于生产过程中帮助产品形成,但不构成产品主要实体的材料,如使主要材料发生物理或化学变化的辅助材料,以及与机器设备使用有关的和与劳动条件有关的辅助材料等。

③燃料:指用于工艺制造、生产动力、运输和调节温度等方面的煤炭、汽油、木柴等。

④动力:指用于生产和管理等方面的电力、蒸汽、压缩气等。

⑤工具:指生产中消耗的各种刀具、量具、卡具等。

采用这种分类,主要是便于企业制定物资消耗定额,计算各种物资需要量和储备量,以及为计算产品成本和核算资金定额等提供依据。

2)按物资的自然属性分类

①金属材料:包括黑色金属和有色金属两种。

②非金属材料:包括建筑材料、石油产品、轻化工原料和纺织原料及其产品等。

③机电产品:指外购工业成品件,如零件、部件、工具、仪表等。

采用这种分类方法,便于编制物资供应目录,便于采购及库存保管。

3)按物资的使用范围分类

①生产产品用料。

②基本建设用料。

③经营维修用料。

④科学研究用料。

⑤技术措施用料。

⑥工艺装备和非标准设备制造用料。

采用这种分类,主要便于企业和上级有关部门进行物资核算和平衡,以及资金的预算和控制。

15.1.4 ABC 分类控制法

ABC 分类法的基本原理就是从错综复杂、品种繁多的物资中,抓住重点,照顾一般。这样既能简化管理工作,又能提高经济效益。

ABC 分类控制法,主要是按品种和占用资金的多少进行分类,即把企业全部物资划分为 A、B、C 3 大类,并进行差别管理的方法。A 类物资品种少但占用资金量最大,是物资管理的重点,储备天数必须严加控制,每月核定库存,按需要进货,以利于加速资金周转;B 类物资品种较多,占用资金量较为次之,一般可适当控制,采用定量订货方式,储存量减少时才进货;C 类物资占用资金较少,其品种繁多又复杂,对于这类物资在资金占用上,可以适当放宽控制,采购周期长一些,也不会影响企业整个资金的使用效果。

15.2　物资消耗定额与物资储备定额

企业物资管理工作的重要内容之一,就是要制定合理的物资定额。工业企业的物资定额分为两类:物资消耗定额和物资储备定额。

15.2.1 物资消耗定额

1)物资消耗定额的概念

物资消耗定额,又称单耗,是指在一定的生产技术组织条件下,制造单位产品或完成单位工作所必需消耗物资数量的标准。

单位产品物资消耗的高低,是综合地反映企业生产技术和管理水平的重要标志。依据合理的物资消耗定额,可以准确地编制物资供应计划,科学地组织物资的发放工作,有效地使用和节约物资,从而以尽可能少的物资消耗,取得最大的经济效益。

2)物资消耗定额的制定方法

工业企业的物资消耗定额,一般是按主要原材料、燃料、动力和工具等分类制定的,通常有以下 3 种基本方法:

(1)技术计算法

就是根据产品设计图纸和工艺文件,充分考虑先进技术和先进经验,在工艺计算的基础上制定定额的方法。这种方法比较准确、科学,但工作量较大。对于产品产量较大的主要原材料消耗定额,应以技术计算法为主。

(2)统计分析法

就是根据以往生产中物资消耗的统计资料,考虑吸取先进技术经验后制定定额的方法。这种方法比较简单,但必须有健全和可靠的统计资料。

（3）经验估计法

就是根据技术人员和生产人员的实际经验，参考有关的技术文件和产品实物，以及生产技术组织条件变化等因素来制定定额的方法。这种方法简单易行，但科学性差一些，一般是在缺少技术资料和统计资料的情况下采用。

上述 3 种方法，各有其优缺点，在实际工作中，可以结合起来灵活运用。由于企业的生产性质和工艺特点不同，制定各种物资消耗定额的具体方法也各不相同。

3）物资消耗定额的构成

企业使用的物资消耗定额按物资在生产中的作用分类有：主要原料和材料消耗定额、辅助材料消耗定额、燃料消耗定额、动力消耗定额、工具消耗定额等。这里以最复杂、最有代表性的主要原料和材料消耗定额——产品物资消耗定额为例介绍。

产品物资消耗定额，主要有以下 3 个部分构成：

（1）构成产品净重的消耗

这是物资消耗最有效的组成部分，没有它便形不成产品。这部分消耗，主要反映产品的技术水平，尤其是设计水平。

（2）工艺性消耗

这是指物资在准备和加工过程中，由于改变物理性能和化学成分所产生的消耗。这部分消耗是由工艺技术水平决定的。

（3）非工艺性损耗

这是指产品净重和工艺性消耗以外的物资消耗。例如，生产中产生的废品；运输的不合理或材料供应不合要求，以及其他非工艺技术原因所产生的消耗。这部分消耗，一般是由于管理不善造成的。企业应加强管理工作，尽力避免或减少这部分消耗。

由于物资消耗构成不同，企业的物资消耗定额，可分为工艺消耗定额和物资供应定额两种：

工艺消耗定额，一般只包括构成产品净重的消耗和工艺性消耗两部分。如果把非工艺性损耗计算在内就会削弱物资消耗定额对于促进操作者提高技术水平和企业提高管理水平的作用。

产品工艺消耗定额的计算公式为：

$$Q_d = G + Q_0 \tag{15.1}$$

式中　Q_d——产品工艺消耗定额；

G——构成产品净重的消耗；

Q_0——各种工艺性消耗的数量。

物资供应定额，是在工艺消耗定额的基础上，按一定的比例加上各种非工艺性损耗。这是因为在一定的条件下，非工艺性损耗难以完全避免，所以，在计算物资供应量时，还必须制定物资供应定额。计算公式为：

$$Q_g = Q_d \times (1 + k_g) \tag{15.2}$$

式中　Q_g——物资供应定额；

k_g——材料供应系数。

式中的材料供应系数，就是指非工艺性损耗应加的比例数，其计算公式如下：

$$k_g = \frac{Q_f}{Q_d}$$ (15.3)

式中　　Q_f——单位产品非工艺性损耗数量。

上述两种定额在实际工作中有着不同的作用。工艺消耗定额,是作为向车间、班组发料和考核车间、班组用料的依据;物资供应定额,是作为计算物资供应量的依据。

4)物资消耗定额的管理

企业所需的物资,原则上都必须制定物资消耗定额。工艺消耗定额的制定,应以工艺技术部门为主;物资供应定额的制定,应以物资供应部门为主。重要的物资消耗定额,应由厂级领导审核批准。

应该建立和健全必要的定额文件和原始资料。定额制定以后,应当加以整理、汇总,并建立必要的定额文件,作为定额管理的依据。在定额执行的过程中,从领取物资开始,一直到物资被消耗的各个环节,都应有健全的原始记录和其他相应的统计资料。

应该经常检查分析定额的执行情况及物资的利用程度。检查的主要指标,通常有工艺定额利用率和材料利用率,其计算公式如下:

$$k_d = \frac{G}{Q_d} \qquad k_c = \frac{G}{Q_c}$$ (15.4)

式中　　k_d——工艺定额利用率;

　　　　k_c——材料定额利用率;

　　　　G——单位产品净重;

　　　　Q_d——产品工艺消耗定额;

　　　　Q_c——单位产品实际消耗数量。

工艺定额利用率,主要反映产品设计和工艺技术水平;材料利用率,则是综合地反映生产技术和管理水平。

为了节约物资消耗,降低产品成本,保持合理的定额,企业应随着技术的进步和管理水平的提高,对定额作相应的修改或调整。一般情况下,半年或一年修订一次,如有重大变化,应及时地进行修订。还应建立责任制度,物资消耗定额要落实到专人负责执行和管理。

15.2.2　物资储备定额

1)物资储备定额的概念

物资储备定额,是指在一定条件下,为保证生产顺利进行所必需的、经济合理的物资储备数量的标准。工业企业的物资储备,一般包括经常储备和保险储备两个部分,在某些企业里,由于某种物资供应受到季节变化影响,还需要有季节性储备定额。

2)物资储备定额的制定

(1)经常储备定额

经常储备定额是指在企业前后两批物资进厂的供应间隔期内,保证生产正常进行所必需的物资储备数量。其制定方法有两种：一种是供应间隔期法；另一种是经济订购批量法。现分述如下：

①供应间隔期法。就是以一次进货数量等于供应间隔期乘平均日需要量作为制定经常储备定额的方法。其经常储备定额的计算公式如下：

$$D_j = (T_j + T_z) \times \overline{Q} \tag{15.5}$$

式中　D_j——经常储备定额；

T_j——供应间隔天数；

T_z——使用前准备天数；

$\overline{Q}$——平均每日需要量。

供应间隔天数，是指前后两批物资进厂时间的间隔天数。使用前准备天数，是指某些物资在投产前，需要经过一定的准备时间，如矿石要进行混匀，木材要进行干燥，钢材要进行整理、编号、化验成分等。如果在供应间隔天数内已有足够的准备时间，则可不必另行计算。平均每日需要量等于年度的物资计划需要量除以全年日历天数。

供应间隔期法，主要是以供应单位的供应条件及外部的运输条件为决定储备量的根据。这种方法尤其适用于在外部供应和运输条件不稳定的情况下，可以保证企业不致因缺料而蒙受停工的损失。

②经济订购批量法。就是指以采购费用和保管费用两者之和的总费用最小的批量来制定经常储备定额的方法。因为企业物资的订购次数和订购数量，总是与采购费用和保管费用联系在一起的。在一定的条件下，采购批量大或采购次数少，其采购费用减少，而保管费用增加；反之，采购批量小或采购次数多，其保管费用减少，而采购费用增加。采购费用与保管费用两者是相互矛盾的。从采购费用角度，要求采购批量越大越好；从保管费用角度，要求采购批量越小越好。当两者的总费用之和为最小，或者两者费用相等时，即为最优的经济订购批量。

在实际工作中，可以通过表格、图式和数学公式计算最优的经济订购批量。

计算经济订购批量的数学公式如下：

$$EOQ = \sqrt{\frac{2KD}{Pl}} \tag{15.6}$$

式中　EOQ——经济订购批量；

K——每次订购费用；

D——每年需要量；

P——物资单位价格；

l——年保管费用率（平均库存价值百分比）。

（2）保险储备定额

保险储备定额是指为了预防在物资供应工作中可能发生的误期到货等不正常情况，以保证生产继续进行所必需的物资储备数量。它是由保险储备天数和每日平均需要量决定的。其计算公式如下：

$$D_b = T_b \times \overline{Q} \tag{15.7}$$

式中　D_b——保险储备定额；

T_b——保险储备天数；

$\overline{Q}$——平均每日需要量。

保险储备天数,一般是按上年统计资料中实际到货平均误期天数来决定的。如果某种物资供应条件很好,又是就近地组织供应的,保险储备可以减少到接近于零。

（3）季节性储备

季节性储备是指某种物资的供应,受季节变化影响而必须储备的数量。如某些农副产品生产具有季节性,或某些物资的运输受冬季河道冰冻等影响。它是由季节储备天数,即季节性供应中断天数来决定的。其计算公式如下:

$$D_s = T_s \times \overline{Q} \tag{15.8}$$

式中　D_s——季节性储备定额;

　　　T_s——季节性储备天数。

季节性储备天数,一般根据企业实际需要来确定,凡是建立季节性储备的物资,在这一季节内,不需要再建立经常储备和保险储备。

总之,企业的物资储备定额,一般由经常储备和保险储备两部分组成。由于经常储备是经常变化的,物资成批购进,而领用物资则是逐日的消耗,因此,物资储备定额有上限和下限之分,即

$$D_h = D_j + D_b \qquad D_l = D_b \tag{15.9}$$

式中　D_h——最高储备定额;

　　　D_l——最低储备定额。

15.2.3　库存量的控制方式

物资储备是为生产服务的。有了物资储备定额,就可以控制实际库存量,使其经常保持在最高储备定额与最低储备定额之间,以避免积压物资或停工待料。要有效地控制物资库存量必须考虑两个因素,即订购的时间和每次订购的批量,因此,库存量控制的基本方式有两种,即定期订购方式和定量订购方式。现分述如下:

1）定期订购方式

定期订购方式就是订购的时间预先固定,而每次订购的数量不固定,随时根据实际库存量来决定。订购量的计算公式如下:

$$Q_1 = \overline{Q} \times (T_1 + T_2) + D_b - Q_k - Q_y \tag{15.10}$$

式中　Q_1——订购量;

　　　$\overline{Q}$——平均每日需用量;

　　　T_1——订购时间;

　　　T_2——订购间隔;

　　　D_b——保险储备定额;

　　　Q_k——实际库存量;

　　　Q_y——订货余额。

订购时间是指提出订购到物资抵厂所需的时间;订购间隔是指相邻两次订购日之间的时间间隔;实际库存量为订购日的实际库存数;订货余额为过去已订购但尚未

到货的数量。

2)定量订购方式(又称订货点法)

定量定购方式就是订购的时间不定,而每次订购的数量则固定不变。具体方法是计算一个订货点量,当实际库存量降到订货点量时,就要及时去订货,而一次订货的批量按规定的经济订购批量固定不变。订货点量计算公式如下:

订货点量＝平均每日需用量×订购时间＋保险储备量

从上述两种控制方式比较,可以看出,定期订购方式对物资的库存量实行比较严格的控制,每次订购量要根据实际库存量进行调整。而定量订购方式,只在订购的时间上调整,每次订购的批量则不需调整,这是一种比较简单的控制方式。企业采用什么样的方式订购,应以本企业所用物资的特点而定。

15.3　物资供应计划的编制与实施

15.3.1　物资供应计划的编制

编制年度物资供应计划,主要是确定物资需要量与物资采购量两个指标。然后,根据确定的物资需要量填制各类材料需要核算表,根据物资采购量编制材料采购计划。

1)确定物资需要量

物资需要量是指计划期内保证生产经营活动正常进行所必需消耗的物资数量。因为物资供应计划中的物资储备量和物资采购量都是以物资需要量为基础来确定的,所以正确地确定物资需要量直接决定着物资供应计划的质量。

物资需要量的确定方法一般可分为直接计算法和间接计算法。

(1)直接计算法(又称定额计算法)

它是直接根据计划任务和物资消耗定额计算物资需要量的方法。现以产品主要材料为例,其基本计算公式如下:

$$Q_x = Q_0 \times Q_g - Q_2 \qquad (15.11)$$

式中　Q_x——某种产品对某种材料的需要量;

　　　Q_0——计划产量;

　　　Q_g——物资供应定额;

　　　Q_2——计划回收废料数量。

(2)间接计算法(又称比例计算法)

它是用于不便于制定消耗定额的物资,考虑本年度产量变化,并按一定比例或系数对上年实际消耗量进行修正,以此确定物资需要量的方法。其计算公式如下:

$$Q_x = \frac{Q_s}{Y_0} \times Y_j \times (1 \pm k) \qquad (15.12)$$

式中　Q_s——上年实际消耗量；

　　　　Y_0——上年实际产值；

　　　　Y_j——计划年度产值；

　　　　k——物资消耗量的变动率。

2）确定物资采购量

物资采购量是根据物资需要量，考虑计划初期可利用资源和计划期末应保留物资储备量等因素而确定的，它是采购物资的依据。计算公式如下：

$$Q_1 = Q_x + Q_m - Q_k - Q_h \tag{15.13}$$

式中　Q_1——某种物资的采购量；

　　　　Q_x——物资需要量；

　　　　Q_m——计划期末库存量；

　　　　Q_k——计划期初预计物资结存量；

　　　　Q_h——企业内部可利用的资源。

公式中的计划期末库存量是为保证下一计划年度开始时生产经营活动正常进行所储备的物资。一般计算方法如下：

$$Q_m = \frac{D_j}{2} + Q_b \tag{15.14}$$

式中　Q_m——计划期末库存量；

　　　　D_j——经常储备量；

　　　　Q_b——保险储备量。

公式中的计划期初预计物资结存量按以下公式计算：

$$Q_k = Q_i + Q_j - Q_f \tag{15.15}$$

式中　Q_k——计划期初的预计结存量；

　　　　Q_i——编制计划时的实际库存量；

　　　　Q_j——报告期末的预计进货量；

　　　　Q_f——报告期末的预计消耗量。

由于企业一般是在计划期开始之前 2～3 个月即着手编制物资供应计划，因此，对计划初期的实际库存只能按上式预计。

15.3.2　物资供应计划的组织实施

1）物资的订货采购

物资的订货采购主要应做好市场供应情况的调查和预测，这是保证订货采购工作质量的前提；其次，正确地选择供货单位，缜密地考虑供货单位在质量、价格、运费、数量、交货期限、供应方式、销售服务等方面对本企业是否有利，以及其生产能力、技术水平与本企业的发展相适应的程度；再次，在保证质量的前提下，合理地确定采购价格；又次，加强订货合同管理，合同中应明确规定供应物资的品种、规格、质量、数量、包装、交货时间、地点、运输方法、检验办法、价格、货款支付方式，以及违反合同追究经济责任的处理方式等;最后,选定有效的订货方式,如用 ABC 分类管理法。

2)物资协作与调剂

做好同其他企业的物资调剂工作,互通有无、调剂余缺、串换品种、解决急需,是满足生产需要,避免积压浪费和加速物资周转的重要途径。

3)物资供应计划执行情况的统计分析

通过对物资收入、支出、存放动态变化的研究,分析物资供应、消耗、库存之间的平衡关系,对可能出现的问题,及时处理,做出决策,以保证企业生产经营,提高经济效益。

15.4　仓库管理

15.4.1　物资的验收

验收是指对到库物资在入库前按照一定的程序和手续进行数量和质量上的检验。它是做好物资保管工作的基础。物资验收工作,要做到"四不收",即凭证不全不收;手续不齐不收;数量不符不收;质量不合格不收。

物资验收首先要核对凭证,然后检验物资的数量,最后进行质量检验。在验收过程中,要及时处理发现的问题,对于违反合同规定的供货,要做好检验记录,对不合格物资另行堆放,妥善保管。

15.4.2　物资的保管维护

物资保管维护工作,主要是通过合理存放,妥善维护,加强账、卡、物管理,达到物资入库和领用方便,保持物资完整,减少自然损耗,杜绝积压浪费,降低仓库费用的目的。

对物资保管维护的具体要求是:"三清",即数量清、材质清、规格清;"两齐",即库容整齐,堆码整齐;"三一致",即账、卡、物一致。也就是要做好三项工作:合理存放、科学管理、妥善维护。

15.4.3　物资的发放

这是保证生产正常进行和节约使用物资的重要环节。在这方面,应该做好以下的工作:

1)建立定额供料制

根据不同工种、不同工作的需要,规定领用物资的发放额,仓库按限额发放物资。

这样做有利于有计划、有准备地供应生产用料,有利于贯彻物资消耗定额和节约物资。

2)完善出库手续

出库单据和手续必须符合要求,根据限额发料单、提货单,经核对无误,才予以发货,对非正式凭证一律不发货。

3)及时记账记卡

发出的物资都应当面点交清楚,物资发出后,及时记账记卡,统计有关基础资料。

15.4.4 修旧利废和清仓利库

1)修旧利废

应组织专人回收废旧物资,修复废旧物资,以及综合利用边角余料,做到"边回收,边修复,边利用",充分挖掘物资潜力,以降低成本,提高经济效益。

2)清仓利库

"清仓",就是清理仓库;"利库",就是利用库存资源,把库存积压物资及时处理。清查库存,核定周转,处理积压是清仓利库工作的 3 个主要环节。清查库存,核定周转是手段,其目的是为了处理积压,加速流动资金周转。处理积压物资的出路是:立足自用,在立足自用的前提下,广开门路、内外调剂、门市展销、委托代销、上门推销等。

[本章小结]

物资是指用于生产和生活的物质资料。在工业企业中,按其在生产中的作用,可以分为主要原料和材料、辅助材料、燃料、动力和工具;按物资属性,可将其分为金属材料、非金属材料和机电产品;按物资的使用范围,可将其分为生产产品用料、基本建设用料、经营维修用料、科学研究用料、技术措施用料、工艺装备和非标准设备制造用料等。

物资管理是指对企业物资供应、保管、合理使用等一系列工作的管理。它主要包括物资供应计划的编制,物资采购的确定,物资消耗定额的制定和管理,物资储备量的控制,仓库管理以及对物资节约使用和综合利用等的管理。

物资管理经常采用的方法有 ABC 控制法。其基本原理是从错综复杂、品种繁多的物资中抓住重点,照顾一般。对于资金占用量大而品种少的物资采取重点管理,严加控制,按需供货;而对于资金占用一般、品种也不很多的物资采取适当控制,定量供货的方式;对于品种繁多而资金占用又少的物资,则采取适当放宽控制、采购周期长一些的控制方法。

物资定额的制定是物资管理工作的重要内容之一。工业企业的物资定额分两类:物资消耗定额和物资储备定额。制定物资消耗定额的方法通常有技术计算法、统计分析法和经验估计法 3 种方法。工业企业的物资储备一般包括经常储备和保险储备两个部分。经常储备定额的制定一般采取供应间隔期法或经济订购批量法。

物资供应计划是企业进行订购、储存、使用物资的依据。编制年度物资供应计划,主要是确定物资需要量与物资采购量两个指标。

仓库是物资供应工作的一个重要组织机构,仓库管理工作概括起来就是做好物资的收、管、发三个方面的工作。验收工作要做到"四不验收",即凭证不全不收、手续不齐不收、数量不符不收、质量不合格不收。物资保管要达到:"三清",即数量清、材质清、规格清;"两齐",即库容整齐、堆码整齐;"三一致",即账、卡、物一致。

[思考题]

1. 什么叫物资管理? 它的主要任务有哪些?
2. 常用的物资分类有哪些方法? 各有何用途?
3. 什么叫物资消耗定额? 它有何作用?
4. 工艺消耗定额与物资供应定额有何相同和不同处?
5. 物资消耗定额有哪些制定方法?
6. 什么是物资储备定额? 它由哪些部分组成?
7. 怎样才能搞好物资消耗定额的管理?
8. 试述物资库存控制的两种方式。
9. 企业仓库管理包括哪些内容?

[实训练习]

1. 组织学生进行一次针对物资管理活动(物资供应、验收、保管、发放等)的参观,要求学生写出参观感受。
2. 某厂需用某种材料,全年耗用量 12 000 件,材料单价为 20 元,每次订货采购费用 500 元,年保管费用率为年平均存储值的 15%,试求最优的订购批量。若供方建议该材料分两批供应,材料价格可降低 5%,是否应接受这一建议? 为什么?

[案　例]　这也算加强管理

JL 公司强化了对生产、检修所需原材料的定额管理,减少超储积压,加快了物资周转速度。具体做法是:首先科学合理地核定物资储备定额。原材料在投入生产运行之前,一般须有一个储备过程,这是保证生产连续、均衡正常进行的必要条件。但是储备得过多,又会造成积压和浪费,直接影响工厂的经济效益。为了能制定一个比较科学合理的物资储备定额,首先针对"家大业大,消费点没啥"不注意节约的思想倾向和"库中有货,日子好过"忽视经济效益的做法,组织有关库存控制的培训。然后,要求计划、采购人员深入生产、辅助车间和仓库,摸清自己所分管原材料的底数。物资储备定额制定后,关键在于落实执行。在落实储备定额具体做法上,该公司将各类材料的储备资金(库存资金、在途资金、二级库各类资金)捆起来落实到分管计划员头上。由于把3种资金捆起来进行控制、考核,因此极大地增强了相关人员的责任感,使他们由过去单纯管物,向管物、管钱、管用、管节约方面迈进了一大步。同时,依据计划员、采购员、保管员的职责,制定和落实物资储备定额"包保"责任。随着"包保"责任的落实,促进了储备定额管理。为保证储备定额的实现,公司制定了定期检查、考核制度,坚持每季对厂、车间级库的库存情况进行一次检查、讲评。

案例问题

1. JL公司在物资管理方面做了哪些工作? 取得了哪些成就?

2. 你认为 JL 公司在物资管理方面还需要做哪些工作?

参考文献

[1] 滕铸,季敏波,程华.现代企业管理学[M].上海:上海财经大学出版社,1997.

[2] 李启明.现代企业管理[M].北京:高等教育出版社,2001.

[3] 刘熙瑞.现代管理学基础[M].北京:高等教育出版社,1991.

[4] 孙耀君.西方管理史[M].太原:山西经济出版社,1990.

[5] 周占文.人力资源管理[M].北京:电子工业出版社,2002.

[6] 厉以宁,曹凤岐.中国企业管理教学案例[M].北京:北京大学出版社,2000.

[7] 厉以宁,曹凤岐.《中国企业管理教学案例》使用说明[M].北京:北京大学出版社,2000.

[8] 戴庚先.现代企业管理[M].北京:电子工业出版社,2002.

[9] 黄渝祥.企业管理概论[M].北京:高等教育出版社,2001.

[10] 谢振芳,吕永卫.企业管理要义解析[M].北京:企业管理出版社,2003.

[11] 刘赋,刘惠文,徐明.十八种现代化管理方法应知应会实用手册[M].北京:中国新闻出版社,1985.

[12] 任隆淯,陈云鹏.工程经济[M].成都:西南财经大学出版社,1987.

[13] 河北省企业管理协会·企业经营管理者知识更新教程[M].北京:中国社会出版社,1996.

[14] 王小兰.现代企业管理[M].成都:四川人民出版社,2000.

[15] 罗锐韧,曾繁正.财务管理[M].北京:红旗出版社,1997.

[16] 庄恩岳,魏跃华,何成梁.新财务管理方法[M].北京:中国审计出版社,1993.

[17] 郭复初,黄卓夫.财务管理学[M].成都:西南财经大学出版社,1995.

[18] 陆廷纲.中外企业财务[M].上海:复旦大学出版社,1990.

[19] 理查德·I.利文.管理工作的计量方法[M].北京:中国社会科学出版社,1985.

[20] 谢志华.财务管理[M].北京:中央广播电视大学出版社,1998.

[21] 沈鸿.工业企业管理[M].北京:化学工业出版社,2010.

[22] 戴军.市场营销学实训教程[M].北京:清华大学出版社,2010.

[23] 葛莉.经济学原理[M].北京:清华大学出版社,2010.

[24] 胡建宏,刘雪梅.管理学原理与实务[M].北京:清华大学出版社,2009.

[25] 董文尧.质量管理学[M].北京:清华大学出版社,2010.

[26] 王景香,徐耀庆.财务管理实务[M].北京:机械工业出版社,2013.

新编企业管理学

[27] 于晓燕.哈佛商学院最受欢迎的管理课[M].北京:中国画报出版社,2013.

[28] 蔡越.全世界最贵的总裁管理课[M].北京:中国华侨出版社,2015.

[29] 马银春.在北大听到的24堂管理课[M].北京:中国商业出版社,2013.

[30] 李帅达,周星潼.比尔·盖茨的15堂管理课[M].北京:现代出版社,2013.

[31] 成杰.北大经济管理课[M].北京:中国华侨出版社,2013.

[32] 钱志新,陈华蔚,等.现代经营管理大法[M].南京:南京大学出版社,2013.

[33] 胡延松,邵安兆.现代企业管理[M].北京:中国传媒大学,2014.

[34] 王志伟.现代企业管理[M].上海:上海交通大学出版社,2013.

[35] 池丽华,伊铭.现代管理学[M].上海:上海财经大学出版社,2006.

[36] 刘兆信,魏树麾.现代企业管理[M].北京:北京交通大学出版社,2007.

[37] 黄大勇.管理学[M].重庆:重庆大学出版社,2010.

[38] 彭庆武.现代企业管理[M].重庆:重庆大学出版社,2012.

[39] 申文青.现代企业管理[M].重庆:重庆大学出版社,2013.

[40] 樊绍烈.管理常识一本搞定[M].合肥:安徽人民出版社,2013.